Botanische Wanderungen
Hessen

Herausgeber:
Prof. Dr. Joachim Pötsch
Doz. Dr. habil. Erich Weinert

Urania Verlag

D. Bönsel / P. Schmidt / Ch. Wedra

Botanische Wanderungen in deutschen Ländern 5

Hessen

Vorwort

Noch Ende der dreißiger Jahre wird Hessen von dem Landeskundler K. Scharlau überspitzt als »terra incognita« beschrieben, was ihn dazu veranlaßte, mit einer neu begründeten Schriftenreihe eine breit angelegte landeskundliche Bearbeitung Hessens zu erreichen. Die landschaftliche Vielfalt wird auch in neueren landeskundlichen Gesamtdarstellungen über Hessen immer wieder hervorgehoben. So wird der hessische Raum etwa als »verwirrend buntes Nebeneinander von Gebirgs- und Senkenlandschaften« beschrieben oder das hessische Relief als das im Vergleich zu allen anderen Bundesländern abwechslungsreichste bezeichnet.
Diese vielfältigen naturräumlichen Gegebenheiten bedingen eine entsprechend abwechslungsreiche Vegetation und Flora, so daß die Auswahl einer begrenzten Anzahl charakteristischer Wanderrouten außerordentlich schwer fiel. Wir haben uns bemüht, mit den 20 Tourenvorschlägen einen repräsentativen Querschnitt der hessischen Flora und Vegetation zu zeichnen. Zu diesem Zweck wurden für die Routen möglichst verschiedene Naturräume mit wechselnden geologischen und klimatischen Ausgangsbedingungen ausgewählt. Ein zweiter Schwerpunkt lag in dem Bestreben, möglichst viele unterschiedliche der in Hessen ausgebildeten Vegetationseinheiten vorzustellen, wobei es für die besonders an der Botanik interessierten Wanderer an floristischen Besonderheiten nicht fehlen sollte.
Als zusätzliche Schwierigkeit kam bei der Auswahl der Gebiete und der Zusammenstellung der Wanderrouten hinzu, daß solche besonders interessanten Lebensraumkomplexe in der dicht besiedelten und intensiv genutzten hessischen Landschaft in den meisten Fällen bereits als Naturschutzgebiete geschützt sind. Ein Betreten dieser Areale ist nur auf den Wegen möglich, so daß die Tourenbeschreibungen sich selbstverständlich diesen zur Erhaltung der jeweiligen Biozönosen notwendigen Bestimmungen anpassen mußten.

Die Verfasser

Einführung

Oberflächenformen und naturräumlicher Überblick

Hessen liegt vollständig innerhalb der deutschen Mittelgebirgsregion, der morphologische Aufbau und die damit verbundene naturräumliche Großgliederung sind dennoch äußerst komplex. Hinzu kommt, daß die administrative Grenze des Bundeslandes aufgrund seiner wechselvollen geschichtlichen Entwicklung kaum einmal morphologisch oder naturräumlich vorgezeichneten Konturen folgt. So werden etwa im Westen das Rheinische Schiefergebirge, im Osten die Rhön, der Spessart und der Odenwald willkürlich durch die Landesgrenzen zerschnitten.

Von den Reliefverhältnissen ausgehend, läßt sich in Hessen zunächst eine deutliche Ost-West-Großgliederung erkennen. Im Westen bestimmt das im Paläozoikum angelegte Rheinische Schiefergebirge die Reliefgestalt. Es unterliegt nach fast vollständiger Einebnung im Erdaltertum seit dem Tertiär erneuter Hebung und somit einem Zerbrechen in einzelne Schollen sowie einer intensiven Zerschneidung. Im Osten dagegen dominieren die tektonisch nur wenig überformten Stufen- und Tafelländer der Trias. Getrennt werden diese beiden Mittelgebirgsräume durch die Hessische Senke, die das Verbindungsglied zwischen dem Oberrheingraben im Süden und dem Leinetalgraben im Norden darstellt. Betrachtet man jedoch das Relief dieser Senke genauer, so zeigt sich, daß sie in Mittel- und Nordhessen kaum als durchgängige Senkungszone ausgeprägt ist, sondern durch zahlreiche Schwellen und vor allem den tertiären Vulkanismus in mehrere, unterschiedlich große Beckenlandschaften gegliedert wird. Darum ist auch die naturräumliche Bezeichnung als westhessisches Berg- und Senkenland treffender.

Als weitere Formengruppe treten in Hessen die tertiären Vulkanlandschaften auf, und dies mit einer Häufigkeit und Ausdehnung, die sonst in Mitteleuropa nicht vorzufinden ist. Sie sind sowohl dem paläozoischen Rumpf (Westerwald) als auch den mesozoischen Schollen (Meißner, Rhön, Knüll) aufgesetzt. Darüber hinaus sind sie aber auch als Graben-

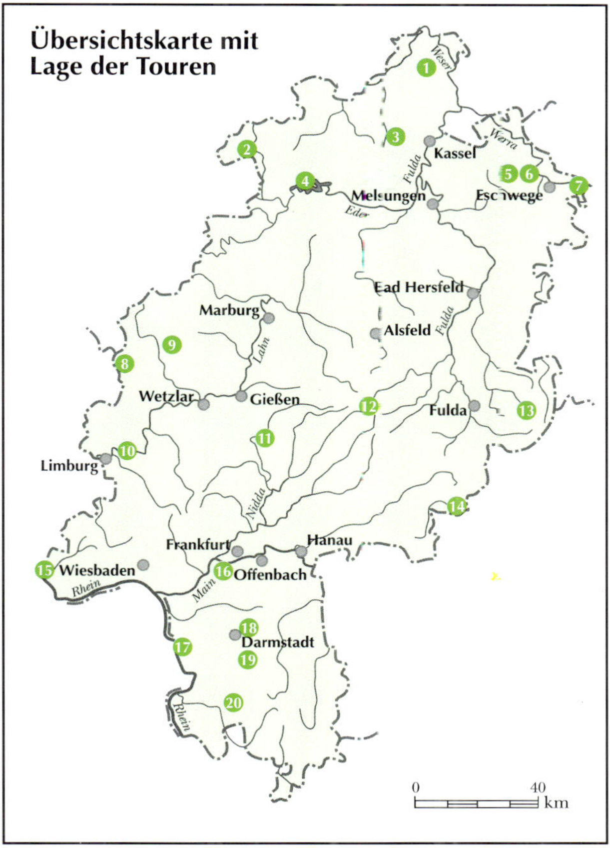

Übersichtskarte mit Lage der Touren

füllungen entlang großer Störungslinien, besonders markant im Vogelsberg, sowie in zahlreichen vulkanischen Kleinformen verbreitet.

Schon die vorangegangenen Ausführungen machen deutlich, daß die morphologischen Großräume, an denen Hessen Anteil hat, sich weiter in ein kleinräumiges Nebeneinander von Gebirgs- und Senkenlandschaften aufgliedern lassen. Ihre unterschiedliche Gestaltung ergibt ein für mitteleuropäische Gebirgslandschaften ziemlich einmaliges naturräumliches Mosaik auf engstem Raum.

Beginnen wir im Westen mit dem Rheinischen Schiefergebirge, das als generelles Kennzeichen eine starke Zerle-

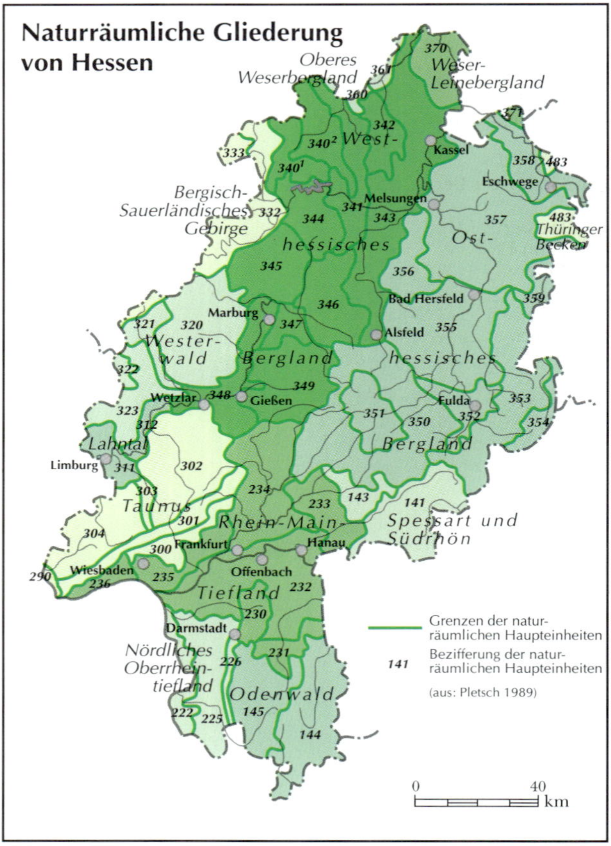

14 Odenwald, Spessart und Südrhön
141 Sandsteinspessart, 143 Büdinger Wald, 144 Sandsteinodenwald, 145 Vorderer Odenwald

22 Nördliches Oberrheintiefland
222 Nördliche Oberrheinniederung, 225 Hessische Rheinebene, 226 Bergstraße

23 Rhein-Main-Tiefland
230 Messeler Hügelland, 231 Reinheimer Hügelland, 232 Untermainebene, 233 Ronneburger Hügelland, 234 Wetterau, 235 Main-Taunus-Vorland, 236 Rheingau

29 Mittelrheingebiet
290 Oberes Mittelrheintal

30 Taunus
300 Vortaunus, 301 Hoher Taunus, 302 Östlicher Hintertaunus, 303 Idsteiner Senke, 304 Westlicher Hintertaunus

31 Lahntal
311 Limburger Becken, 312 Weilburger Lahntal

32 Westerwald
320 Lahn-Dill-Bergland, 321 Dilltal, 322 Hoher Westerwald, 323 Oberwesterwald

33 Bergisch-Sauerländisches Gebirge
332 Ostsauerländer Gebirgsrand, 333 Hochsauerland (Rothaargebirge)

34 Westhessisches Bergland
340 Waldecker Tafelland, 340[1] Waldecker Gebirgsvorland, 340[2] Waldecker Wald, 341 Ostwaldecker Randsenken, 342 Habichtswälder Bergland, 343 Westhessische Senke, 344 Kellerwald, 345 Burgwald, 346 Oberhessische Schwelle, 348 Marburg-Gießener Lahntal, 349 Vorderer Vogelsberg

35 Osthessisches Bergland
350 Unterer Vogelsberg, 351 Hoher Vogelsberg, 352 Fuldaer Senke, 353 Vorder- und Kuppenrhön, 354 Lange Rhön, 355 Fulda-Haune-Tafelland, 356 Knüll und Homberger Becken, 357 Fulda-Werra-Bergland, 358 Unteres Werratal, 359 Salzunger Werrabergland

36 Oberes Weserbergland
360 Warburger Börde, 361 Oberwälder Land

37 Weser-Leine-Bergland
370 Solling, Bramwald und Reinhardswald

47/48 Thüringer Becken und Randplatten
483 Ringgau, Hainich, Obereichsfeld und Dün-Hainleite

gung der Hochflächen durch steilwandige, tief eingeschnittene Täler aufweist. Der Taunus, eine von Rhein, Lahn, Wetterau und Main begrenzte Scholle, bildet den südöstlichen Teil des Rheinischen Schiefergebirges. Nach Norden schließt sich der Durchbruch des Lahntales an, der den Westerwald vom Taunus trennt. Der Westerwald ist mit seinen tertiären Basalt- und Tuffdecken gewissermaßen als Fremdkörper innerhalb des paläozoischen Grundgebirges aufzufassen. Er wird durch das Nordwest-Südost verlaufende Dilltal in den Hohen Westerwald und das Lahn-Dill-Bergland oder auch Gladenbacher Bergland unterteilt. Weiter nördlich greift dann der Ostsauerländer Gebirgsrand als nordöstlichster Ausläufer des Rheinischen Schiefergebirges nur noch randlich nach Hessen über.

Die Hessische Senke ist, wie bereits erwähnt, lediglich im südlichen Hessen als ausgedehnte Beckenlandschaft zu erkennen. In relativ klaren Strukturen lassen sich die Becken- und Tieflandsbereiche des Nördlichen Oberrhein-Tieflandes und des Rhein-Main-Tieflandes, das mit der Wetterau weit nach Norden zwischen Taunus und Vogelsberg vordringt, abgrenzen. Die sich nach Norden fortsetzende Verbindung zum Leinetalgraben wird ihrer Morphologie entsprechend als Westhessisches Berg- und Senkenland bezeichnet. Diese Einheit umfaßt von Süden nach Norden die Naturräume des Vorderen Vogelsberges, des Marburg-Gießener Lahntales, des Amöneburger Beckens, des Burgwaldes, des Kellerwaldes, der Westhessischen Senke, des Habichtswaldes, der Ostwaldecker Randscholle und des Waldecker Tafellandes.

Die sich östlich an die Hessische Senke anschließende, vorwiegend mesozoisch geprägte Mittelgebirgsregion wird in Südhessen nur randlich berührt. So gehören weite Teile von Odenwald und Spessart bereits zu bayerischem Gebiet. Diesen beiden durch das Maintal getrennten Bergländern ist ihr Grundaufbau aus einem westlichen kristallinen und einem östlichen sedimentären Teil gemeinsam, der als Ergebnis tektonischer Bewegungen im Tertiär zu verstehen ist. Durch die besonders starke Heraushebung der westlichen Gebirgsränder gegenüber dem einsinkenden Oberrheingraben wurden diese Gebirgsteile von ihren sedimentären Deckschichten befreit und deren kristalliner Grundgebirgssockel freigelegt.

Das sich nördlich anschließende Osthessische Bergland, das auf der Geologischen Übersichtskarte zunächst als ausgedehntes, durch Buntsandstein geprägtes mesozoisches Tafelland erscheint, erweist sich bei näherer Betrachtung ebenfalls als morphologisch wenig einheitlich. Tektonische Prozesse im nördlichen Teil sowie der Tertiärvulkanismus im Übergang zur Hessischen Senke bilden hierfür die maßgeblichen Ursachen. Auf den Spessart folgen nach Norden zunächst der Vogelsberg und die Rhön, die durch die Fuldaer Senke voneinander getrennt werden. Der Vogelsberg bildet mit seiner Basaltfläche von 2500 km^2 die größte zusammenhängende Basaltdecke Mitteleuropas und dominiert morphographisch den zentralen Teil Hessens. Von der Rhön gehören lediglich noch die Schichtstufenlandschaft der Nord-

westlichen Kuppenrhön, die stark gestörte Buntsandsteintafel der Westlichen Kuppenrhön sowie Teile des Basaltplateaus der Langen Rhön zu Hessen. Weiter nördlich schließt sich dann die weitgehend durch Buntsandstein geprägte, tektonisch stark gestörte Verebnungsfläche des Fulda-Haune-Tafellandes an, darauf der basaltische Knüll und das Fulda-Werra-Bergland. Letzteres findet im Nordosten durch das Untere Werratal seinen Abschluß, welches bereits im Grenzbereich zu Niedersachsen und Thüringen verläuft. Das Fulda-Werra-Bergland zerfällt durch vielfältige tektonische Störungen in verschiedenartige Teilräume. Die Buntsandsteinscholle des Kaufunger Waldes und der Söhre im Westen fällt durch zahlreiche kuppenartige Erhebungen auf, die durch aufgelagerte Basaltdecken verursacht werden. Durch einen Grabenbruch getrennt, erhebt sich östlich angrenzend die Kuppe des Hohen Meißners, dessen Basaltplateau die umgebenden Becken- und Tallandschaften imposant überragt.
Weiter nach Osten legt sich im Ringgau schließlich eine Muschelkalkdecke über den Buntsandsteinsockel, die als weit nach Westen vorgeschobener Ausläufer des Thüringer Beckens aufzufassen ist. Die nördliche Spitze des hessischen Gebietes wird durch einen geschlossenen Mittelgebirgs-Buntsandsteinblock, nämlich Reinhardswald, Solling und Bramwald gebildet, die durch das tief eingeschnittene Tal der Oberweser voneinander getrennt werden. Die Weser ist hier streckenweise auch Grenzfluß zu Niedersachsen, so daß der Reinhardswald noch vollständig auf hessischem Territorium liegt, der Solling jedoch nur noch in Randbereichen zu Hessen gehört.

Geologie, Böden und Klima

Die naturräumlichen Großeinheiten Hessens entsprechen bei großräumiger Betrachtung auch den geologischen Baueinheiten. Es ergibt sich hier ebenfalls durch den großzonalen Aufbau aus gefaltetem Paläozoikum im Westen und der vergleichsweise nur wenig gestörten Triastafel im Osten eine klare geologische Zweiteilung. Ebenso bietet sich im Detail durch die starke tektonische Zerlegung des Grundgebirges, durch die ausgeprägte Durchsetzung sowohl der alten Massive als auch der mesozoischen Schollen mit paläozoischem und tertiärem Vulkangestein und durch die zahlreichen Senken und Grabenbrüche ein sehr viel komplexeres Bild der geologischen Verhältnisse.

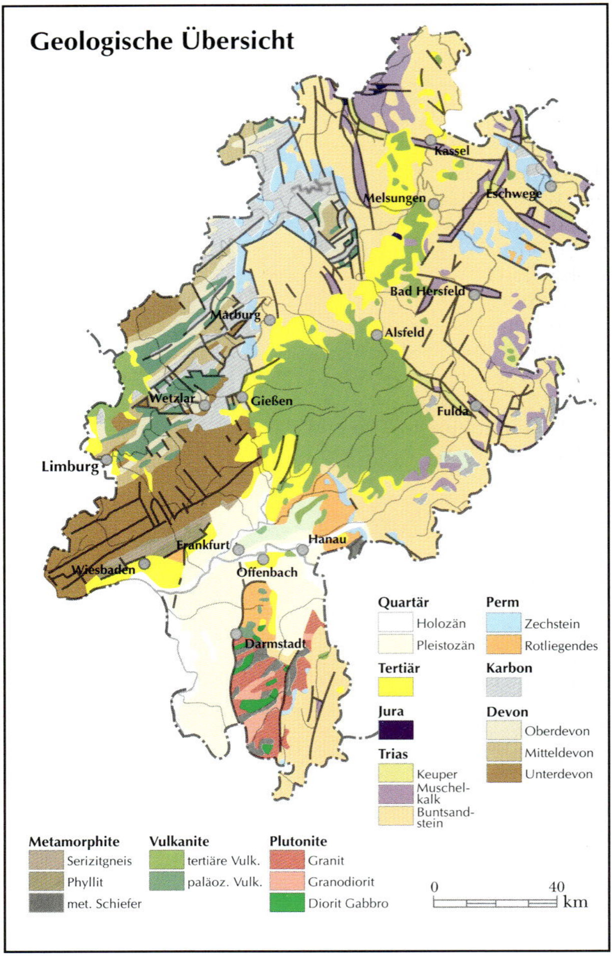

Abhängig von den jeweiligen geologischen Ausgangsbedingungen sind die Bodenverhältnisse Hessens vielgestaltig und wechselvoll. Weitere Differenzierungen ergeben sich durch Relief und Klima. Allen Böden gemeinsam sind, den mitteleuropäisch-humiden Klimabedingungen entsprechend, vorherrschende Auswaschungsprozesse, die mit einem Nährstoff- und Basenverlust verbunden sind. So lassen sich zunächst Böden mit geringerer, mittlerer und stärkerer

Auswaschung unterscheiden. Erstere überwiegen in den Beckenlagen, wo wir vor allem Braunerden, Parabraunerden und stellenweise sogar Schwarzerden vorfinden, die sich durch hohe Basen- und Humusgehalte und eine gute Gefügestruktur auszeichnen. Unterschiede ergeben sich in den Beckenlagen vor allem durch das Ausgangssubstrat. Im Rhein-Maingebiet finden sich häufig ausgedehnte Sandböden, während nördlich des Mains die Böden auf Löß beginnen, die in der Wetterau ihre größte Ausdehnung und Mächtigkeit erreichen. In den nordhessischen Becken ist die Bodenbeschaffenheit wegen der wechselnden geologischen Verhältnisse stark differenziert.
In den Mittelgebirgen dominieren Böden mit stärkerer Auswaschung. Hier ist aber insgesamt eine stärkere Unterscheidung bezüglich des Ausgangsgesteins nötig. In den Basaltberglandschaften finden sich vor allem Braunerden mit hoher Basensättigung. Gleiches gilt für die Diabase und Melaphyre des Rheinischen Schiefergebirges sowie für die Diorit- und Gabbro-Vorkommen im Kristallinen Odenwald und im Vorspessart. Basenarme, oft sehr minderwertige Braunerden und bei höheren Niederschlägen podsolierte Böden sind auf den kieselsäurereichen Graniten des Odenwalds, den basenarmen Quarziten, Grauwacken und Schiefern des Rheinischen Schiefergebirges sowie den ausgedehnten Buntsandsteinplatten der osthessischen Mittelgebirgsregionen anzutreffen. In beschränktem Umfang treten im ost- und südhessischen Raum auf Kalkstein, Dolomit und Mergel Rendzinen und Pararendzinen auf, die wegen ihrer Humusanreicherung im Oberboden meist recht gute Ackerböden darstellen. In Senken und Auen kommen schließlich noch die grundwasserbeeinflußten Böden, also Gleye, Auenböden, Anmoor- und Moorböden hinzu.
Hessen kann als eine klimatische Übergangslandschaft verstanden werden, in der der deutlich maritimen Einflüssen ausgesetzte Klimaraum Norddeutschlands in die stärker kontinental geprägten Klimaräume Mittel- und Süddeutschlands übergeht. In nahezu allen Klimaparametern läßt sich ein Nord-Süd- bzw. West-Ost-Wandel erkennen. Ganz besonders deutlich zeigen sich die verschiedenen Einflüsse bei den Monatsmitteln, den Jahresschwankungen der Lufttemperatur und den Jahresniederschlagssummen sowie in phänologischen Aspekten. Gleichzeitig wird bei einer klimatischen Betrachtung Hessens aber auch deutlich, wie stark das Großklima durch Luv- und Lee-Effekte, Expositionsabhängigkeiten, Höhenlage und thermische Besonderheiten modifiziert werden kann.

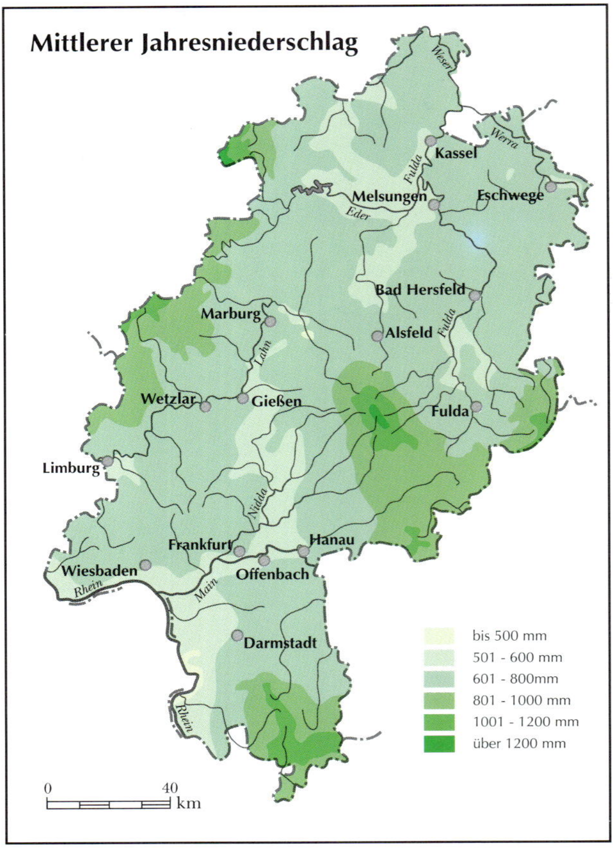

Bei Betrachtung der Niederschlagsverteilung treten die Höhenlagen von Vogelsberg, Rhön, Spessart und Odenwald hervor, wo die Jahresniederschlagssummen flächendeckend die 1000-mm-Grenze überschreiten. Im Taunus und im Westerwald wird diese Marke nur im Bereich der höchsten Erhebungen erreicht. Die niederschlagsreichsten Gebiete des Rheinischen Schiefergebirges liegen hier bereits außerhalb Hessens. Insgesamt zeichnen sich jedoch die weitgespannten Plateaus der osthessischen Mittelgebirge bei gleicher Höhenlage gegenüber dem westhessischen Raum durch geringere Niederschläge aus. Den stark beregneten Gebirgskörpern stehen die Becken- und Talgebiete gegenüber, in

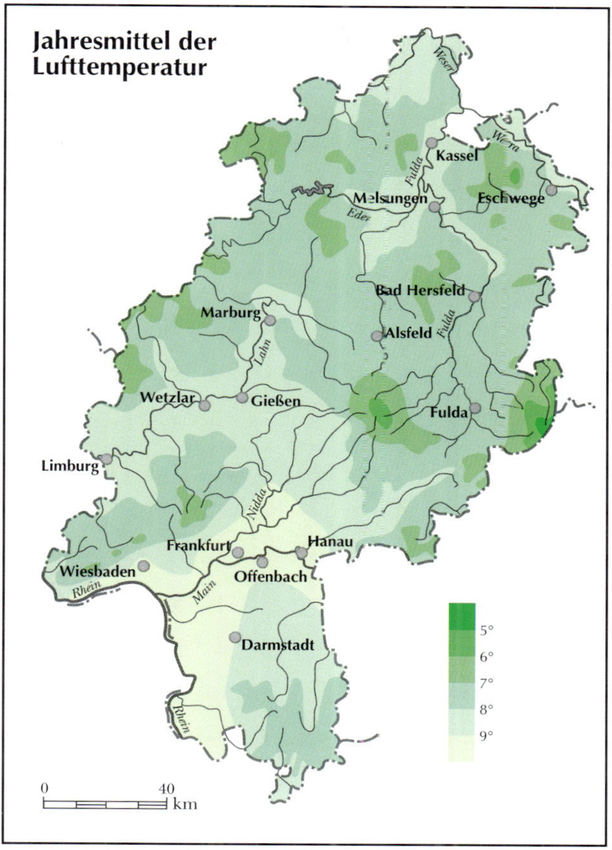

denen die Niederschläge bis auf Werte zwischen 600 und 700 mm, stellenweise sogar noch deutlich darunter (z.B. Wetterau, Hessisches Oberrheingebiet, Rheinhessen) abnehmen.
Eine ähnliche Verteilung läßt sich auch bezüglich der Temperaturwerte erkennen. Das Rhein-Main-Gebiet weist in jedem einzelnen Monat des Jahres die höchsten Temperaturwerte auf, wobei selbst im kältesten Monat Januar im Mittel die 0°C-Isotherme nicht unterschritten wird und die Mittelwerte im Juli zwischen 18 und 19°C erreichen. Die Jahresmitteltemperaturen liegen hier meist deutlich über 9°C. Hierzu kontrastieren die Höhenlagen der Mittelgebirge

mit Jahresmittelwerten um 5°C sowie Schwankungen der monatlichen Mittel von -3°C im Januar bis 13°C im Juli. Die niedrigsten Werte werden im Sauerland, im Taunus und in der Rhön erreicht. Bei den Temperaturen macht sich im gesamthessischen Vergleich zusätzlich noch ein ausgeprägter Nord-Süd-Gegensatz bemerkbar.

Einfluß des Menschen auf die Vegetation

Ohne den Menschen würde die Vegetation des Bundeslandes Hessen fast ausschließlich aus Wald bestehen. Ausgenommen wären davon nur Extremstandorte, – Gewässer, Überschwemmungsgebiete, Moore und Felsen, die insgesamt einen sehr geringen Flächenanteil am Gebiet haben. Wenn der Einfluß des Menschen auf die Vegetation aufhörte, würde sich auf lange Sicht ein großer Teil der Landesfläche wiederbewalden. In vielen Fällen ist es jedoch schwierig, den Endzustand der Vegetationsentwicklung zu prognostizieren. Zu viele Standorte wurden vom Menschen dauerhaft umgestaltet: Begradigung von Fließgewässern, Grundwasserentnahmen, Aufschüttungen, Abgrabungen, Bebauung und Flächenversiegelung haben die natürlichen Standorte erheblich und oft irreversibel verändert. Hinzu kommen langfristig wirkende Umwelteinflüsse wie globale Klimaänderungen, diffuser Eintrag von Industrie- und Autoabgasen oder Anreicherung von Agrarchemikalien in den Böden, deren Auswirkungen auf Standort und Vegetation nur schwer abschätzbar sind. Vom heutigen Zustand aus betrachtet, würde die potentielle natürliche Vegetation, die sich langfristig einstellt, wenn der Einfluß des Menschen aufhört, nicht dem »Urzustand« entsprechen, der vor Beginn der menschlichen Siedlungs- und Wirtschaftstätigkeit vorhanden war.
Der Einfluß des wirtschaftenden Menschen auf Vegetation und Standort läßt sich in Hessen über mehrere Jahrtausende nachweisen. Als die Römer kurz nach Beginn unserer Zeitrechnung Teile des hessischen Germanien kolonisierten, waren die klimatisch begünstigten Lößlandschaften der Hessischen Senke bereits von Ackerbauern besiedelt. Auch die Bergländer waren zumindest teilweise schon früh von Menschen bewohnt; im Rheinischen Schiefergebirge wurden beispielsweise bereits in urgeschichtlicher Zeit Eisenerze gefördert und verhüttet (Born 1972). Der Mensch hat also schon lange vor Beginn schriftlicher Zeugnisse die hessische Landschaft überformt und neue, anthropogene Lebens-

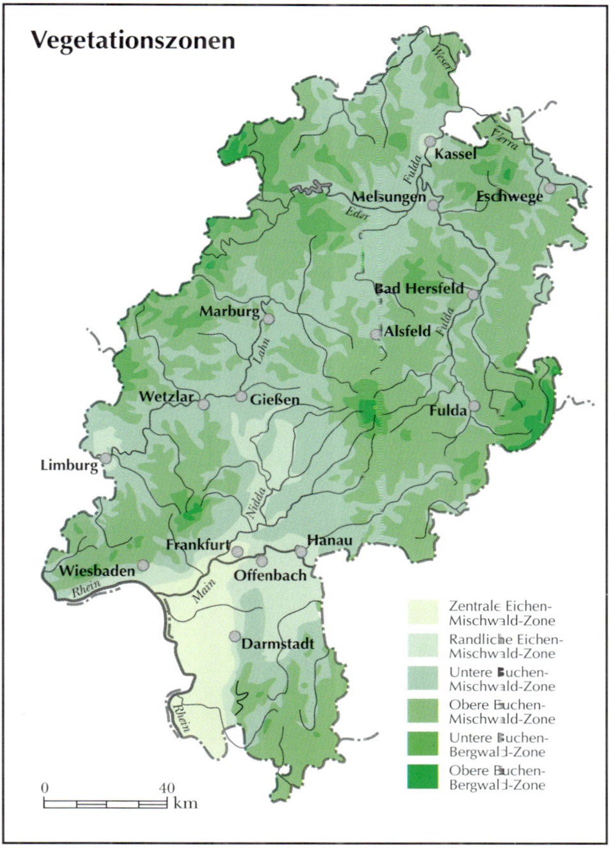

Nach Knapp 1967

räume geschaffen. Gravierende Eingriffe, die den Naturhaushalt nachhaltig beeinflußten, fanden im Mittelalter statt, als große Ländereien urbar gemacht wurden und in groben Zügen das heutige ländliche Siedlungsnetz entstand. Unter dem Einfluß von Mahd, Beweidung und Feldbestellung entwickelten sich neue, durch den wirtschaftenden Menschen geprägte Lebensgemeinschaften. Die Folgen waren aber auch Bodenabtrag durch großflächige Abholzung in den Mittelgebirgen und Auffüllung der Täler mit dem erodierten Erdmaterial, Terrassierung von steilen Hang-

lagen, Nährstoffentzug durch Ackerbau und Streunutzung im Wald.
Die moderne, technisierte Land- und Forstwirtschaft greift auf andere Art in die Ökosysteme ein: Eutrophierung von Böden und Gewässern durch Überdüngung von Landwirtschaftsflächen, Entwässerung und Verfüllung von schlecht nutzbaren Naßstandorten, Bodenverdichtung durch Befahren mit schweren Maschinen sind nur einige Schadensbeispiele.
Bei der Vielzahl der auf die Vegetation wirkenden Einflüsse ist es schwierig, ein Bild von der natürlichen, vom Menschen ganz ungestörten Vegetation des Landes Hessen zu entwerfen. Wir müssen uns deshalb damit begnügen, naturnahe Vegetation zu betrachten, und dabei immer einschränkend feststellen, daß diese dynamischen Veränderungen unterliegt, die wir nicht in ihrem vollen Umfang abschätzen können.

Naturschutz

Wie in den anderen Bundesländern gehen in Hessen die ersten Naturschutzbestrebungen auf die Heimatschutzbewegung des vorigen Jahrhunderts zurück. Auch bei der Ausweisung der ersten Schutzgebiete in den zwanziger Jahren spielten vorwiegend noch ästhetische Gesichtspunkte und Aspekte des Heimatschutzes eine Rolle, die aber bald einer umfassenden Betrachtung wichen. Mit dem Reichsnaturschutzgesetz von 1935 wurde der Naturschutz als öffentliche Aufgabe für den gesamten Staat rechtskräftig festgeschrieben. Seine Ziele und Maßnahmen entsprechen dem heute als »klassisch« bezeichneten Naturschutzgedanken und erstrecken sich über den Einzelartenschutz ausgewählter, bedrohter Arten, den differenzierten Gebietsschutz zur Sicherung und Pflege von Lebensräumen und Landschaftsausschnitten mit besonderen Eigenschaften, dem Aufbau einer Naturschutzverwaltung sowie der Bürger- und Verbandsbeteiligung.
Vor dem Hintergrund einer stetigen Zunahme der gefährdeten und aussterbenden Arten, einem weiter steigenden Flächenverbrauch, der direkt oder indirekt die Zerstörung naturnaher und natürlicher Lebensräume nach sich zieht, sowie einer immer stärkeren allgemeinen Umweltbelastung ließ sich zu Beginn der 70er Jahre nicht mehr leugnen, daß die bisherigen Schutzbemühungen nicht die gewünschten Erfolge erbracht hatten. Ein Umdenken im Naturschutz mit

stärkerer Berücksichtigung synökologischer Zusammenhänge führten schließlich zu den erweiterten Zielvorstellungen des »ganzheitlichen« Naturschutzes, denen zunächst in dem längst überfälligen Bundesnaturschutzgesetz von 1976 Rechnung getragen wurde. Zwar bleiben die bisherigen Maßnahmen des Artenschutzes und des differenzierten Gebietsschutzes weiterhin erhalten und bilden bis heute den Schwerpunkt staatlicher Schutzbemühungen. Darüber hinaus wird aber die Flächensicherung als eine Grundbedingung für den Artenschutz erkannt und Arten verstärkt als Bestandteile von Lebensgemeinschaften betrachtet. Konsequenterweise mußte diesem Umdenken auch die Forderung nach einem flächendeckenden Naturschutz anstelle des reinen Reservatsschutzes folgen.
In Hessen wurden zunächst im Jahre 1978 die schutzwürdigen Bereiche durch eine landesweite Biotopkartierung erfaßt, auf deren Grundlage in verstärktem Maße die Ausweisung von Naturschutzgebieten vorgenommen wurde. Derzeit (Stand September 1994) sind in Hessen 545 Naturschutzgebiete mit einer Gesamtfläche von 26763 ha rechtskräftig ausgewiesen. Das entspricht einem Flächenanteil von 1,27 % an der gesamten Landesfläche. Sieht man von einigen wenigen, sogenannten Totalreservaten ab, unterliegen alle diese Schutzgebiete einer geregelten Pflege. Hierfür werden eigens Pflege- und Entwicklungspläne aufgestellt, die die für die Erhaltung und Entwicklung der jeweils schutzwürdigen Lebensgemeinschaften notwendigen Maßnahmen im einzelnen festlegen.
Um den Schutz großflächiger Gebiete zu gewährleisten und so dem erklärten Ziel näherzukommen, auf 10% der Landesfläche dem Naturschutz Vorrang einzuräumen, bedarf es nun ergänzender Konzeptionen. Hierzu gehören die Biotopverbundsysteme, die dafür sorgen sollen, daß das bisherige Muster isolierter Schutzgebiete zu einem Netzwerk mit Verbindungsstrukturen wird, über die wieder ein Austausch von Arten und Lebensgemeinschaften stattfinden kann. Viel wichtiger noch sind aber in diesem Zusammenhang Maßnahmen des Vertragsnaturschutzes, die sich auf die Nutzflächen erstrecken und in Hessen einen immer größeren Stellenwert erhalten. Mit Hilfe von Verträgen zwischen Landwirten und dem Land Hessen, in denen bestimmte Nutzungsauflagen und entsprechende Entschädigungs- und Ausgleichszahlungen geregelt werden, sollen etwa artenreiche Wiesen vor dem Verbuschen oder vor der Nutzungsintensivierung gerettet werden, um so den typischen Artenbestand in seinem Lebensraum zu erhalten. Für viele

Biotoptypen gibt es hier vom Land geförderte, eigens konzipierte Programme.
Zu guter Letzt noch ein Wort zum Konflikt von Naturschutz und Freizeitnutzung. Naturschutzgebiete dürfen im allgemeinen nicht betreten werden, es sei denn, es führen markierte und zugelassene Wege durch das Gebiet. Von diesen Einschränkungen sind auch die vorgeschlagenen Wanderungen betroffen, da nahezu alle Routen zumindest auf Teilstrecken an Naturschutzgebieten entlang oder durch diese hindurch führen. Ein Verlassen der Wege ist aber in keinem Fall notwendig, da alle der beschriebenen Pflanzenarten gut vom Wegrand aus zu sehen und meist sogar auch zu photographieren sind. Im übrigen ist es in Naturschutzgebieten nicht gestattet, Tiere zu beunruhigen oder zu fangen und Pflanzen zu entnehmen. Dies gilt teilweise auch außerhalb von Schutzgebieten, da zahlreiche Tier- und Pflanzenarten in der Bundesrepublik Deutschland einem besonderen Schutz unterliegen. Diese Tatsache ist in der einschlägigen Bestimmungsliteratur meist erwähnt. Jeder verantwortungsbewußte Naturliebhaber wird sich selbstverständlich an derartige, zum Schutz der Arten und Lebensgemeinschaften notwendigen Auflagen halten, um Arten- und Biotopschutzmaßnahmen nicht zu gefährden und das Kennenlernen und Erleben der letzten ungestörten und naturnahen Landschaftsbestandteile auch für die kommenden Generationen noch zu ermöglichen.

TOUR 1

Reinhardswald – Bodensaure Wälder an der Sababurg

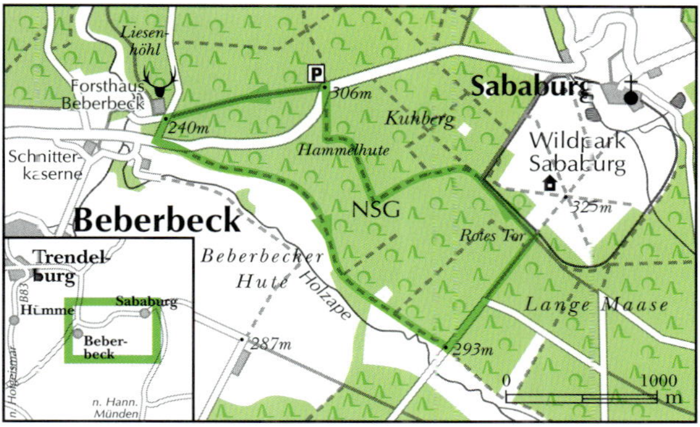

Etwa auf der Höhe von Hannoversch-Münden beginnt als wesentlicher Teil des Oberweser-Berglandes der Reinhardswald. Seine Buntsandsteinhochfläche erstreckt sich in 250 bis 450 m Höhe als 20000 ha großes geschlossenes Waldgebiet in einer Nord-Süd-Ausdehnung von 30 km mit durchschnittlich 8 km Breite am Westrand des Wesertales entlang bis Karlshafen.
Der weitgehend unbesiedelte, ehemals nur mit Laubwäldern bestandene Reinhardswald, der allerdings nahezu auf der gesamten Fläche Spuren mittelalterlichen Ackerbaus aufweist, war bis zum Jahre 1880 mit umfangreichen Weiderechten belastet, die im Laufe der Jahrhunderte durch Übernutzung zum Rückgang von Eichen- und Buchenbeständen und so zu massiven Veränderungen im Waldbild führten. Ausgedehnte alte Hute-Eichen-Bestände, die auch heute im westlichen mittleren Reinhardswald noch etwa 400 ha einnehmen, wurden vor Jahrhunderten zur Viehmast angepflanzt. Vor allem im südlichen Reinhardswald wurden die durch Vieheintrieb übernutzten Standorte auf den Hochplateaulagen weitgehend mit Fichte aufgeforstet.
Die Wanderung beginnt am Parkplatz »Drecktor«, rechter Hand an der Straße von der Sababurg nach Beberbeck. Wir

wählen den westlichen der beiden vom Parkplatz ausgehenden Waldwege. Er führt uns durch wechselnde Waldbestände, vorbei an einem Hügelgrab – linker Hand erstrecken sich Eichenbestände, rechts des Weges liegt zunächst Buchenwald, der entweder ganz ohne krautigen Unterwuchs oder in der artenarmen Ausbildung des Hainsimsen-Buchenwaldes (Luzulo-Fagetum) anzutreffen ist. Vereinzelt liegen hier auch kleinere Fichtenbestände, bis wir schließlich beiderseits des Weges von Eichenwäldern begleitet werden. Sie weisen entweder einen dichten Unterwuchs aus Adlerfarn (*Pteridium aquilinum*) oder eine stark von Gräsern dominierte Krautschicht auf. Hier sehen wir dann Drahtschmiele (*Avenella flexuosa*), Rasenschmiele (*Deschampsia cespitosa*), Sauerklee (*Oxalis acetosella*), Heidelbeere (*Vaccinium myrtillus*), Salbeigamander (*Teucrium scorodonia*), Waldsternmiere (*Stellaria holostea*), Eichenfarn (*Gymnocarpium dryopteris*), Gewöhnlichen und Breitblättrigen Dornfarn (*Dryopteris carthusiana* und *D. dilatata*). An feuchteren Stellen treten Winkelsegge (*Carex remota*), Gewöhnlicher Gilbweiderich (*Lysimachia vulgaris*) und Pfeifengras (*Molinia caerulea*) auf. Die Waldinnensäume an den Wegrändern

Lichte Feuchtwaldbestände aus Birken und Erlen, die im Unterwuchs von Pfeifengras (*Molinia caerulea*) beherrscht werden

werden von Nitrophyten und ruderalen Störzeigern beherrscht, denen einige Wald- und Schlagflurarten beigesellt sind. So können wir im Verlauf unseres Weges Taglichtnelke (*Melandrium rubrum*), Wiesenwachtelweizen (*Melampyrum pratense*), Echtem Springkraut (*Impatiens noli-tangere*), Rotem Fingerhut (*Digitalis purpurea*), Fuchsschem Greiskraut (*Senecio ovatus*), Großer Brennessel (*Urtica dioica*), Rainkohl (*Lapsana communis*), Drüsigem Weidenröschen (*Epilobium adenocaulon*), Hainsternmiere (*Stellaria nemorum*), Kleinem Knöterich (*Polygonum minus*), Wasserpfeffer (*Polygonum hydropiper*), Gewöhnlichem Hohlzahn (*Galeopsis tetrahit*), Hain-Ampfer (*Rumex sanguineus*) und Echter Nelkenwurz (*Geum urbanum*) begegnen. Der Japanische Staudenknöterich (*Reynoutria japonica*), ein sehr konkurrenzfähiger Neophyt, wächst ebenfalls in einem größeren Bestand am Waldweg.

An einer Wegkreuzung liegt rechts die Revierförsterei Beberbeck. Hier müssen wir nach links auf den Schotterweg in Richtung Straße einbiegen, wo im Gebüschsaum zahlreiche Traubenkirschen (*Prunus padus*) stocken. Die Straße geht es dann nach links etwa 50 Meter entlang, bis wir im spitzen Winkel nach rechts in den Wanderweg X6 einbiegen. Er führt zunächst durch Eichen- und Fichtenbestände, die eine dichte Strauchschicht aus Schwarzem Holunder (*Sambucus nigra*) aufweisen. In der Krautschicht wachsen Gemeiner Wurmfarn (*Dryopteris filix-mas*), Frauenfarn (*Athyrium filix-femina*), Buschwindröschen (*Anemone nemorosa*), Waldziest (*Stachys sylvatica*), Gewöhnliches Hexenkraut (*Circaea lutetiana*) und in großen Herden der Riesenschwingel (*Festuca gigantea*). Von Zeit zu Zeit fallen hier kleine, temporär mit Wasser gefüllte Mulden auf, die aber keine spezifische Vegetation aufweisen. Der Weg wird über längere Zeit von dichten Beständen des Echten Springkrauts (*Impatiens noli-tangere*), vergesellschaftet mit Brennessel (*Urtica dioica*), begleitet. Wir erreichen den Waldrand und blicken rechts in das Holzapetal, in dem sich ausgedehnte Intensivweiden erstrecken. Einzelne alte Huteeichen erinnern noch an die historische Nutzungsform der Waldweide. Doch heute sind die Grünlandbestände an Arten verarmt, aufgedüngt und mit Störzeigern und Weideunkräutern wie dem Stumpfblättrigen Ampfer (*Rumex obtusifolius*) oder der Brennessel (*Urtica dioica*) durchsetzt. Linker Hand begleiten uns jetzt grasreiche Eichenbestände mit Weichem Honiggras (*Holcus mollis*), Drahtschmiele (*Avenella flexuosa*) und Salbeigamander (*Teucrium scorodonia*) im Unterwuchs. Der Schotterweg knickt links ab, wir bleiben aber auf dem geradeaus

Alte Huteweiden im Holzapetal

verlaufenden Waldweg und laufen an der Grenze des Naturschutzgebietes »Urwald Sababurg« entlang, das hier alte, z.T. totholzreiche Eichen-Buchen-Mischwaldbestände aufweist. Es handelt sich bei den Beständen des Schutzgebietes nicht um Urwald im Sinne eines unberührten Naturwaldes, sondern um spontane Regenerationsstadien auf forstlich lange Zeit ungenutzten Flächen, die aus einem ehemaligen Hutewald hervorgegangen sind. Sie enthalten als kultur- und forstgeschichtliche Dokumente dieser einstigen Waldweidenutzung noch zahlreiche gewaltige, z.T. absterbende, 500 bis 600 Jahre alte Huteeichen und über 400jährige Buchen. Erstmalig wurden Teile des Geländes 1907 auf Betreiben zweier Maler unter Schutz gestellt. 1933 wurden viele der alten Baumriesen durch einen Waldbrand vernichtet. Heute werden die staunassen Flächen des Naturschutzgebietes von einer Erlen-Birken-Bruchwaldgesellschaft besiedelt, während die übrigen Standorte mit Ausbildungsformen von Eichen- und Buchenwäldern stark saurer Böden bewachsen sind.

Der Weg wird von Erlen (*Alnus glutinosa*), Eschen (*Fraxinus excelsior*), Ebereschen (*Sorbus aucuparia*) und Faulbäumen (*Frangula alnus*) begleitet. Das Gelände wird jetzt deutlich feuchter, was sich auch in der wegbegleitenden Vegetation widerspiegelt. Neben ausgedehnten Beständen des Pfeifengrases (*Molinia caerulea*) können wir hier Flutenden Schwaden (*Glyceria fluitans*), Niederliegendes Johanniskraut (*Hypericum humifusum*), Brennenden Hahnenfuß (*Ranunculus flammula*), Flatterbinse (*Juncus effusus*) und Zarte Binse (*Juncus tenuis*) beobachten. Auch der Waldaufbau links des Weges ändert sich in feuchtere Eichenbestände mit Birken, einzelnen Erlen, Faulbaum und viel Pfeifengras im Unterwuchs. Dann folgen Nadelwaldbestände, eine gegatterte Waldwiese und schließlich ein weiterer Feuchtwald aus Schwarzerlen (*Alnus glutinosa*), Birken (*Betula pubescens, B. pendula*) und Faulbaum (*Frangula alnus*), der durch seinen Totholzreichtum und zahlreiche wassergefüllte Senken auffällt. Rechts zieht sich ein junger Eichenbestand parallel zum Weg entlang, der dann wieder von Rinderweiden abgelöst wird.

Schließlich erreichen wir das Gatter des Wildschutzgebietes Reinhardswald. Hier darf der Wanderer nur die Wege frei betreten, und während der Abend-, Nacht- und Morgenstunden ist der Aufenthalt innerhalb des Gatters zeitlichen Einschränkungen unterworfen. Das Mitführen auch angeleinter Hunde ist nicht gestattet. Da die Flora des Naturschutzgebietes jahrelang stark unter dem Wildverbiß litt, wurde der »Urwald« 1967 aus dem Waldgatter entlassen. Wir durchqueren das Gattertor und biegen nach links ein. Der Weg führt uns durch Nadelwald und wird alleeartig von alten Eichen gesäumt. Die Wegränder werden vorwiegend von Adlerfarn, Rasenschmiele und Landreitgras (*Calamagrostis epigejos*) besiedelt. Der Schotterweg macht schließlich eine Rechtskurve, wir müssen jedoch weiter geradeaus gehen. Der Waldweg ist stark zerfahren und verdichtet und weist an diesen Stellen eine spezifische Vegetation auf. Neben Krötenbinse (*Juncus bufonius*), Flatterbinse (*Juncus effusus*), Sumpf-Ruhrkraut (*Gnaphalium uliginosum*), Flammendem Hahnenfuß (*Ranunculus flammula*), Flutendem Schwaden (*Glyceria fluitans*) und Quellsternmiere (*Stellaria uliginosa*) treten hier sogar dichte Torfmoospolster (*Sphagnum* spec.) auf. Nach kurzer Gehzeit stoßen wir auf die Mauer des Tierparkes Sababurg. Dort biegen wir nach links auf einen Pfad ab, der an der Mauer entlangführt. In den Mauerritzen wächst zahlreich die Mauerraute (*Asplenium ruta-muraria*) und der Stinkende Storchschnabel (*Geranium robertianum*), auf der Mauerkrone sitzen Polster des Zypressenschlafmooses (*Hypnum cupressiforme*). Linker Hand beginnt nach Fichtenbeständen nun ein ausgedehnter

Knorriger Baumriese im »Urwald Sababurg«

Birkenbruchwald aus Moorbirke (*Betula pubescens*) und Schwarzerle (*Alnus glutinosa*), dessen Unterwuchs von Pfeifengras (*Molinia caerulea*) beherrscht wird. Daneben sind hier Heidelbeere (*Vaccinium myrtillus*) und Torfmoospolster zu finden.
Erneut müssen wir ein Gattertor des Wildschutzgebietes durchqueren und bleiben hier weiter auf dem geradeaus verlaufenden Pfad, der mit der Nummer 7 gekennzeichnet ist. Erst etwa 20 Meter hinter dem Naturschutzgebiets-Schild zweigen wir nach links ab. Noch erstreckt sich links der Birkenbruch, rechts des Weges liegt ein größerer Fichtenbestand. Dann lichtet sich der Wald auf der linken Wegseite auf. Wir gehen an rasigen Pfeifengrasbeständen vorbei, in denen einzelne Erlen und Birken wachsen. Neben Besenheide (*Calluna vulgaris*) dringt auch der Adlerfarn stark in die Fläche ein. Anschließend passieren wir linker Hand jüngere Buchenbestände mit einigen sehr alten Eichen-Überhältern. Im Unterwuchs herrschen Adlerfarn (*Pteridium aquilinum*) und Pfeifengras vor, daneben sind häufig Heidelbeere (*Vaccinium myrtillus*), Blutwurz (*Potentilla erecta*) und Flammender Hahnenfuß (*Ranunculus flammula*) zu beobachten. Im Vorfrühling läßt sich überall im

Schutzgebiet der weißblühende Siebenstern (*Trientalis europaea*) beobachten, eine Reliktpflanze aus kälteren Perioden der Nacheiszeit. Ab Mitte Mai leuchten die kleinen siebenblättrigen Blütenkronen zu Tausenden unter den Baumriesen und den noch eingerollten Adlerfarnwedeln hervor. Kurz bevor der Wanderweg 7 um 90° nach rechts abzweigt stoßen wir auf eine Gruppe alter, knorriger Hainbuchen (*Carpinus betulus*). Wir folgen immer weiter der Markierung 7, der Wald lichtet sich erneut, und wir wandern durch dichte Adlerfarnbestände, in denen zahlreiche Erlen stocken, nach Norden. Vereinzelt treten auch wieder Birken hinzu. Schließlich erreichen wir einen Kernbereich des »Urwaldes« mit zahlreichen uralten, knorrig gewachsenen Buchen (*Fagus sylvatica*) und Eichen (*Quercus robur*). Viele Stämme sind hohl und teilweise abgestorben. An manchen erkennt man an Schwärzungen noch die Brandspuren aus dem Jahr 1933. Die vermodernden Reste umgestürzter Baumleichen verleihen diesem Waldstück in hohem Maße urwaldähnliches Aussehen. An einem Wegekreuz folgen wir der Markierung 1 nach rechts, bis wir die Landstraße und den Parkplatz wieder erreichen.

Länge der Wanderung: etwa 7 km
Einkehrmöglichkeiten: Sababurg
Verkehrsverbindungen: Der »Urwald Sababurg« ist mit öffentlichen Verkehrsmitteln nicht zu erreichen. Bahnverbindung bis Hofgeismar, von dort besteht eine Busverbindung zur Sababurg.

TOUR 2

Waldecker Upland – Hochheiden bei Usseln

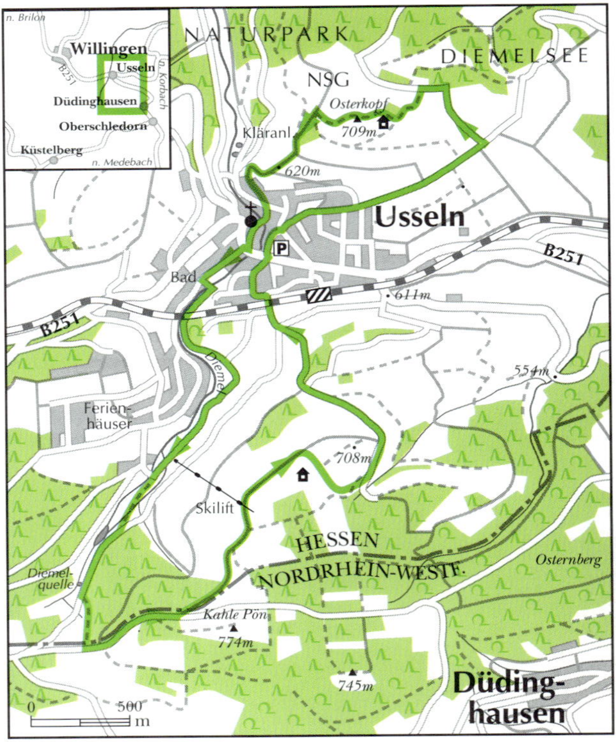

Die oberhalb von 700 m über NN gelegenen Hochheiden, die höchstgelegene Bergrücken und -hänge besiedeln, sind charakteristisch für das Vegetations- und Landschaftsbild des Waldecker Uplandes. Meist durch Fichtenaufforstungen sind heute bereits viele von den ehemals weit verbreiteten Hochheiden verlorengegangen. Am Osterkopf und am Kahlen Pön bei Usseln finden wir noch zwei der wenigen, bemerkenswerten Restbestände.

Als Waldecker Upland wird das großenteils offene, durchgängige Kuppen- und Rückenbergland in hoher Lage am Nordostabfall des Rothaargebirges nordwestlich von Korbach bezeichnet. Im Wetterschutz des hohen Langenbergblocks im Südwesten sowie des Schellhorn- und Treiswaldes im Nordwesten bilden locker gestellte rundliche Erhebungen – wie eine Gesellschaft von großen Maulwurfshügeln – ein offenes und durchgängiges Kuppenbergland mit Erhebungen von 650 bis 750 m Höhe. Der überlieferte Landschaftsname »Upland« (= Hochland) spricht für ein hohes Alter menschlicher Besiedlung mit Heide-Weidewirtschaft, Schafhaltung und etwas Ackerbau mit Hafer und Flachs entsprechend der kargen Natur des hochgelegenen Berglandes mit seinen meist basenarmen, steinig-grusigen Lehmböden und seinen langandauernden schneereichen Wintern.

Die Entstehung der Hochheiden in den hessischen Mittelgebirgsregionen ist weitgehend auf eine durch den Menschen und seine Weidetiere verursachte Umwandlung der einst natürlichen Waldbestände in offene Heideflächen zurückzuführen. Das Vorkommen des Alpenbärlapps (*Diphasium alpinum*) als arktisch-alpines Glazialrelikt und weiterer nordischer Florenelemente wie Rauschbeere (*Vaccinium*

Blühende Hochheide am Osterkopf

uliginosum) und Krähenbeere (*Empetrum nigrum*) sprechen allerdings dafür, daß in der Nacheiszeit zumindest Reste ursprünglich natürlicher Zwergstrauchheiden als Reliktstandorte dieser Arten erhalten geblieben sind, von denen dann später durch Rodung und Waldweide die starke Ausdehnung der Heideflächen ausgegangen sein könnte.

Ausgangspunkt unserer Wanderung ist die Ortsmitte von Usseln auf Höhe der Molkerei. Hier bestehen Parkmöglichkeiten direkt an der B 251, die den Ort durchquert, oder in einer der Seitenstraßen. Unser Weg führt uns zunächst durch die Mittelstraße (Hinweisschild »Minigolfplatz«) an einigen typischen Sauerländer Fachwerkhäusern vorbei und dann in einem Bogen nach rechts durch den Eimelroder Weg, dessen Verlängerung geradeaus in die Feldflur führt. Der Weg ist mit U6 markiert und wird rechtsseitig von Hybrid-Pappeln begleitet, in deren Schatten an der Böschung nitrophile Staudensäume entwickelt sind. Sie setzen sich aus Großer Brennessel (*Urtica dioica*), Schmalblättrigem Weidenröschen (*Epilobium angustifolium*), Wiesenkerbel (*Anthriscus sylvestris*), Klettenlabkraut (*Galium aparine*), Gewöhnlichem Beifuß (*Artemisia vulgaris*), Gewöhnlicher Kratzdistel (*Cirsium vulgare*), Rainfarn (*Tanacetum vulgare*), Wiesenbärenklau (*Heracleum sphondylium*) Kriechender Quecke (*Elymus repens*), Wiesenknäuelgras (*Dactylis glomerata*), Glatthafer (*Arrhenatherum elatius*) und Wiesenlieschgras (*Phleum pratense*) zusammen. Etwas später endet die Pappel-Pflanzung und die naturraumtypischen Vorwaldgehölze Hängebirke (*Betula pendula*) und Eberesche (*Sorbus aucuparia*) wachsen stattdessen an der Wegböschung. Die Wanderung führt immer leicht bergauf durch die offene Feldflur mit Getreideäckern, Mähwiesen und Weidegrünland. Etwa 800 Meter hinter dem Ortsrand haben wir eine Anhöhe erreicht und folgen hier weiter dem Wanderweg U6, der nach links bergauf abzweigt. Am Unterhang begleiten uns in den Wegsäumen zunächst noch ruderale Glatthaferbestände, in denen neben dem aspektbildenden Glatthafer (*Arrhenatherum elatius*) vorwiegend stickstoffliebende Arten anzutreffen sind. Doch bald schon treten rechts und links des Weges magere Grünlandflächen und in den Wegrainen erste magerkeitszeigende Arten auf. So sind hier in den Säumen Stengellose Kratzdistel (*Cirsium acaule*), Kleine Pimpinelle (*Pimpinella saxifraga*), Echtes Labkraut (*Galium verum*), Rundblättrige Glockenblume (*Campanula rotundifolia*), Kleiner Klappertopf (*Rhinanthus minor*), Taubenskabiose (*Scabiosa columbaria*) und Nickende Distel (*Carduus nutans*) zu beobachten. Schließlich tauchen auch

erste Exemplare der Besenheide (*Calluna vulgaris*) und der Blutwurz (*Potentilla erecta*) auf. Bald erreichen wir die flache, langgestreckt-ovale Kuppe des Osterkopfes, die als Naturschutzgebiet ausgewiesen ist. Von hier bietet sich ein weiter Blick nach Osten auf die bewaldeten Höhenrücken und Kuppen des Uplandes.
Der Name Osterkopf stammt noch aus germanischer Zeit und deutet auf die Verehrung der altgermanischen Göttin »Ostera« hin. Als ursprünglich heidnische Sitte hat sich bis heute das Abbrennen des Osterfeuers am ersten Ostertag auf dem Osterkopf erhalten.
Beiderseits des Weges liegen kleine Wäldchen aus knorrigen, vielstämmigen Buchen mit ausladenden Seitenästen, hinter denen wir der Beschilderung »Schutzhütte« nach links folgen. Der Weg ist durch eine Holzschranke für den Verkehr gesperrt. Rechter Hand erstrecken sich ausgedehnte, mit Kiefern (*Pinus sylvestris*) und Vogelbeeren (*Sorbus aucuparia*) durchsetzte Borstgrasrasen- und Besenheide-Komplexe. Von der Schutzhütte führt der Weg weiter zum Gipfelkreuz, in dessen Umfeld einige wenige Wacholderbüsche (*Juniperus communis*) in die die Kuppen- und Oberhanglagen des Osterkopfes bedeckende Hochheide eingestreut sind. Aspektbildend ist die im August blühende Besenheide, die vor allem mit Preiselbeere (*Vaccinium vitis-idaea*), z.T. auch mit Heidelbeere (*Vaccinium myrtillus*) vergesellschaftet ist. Zwischen den von Heide beherrschten

Die Preiselbeere (*Vaccinium vitis-idaea*), neben der Besenheide einer der kennzeichnenden Zwergsträucher der Hochheiden

Das Borstgras (*Nardus stricta*) ist in den Heidebeständen reichlich anzutreffen.

Flächen treten immer wieder auch stark vergraste Bereiche auf. Hier sind die Drahtschmiele (*Avenella flexuosa*), das Borstgras (*Nardus stricta*) und der Dreizahn (*Danthonia decumbens*) bestandsbeherrschend. An weiteren Arten sind in der Hochheide das Harzer Labkraut (*Galium harcynicum*), das Kleine Habichtskraut (*Hieracium pilosella*), der Taubenkropf (*Silene vulgaris*), das Gewöhnliche Sonnenröschen (*Helianthemum nummularium*), das Echte Labkraut (*Galium verum*), die Rundblättrige Glockenblume (*Campanula rotundifolia*), die Blutwurz (*Potentilla erecta*), die Taubenskabiose (*Scabiosa columbaria*), die Bergplatterbse (*Lathyrus linifolius*), die Arnika (*Arnica montana*) und die Stengellose Kratzdistel (*Cirsium acaule*) zu finden. Auffällig sind auch die beiden gelbblühenden Kompositen Gewöhnliche Goldrute (*Solidago virgaurea*) und Glattes Habichtskraut (*Hieracium laevigatum*). Am Gipfelkreuz vorbei führt uns ein schmaler Fußpfad weiter geradeaus, durch flechtenreiche Heidebestände bergab. Unter und zwischen den Zwergsträuchern ist eine artenreiche Flechtenflora ausgebildet, wobei das Isländische Moos (*Cetraria islandica*) durch sein reichliches Vorkommen zum charakteristischen Vegetationsbild beiträgt. Ebenfalls häufig sind die Rentierflechten

Cladonia arbuscula und *Cladonia gracilis*. Auffällig sind auch die dichten Moospolster des goldgrün leuchtenden Rotstengelmooses (*Pleurozium schreberi*).

Unterhalb der Heide schließen sich sporadisch gemähte Rotschwingel-Straußgras-Rasen an, deren Blühaspekt nahezu vollständig von Rundblättriger Glockenblume (*Campanula rotundifolia*) und Kleiner Pimpinelle (*Pimpinella saxifraga*) gebildet wird. Der Fußpfad endet an einer Weggabelung, an der wir den südwestlich hangabwärts nach Usseln führenden Weg wählen. Längs der Route erstrecken sich zunächst Vorwaldgebüsche und Schlagfluren aus Himbeere (*Rubus idaeus*), Traubenholunder (*Sambucus racemosa*), Salweide (*Salix caprea*), Ohrweide (*Salix aurita*), Espe (*Populus tremula*), Fuchsschem Greiskraut (*Senecio ovatus*) und Hainklette (*Arctium nemorosum*), bis wir dann offenes Grünland erreichen. Hier werden die Wegränder wieder von mageren Säumen begleitet, in denen an bisher nicht erwähnten Pflanzenarten Steifer Augentrost (*Euphrasia stricta*) und Rauher Löwenzahn (*Leontodon hispidus*) auffallen. Kurz vor Beginn einer Baumreihe aus Birken müssen wir nach rechts auf die Usselner Kirche zu abzweigen. Der Grasweg führt zunächst geradeaus und dann in einer scharfen Kehre talabwärts, wo er in eine Siedlungsstraße mündet, der wir folgen. An deren Ende biegen wir für wenige Meter nach links in den Mühlenweg ein, müssen aber gleich in die nächste Straße nach rechts abknicken, um zur Hauptstraße zu gelangen. Wir überqueren die Bundesstraße geradeaus in Richtung Kurverwaltung und folgen hinter Kurhaus, Schwimmbad und Sportplatz dem Wanderweg U3 nach links. Er führt uns an einem Wasserbecken mit Springbrunnen vorbei, auf einer Holzbrücke über die Diemel und weiter unter der Bahnlinie hindurch durch eine Grünanlage die Diemel aufwärts. An den mit Steinen eingefaßten Ufern des Baches wächst ein nitrophiler Staudensaum, der sich aus Gewöhnlicher Pestwurz (*Petasites hybridus*), Giersch (*Aegopodium podagraria*), Großer Brennessel (*Urtica dioica*), Waldengelwurz (*Angelica sylvestris*), Fuchsschem Greiskraut (*Senecio ovatus*), Rohrglanzgras (*Phalaris arundinacea*), Bergweidenröschen (*Epilobium montanum*), Echter Nelkenwurz (*Geum urbanum*) und Mauerlattich (*Mycelis muralis*) zusammensetzt. Schließlich erreichen wir Weideland, hin und wieder liegen Fischteichanlagen an unserem Weg, der anfangs von schattenspendenden Espen (*Populus tremula*), Vogelkirschen (*Prunus avium*), Ebereschen (*Sorbus aucuparia*) und Haselsträuchern (*Corylus avellana*) gesäumt wird. In den besonnten Wegböschungen können wir einige

spätblühende Stauden beobachten: Waldstorchschnabel (*Geranium sylvaticum*), Schwarze Königskerze (*Verbascum nigrum*), Schmalblättriges Weidenröschen (*Epilobium angustifolium*), Riesen-Goldrute (*Solidago gigantea*) und Ackerglockenblume (*Campanula rapunculoides*).
Später, wenn wir rechts eine Feriensiedlung und links die Talstation eines Skiliftes hinter uns gelassen haben, wird die Grünlandvegetation im Tal zusehends feuchter. So sind in den Weideflächen Binsen, Mädesüß (*Filipendula ulmaria*), Kohldistel (*Cirsium oleraceum*), Waldengelwurz (*Angelica sylvestris*) und als Element der Bergwiesen Schlangenknöterich (*Polygonum bistorta*) auszumachen. Leider sind die Feuchtwiesen nicht optimal entwickelt, da sie beweidet und wohl auch gedüngt werden. Weiter talaufwärts erstreckt sich rechts des Weges über den Hang einer der Fichtenforste, die seit Beginn dieses Jahrhunderts auf »Ödland«, also ehemaligen Extensivweiden und Heiden angelegt wurden und die heute mit ihrem dunklen Grün so charakteristisch für die Landschaft des Sauerlandes geworden sind. Wir erreichen schließlich die Diemelquelle. Sie ist gefaßt und befindet sich auf dem Gelände eines Grillplatzes. Kurz danach führt ein Schotterweg nach links steil den Berg hinauf. Mit Erreichen der Hochfläche biegen wir auf einen Teerweg nach links ab. Hier blicken wir auf intensiv genutzte Weideflächen, die hin und wieder von Fichtenbeständen abgelöst werden. Schon nach etwa 500 Metern verlassen wir den befestigten Weg wieder nach links. Außer der bisher verfolgten Markierung U3 ist hier auch der Ort Usseln ausgeschildert. Rechterhand liegen zunächst noch intensiv bewirtschaftete Mähweiden, dann tauchen zwischen Himbeer-Schlagfluren die ersten kleineren Heideflecken auf. Unser Weg zweigt nach links ab zur Skilift-Bergstation und weiter durch Heideflächen. Hier erreicht die Hochheide wieder größere Ausdehnung. Zunächst ist sie noch stark vergrast und stärker mit Ruderal- und Saumarten wie Gewöhnlichem Hohlzahn (*Galeopsis tetrahit*), Rotem Fingerhut (*Digitalis purpurea*), Fuchsschem Greiskraut (*Senecio ovatus*) und Gewöhnlichem Leinkraut (*Linaria vulgaris*) durchsetzt. Auch junge Fichten und Weiden sind häufig zu beobachten. Nach und nach ähneln die Bestände am Kahlen Pön, ebenfalls Naturschutzgebiet, denjenigen des Osterkopfes. An bisher noch nicht erwähnten Pflanzenarten lassen sich hier der Deutsche Ginster (*Genista germanica*), das Gewöhnliche Kreuzblümchen (*Polygala vulgaris*) und Wiesenaugentrost (*Euphrasia rostkoviana*) finden.
Ein Abstecher nach rechts führt zu einer Schutzhütte und

zum Gipfelkreuz (ausgeschildert), von wo sich eine gute Aussicht auf Usseln und den Osterkopf bietet. Vom Gipfelkreuz aus folgen wir weiter dem Fußpfad U3, der leicht absteigend nach Osten durch Heideflächen mit vielen einzeln stehenden Kiefern und Ebereschen führt. Der Pfad mündet bei einem Grillplatz auf einen Schotterweg, der uns bergab zum Ort hinunter bringt. Das erste Wegstück weist an seinen Rändern eine interessante Rosenflora auf: Es finden sich hier *Rosa subcanina*, mit flattrig abstehenden Kelchblättern, *Rosa subcollina*, ein niedriger Strauch mit rundlichen Butten und stark behaarten Blättern sowie die Buschrose (*Rosa corymbifera*), die der erstgenannten Art ähnelt, aber behaarte Blattstiele aufweist.

Hinter der Bahnüberführung müssen wir uns für wenige Meter nach links halten, dann wieder rechts einbiegen und diesen Weg geradeaus bis zur Hauptstraße beibehalten, wo wir unseren Ausgangspunkt, die Molkerei, wieder erreichen.

Länge der Wanderung: etwa 10 km
Einkehrmöglichkeiten: Usseln
Verkehrsverbindungen: Usseln hat Bahnanschluß und ist über durchgehende Züge an Kassel, Dortmund und Frankfurt (über Marburg) angebunden

TOUR 3

Habichtswald – Kalkmagerrasen am Dörnberg

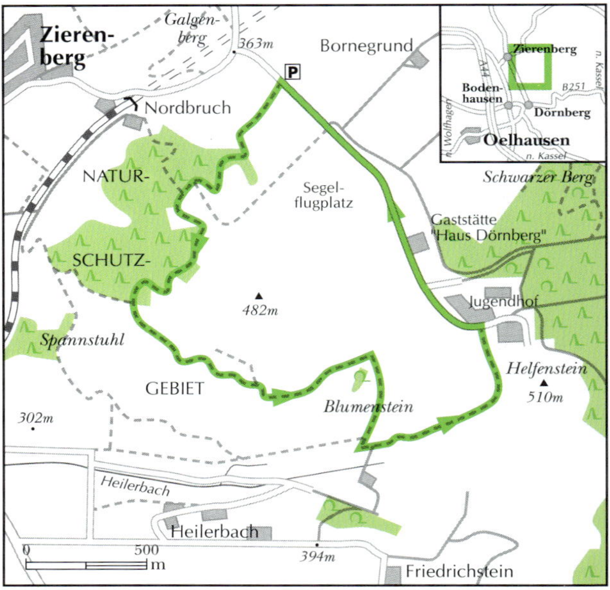

Eines der bedeutendsten Magerrasengebiete Hessens ist zweifellos das im Landkreis Kassel östlich von Zierenberg gelegene Dörnbergmassiv. Naturräumlich zum Habichtswälder Bergland gehörend, einer vulkanisch entstandenen Region, die durch zahlreiche isolierte Berge und Hügel gekennzeichnet ist, welche auf Schichten des Buntsandsteins aufliegen, ist das geologische Ausgangsmaterial des Dörnberges Muschelkalk (oberer und insbesondere unterer Wellenkalk) und dort, wo Basaltmassen noch schützend darüber liegen, tertiäre Ablagerungen wie Sand, Ton, Braunkohle und Quarzit. Stark vereinfacht läßt sich sagen, daß am West- und Nordabhang des Dörnberges Muschelkalk ansteht, während der Süd- und Ostabhang überwiegend aus Basalt und Basalttuff besteht. Das Plateau ist von mehr oder

weniger verwittertem Basalttuff sowie Muschelkalk bedeckt. Ausgangspunkt unserer Wanderung durch die ausgedehnte und sehr beeindruckende Magerrasenlandschaft des Großen Kessels, der auch als Kleiner Dörnberg bezeichnet wird, ist der Parkplatz an der Straße zum Landesjugendheim. Von dort aus überqueren wir zunächst die Fahrbahn und bewegen uns zu einem Holzunterstand, durch den man in das Gebiet gelangt. Hier informieren uns Schautafeln über die Flora und Fauna des 1978 mit einer Größe von 110 ha ausgewiesenen Naturschutzgebietes. Zusätzlich gibt uns eine Karte Auskunft über die vorhandenen Wanderwege im Bereich des Dörnbergmassivs. An dieser Stelle sei darauf hingewiesen, daß ein Verlassen der Wege im Naturschutzgebiet nicht erlaubt ist. Die nachfolgend beschriebene Route entspricht dem »Alpenpfad«, der im Gebiet durch die (in gelber Farbe) eingekreiste Ziffer 1 gekennzeichnet ist. Er verläuft zunächst mehr oder weniger höhenlinienparallel über die West- und Südhänge des Großen Kessels (Kleiner Dörnberg) zum Blumenstein (Wichtelkirche).
Kurz hinter dem Informationsstand blicken wir bereits auf die weiten, durch unzählige säulenförmige Wacholderbüsche reich strukturierten und südländisch anmutenden

Mit Wacholdern durchsetzte Kalkmagerrasen am Dörnberghang

Kalkmagerrasen, die uns einen Eindruck von dem ehemaligen, mittelalterlichen oder vorindustriellen Landschaftsbild vermitteln. Die besonderen geologischen und geomorphologischen Gegebenheiten, die einer gewinnorientierten landwirtschaftlichen oder ertragreichen forstwirtschaftlichen Nutzung entgegenstehen, haben wesentlich dazu beigetragen, daß sich diese seltene Lebensgemeinschaft am Dörnberg bis heute erhalten hat. Hinzu kamen auch die besonderen Besitzverhältnisse, die anderen Nutzungen im Wege standen und bis in die fünfziger Jahre dieses Jahrhunderts eine altertümliche Bewirtschaftung in Form einer intensiven Beweidung forderten. Beweidet wurde damals mit Schafen, Ziegen, Rindern sowie kleinflächig auch mit Schweinen und Gänsen. Seit Mitte unseres Jahrhunderts ließ die Intensität der zur Erhaltung der Vegetationsstruktur erforderlichen Beweidung durch die Veränderung der sozioökonomischen Verhältnisse merklich nach, was zu einer Zunahme des Gehölzaufwuchses führte. Heute wird dem durch pflegerische Maßnahmen des Naturschutzes (Entbuschung) entgegengewirkt. Ein Schäfer beweidet seit 1981 wieder regelmäßig die Hänge.
Die Halbtrockenrasen des Dörnberges sind pflanzensoziologisch als Enzian-Schillergrasrasen (Gentiano-Koelerietum) zu bezeichnen. Zum günstigsten Wanderzeitpunkt Ende Mai/Anfang Juni fallen dem Besucher aus der Entfernung bereits rotviolette und weiße Blütenmeere auf, die durch individuenreiche Populationen des Stattlichen Knabenkrautes (*Orchis mascula*) sowie des Großen Windröschens (*Anemone sylvestris*) hervorgerufen werden. In geringerer Artenzahl beigemischt, lassen sich auch die beiden Orchideen Helmknabenkraut (*Orchis militaris*) und Große Händelwurz (*Gymnadenia conopsea*) beobachten. Die niedrige Grasnarbe beherbergt bei näherem Hinsehen aber noch eine Vielzahl weiterer charakteristischer und bemerkenswerter Pflanzen, darunter auch floristische Kostbarkeiten. Reichlich vertreten sind Blaugrüne Segge (*Carex flacca*), Stengellose Kratzdistel (*Cirsium acaule*), Golddistel (*Carlina vulgaris*), Knack-Erdbeere (*Fragaria viridis*), Kleiner Klappertopf *(Rhinanthus minor)*, Kleiner Wiesenknopf *(Sanguisorba minor*), Weichhaariger Frauenmantel (*Alchemilla glaucescens*), Pyramidenschillergras (*Koeleria pyramidata*), Rotschwingel (*Festuca rubra*), Schafschwingel (*Festuca ovina* agg.) und Flaumhafer (*Avena pubescens*). Daneben treten vereinzelt die Echte Schlüsselblume (*Primula veris)* sowie ein unscheinbarer, vor allem an seinen roten Früchten und seinen kleinen, stark zerschlitzten Blättern erkennbarer Löwen-

Eine typische Orchidee am Dörnberg: Stattliches Knabenkraut (*Orchis mascula*)

3

zahn aus der Gruppe der Rotfrüchtigen Sandlöwenzahn-Arten (*Taraxacum* sect. *Erytrosperma*) auf.

Unter den unzählbaren Einzelbüschen überwiegt der Wacholder (*Juniperus communis*), der den Halbtrockenrasen des Dörnberges durch seine säulenartige Wuchsform eine ganz charakteristische Prägung verleiht. Dies war jedoch nicht immer so. Photographien aus den zwanziger Jahren belegen eine extreme Gehölzarmut auf dem Dörnberg, die neben der intensiven Beweidung auch von der Tatsache herrührte, daß die ortsansässigen Schweinehalter den Schinken mit Wacholder räucherten und dazu Büsche schlugen.

Daneben gehören zur Gehölzflora verschiedene Weißdorne und Wildrosen, wobei hier vor allem die beiden zur Gruppe der Drüsenrosen zählenden und an ihrem aromatischen Apfelduft erkennbaren Arten Weinrose (*Rosa rubiginosa*) und Kleinblütige Rose (*Rosa micrantha*) hervorzuheben sind.

Nach etwa 50 bis 70 Metern knickt der Graspfad leicht nach links ab und geht in einen geschotterten Weg über. Linker Hand befindet sich eine erste Aussichtsbank, von wo aus man auf das nahegelegene Zierenberg blicken kann. Im Wegsaum läßt sich zur Blütezeit des Großen Ehrenpreises

(*Veronica teucrium*), des Hufeisenklees (*Hippocrepis comosa*) und des Gewöhnlichen Hornklees (*Lotus corniculatus*) ein recht eindrucksvoll wirkender gelb/blauer Blühaspekt beobachten. Vereinzelt treten auch die rotvioletten Blüten der Schopfigen Kreuzblume (*Polygala comosa*) hinzu. Unser Weg quert anschließend innerhalb einer durch Erosion entstandenen Hangrippe einen kleinen älteren Buchenbestand und führt weiter, fast höhenlinienparallel durch mehr oder weniger offene Magerrasen. In der nachfolgenden Linkskurve finden sich am Wegrand wiederum zahlreiche Individuen des Großen Windröschens (*Anemone sylvestris*). Links des Weges lassen sich Exemplare des Großen Zweiblattes (*Listera ovata*) beobachten. In Höhe eines sich rechter Hand anschließenden Fichtenforstes treten einzelne Individuen der Fliegenragwurz (*Ophrys insectifera*) auf, einer »Insektentäuschblume«, deren Blütenlippen Ähnlichkeit mit Grabwespenweibchen (vor allem der Art *Gorytes mystaceus*) besitzen, so daß die Männchen von ferne angelockt werden, auf der Blüte Begattungsbewegungen durchführen und auf diese Weise die Pollinien übertragen. Wie Untersuchungen zeigen, findet die Insektenbestäubung jedoch nur in sehr geringem Maße statt, viel häufiger ist die Selbstbestäubung. Als weitere typische Magerrasenvertreter finden sich in der Umgebung der Orchidee neben Kriechendem Hauhechel (*Ononis repens*) auch der Gewöhnliche Wundklee (*Anthyllis vulneraria*). Weiter hangaufwärts finden sich dichte Rasen der Fiederzwenke (*Brachypodium pinnatum*), einer Grasart, die bei unregelmäßiger Nutzung bzw. gänzlichem Nutzungsausfall sehr stark begünstigt wird und sich innerhalb weniger Jahre explosionsartig innerhalb von Magerrasen ausbreiten kann, wobei mit ihrer Ausbreitung gleichzeitig ein Rückgang der Artenvielfalt einhergeht. Es folgt linker Hand ein Gebüschbereich, rechts des Weges ist der Nadelforst bereits stark aufgelichtet. Im Wegsaum treten nun die Magerrasenarten zurück und werden durch stickstoffliebende Hochstauden wie Wiesenkerbel (*Anthriscus sylvestris*), Ackerkratzdistel (*Cirsium arvense*), Echte Nelkenwurz (*Geum urbanum*), Klettenlabkraut (*Galium aparine*) und Große Brennessel (*Urtica dioica*) ersetzt. Auch in diesem Bereich findet sich noch die Fiederzwenke. An Gehölzarten treten Schlehe (*Prunus spinosa*), Zweigriffeliger Weißdorn (*Crataegus laevigata*), Schwarzer Holunder (*Sambucus nigra*) und Rote Heckenkirsche (*Lonicera xylosteum*) auf. Der Weg führt anschließend vorbei an einem rechter Hand im Wald gelegenen Einzelgebäude und verläuft nachfolgend weiter in leichten Kurven abwechselnd durch Magerrasen, Gebüsch und Waldbestände. In den Säumen finden sich neben typischen Waldarten wie Fuchsschem Greiskraut (*Senecio ovatus*) und Waldmeister (*Galium odoratum*) auch Rauhhaariges Veilchen (*Viola hirta*), Hainveilchen (*Viola riviniana*) und Pfirsichblättrige Glockenblume (*Campanula persicifolia*). Dazwischen fallen immer wieder dichte Polster des Mooses *Rhytidiadelphus triquetrus* auf. Vereinzelt lassen sich junge Exemplare der Elsbeere (*Sorbus torminalis*) beobachten, einer typischen Baumart trocken-warmer Standorte. Nach weiterer kurzer Gehzeit verlassen wir in Höhe des Spannstuhles endgültig den Waldbereich und durchwandern wiederum ausgedehnte Magerrasen. Von hier aus hat man eine gute Aussicht auf Zierenberg und die südlich gelegene Warmeniederung. Mehrere Aussichtsbänke laden jetzt zu einer Rast ein. Die Magerrasenvegetation ist in diesem Bereich sehr schütter ausgebildet. Zwischen den Pflanzen tritt immer wieder Muschelkalkzersatz hervor. Bisher nicht genannte, hier gehäuft auftretende Pflanzen sind das Kleine Habichtskraut (*Hieracium pilosella*), der Rauhe Löwenzahn (*Leontodon hispidus*) und das Gewöhnliche Zittergras (*Briza media*). Wir passieren eine Schutzhütte, von wo aus sich eindrucksvolle Blicke auf einen südlich gelegenen Magerrasensporn und die östlich von Zierenberg gelegene Eisenbahnbrücke eröffnen. Wenige Schritte hinter der Hütte treffen wir auf die Population einer weiteren bemerkenswer-

Der Lothringer Lein (*Linum leonii*) ist in Hessen auf den Kasseler Raum beschränkt.

ten Pflanzenart, den Lothringer Lein (*Linum leonii*), der hier unmittelbar am Wegrand wächst. Die niederliegende, kleinblättrige Art ist in Hessen äußerst selten, und ihre wenigen Vorkommen beschränken sich auf den nordhessischen Raum nahe Kassel. Unsere Route verläuft nun weiter durch die Halbtrockenrasen am Süd- und Südosthang des Kleinen Dörnberges, deren Artenzusammensetzung sich nur noch geringfügig ändert. An bisher nicht eigens hervorgehobenen Pflanzen seien an dieser Stelle noch das Frühlingsfingerkraut (*Potentilla tabernaemontani*), der Sandthymian (*Thymus serpyllum*) und die Ackerglockenblume (*Campanula rapunculoides*) erwähnt. In den Gebüschsäumen tritt zudem die Bärenschote (*Astragalus glycyphyllos*) auf, deren Name vom süßlichen Geschmack ihrer Blätter herrührt. Wir verlassen anschließend das Naturschutzgebiet durch ein eisernes Drehtor. Kurz vor Erreichen des auf dem Plateau befindlichen Segelflugplatzes biegt unser Weg nach rechts ab. Wir folgen nun der Kennzeichnung des »Alpenpfades« Richtung »Wichtelkirche«. Der Weg verläuft bergab parallel zu einem westlich gelegenen kleinen Tälchen, das von einem schmalen Buchenwäldchen eingenommen wird. In den lückigen Halbtrockenrasen links des Weges gedeiht u.a. Rauhes Vergißmeinnicht (*Myosotis ramosissima*), der Kleine Wiesenknopf (*Sanguisorba minor*) und das Gewöhnliche Sonnenröschen (*Helianthemum nummularium*). Wir passieren erneut ein eisernes Drehtor und erreichen einen vorgelagerten Bergsporn, der uns einen weiteren Überblick über die umgebende Landschaft ermöglicht. Rechter Hand liegt die intensiv landwirtschaftlich genutzte Warmeniederung vor uns, links erblicken wir das Naturdenkmal »Wichtelkirche«, einen der Erosion trotzenden Basaltschlot, der vor allem durch seine bizarre Form ins Auge fällt. Noch weiter links ragen die Helfensteine in unser Blickfeld, die ebenfalls vulkanischen Ursprungs sind.

Vom Aussichtspunkt geht es auf einem schmalen, teilweise von Gebüschen gesäumten Pfad in Serpentinen bergab, vorbei am Naturdenkmal »Wichtelkirche«, dessen sagenumwobene Geschichte uns auf einer Schautafel nähergebracht wird. Nach kurzer Gehzeit zweigt der »Alpenpfad«, in Höhe einer Viehweide, nach links ab. Wir passieren lichte Gebüsche, in denen immer wieder magerrasenverwandte Vegetationsbestände mit reichlich Knolligem Hahnenfuß (*Ranunculus bulbosus*), Kleinem Klappertopf (*Rhinanthus minor*) und Flaumhafer (*Avena pubescens*) auftreten. Daran schließen sich rotschwingelreiche Weideflächen an, die durch eine ausgesprochene Krautarmut gekennzeichnet sind. Einzelne Inseln mit Weideunkräutern, vor allem Große Brennessel (*Urtica dioica*), deuten auf eine intensivere Nutzung als Rinderweide hin. Zu den wenigen vorhandenen Krautarten gehören das Gänseblümchen (*Bellis perennis*), das Gemeine Hornkraut (*Cerastium holosteoides*), der Gamanderehrenpreis (*Veronica chamaedrys*), der Quendelehrenpreis (*Veronica serpyllifolia*), der Große Sauerampfer (*Rumex acetosa*) und vereinzelt auch der Wiesenkümmel (*Carum carvi*). Wir befinden uns nun am Ende der Landebahn des Segelfluggeländes. Die Markierung des »Alpenpfades« leitet uns durch die Grünlandflächen auf einen wenig benutzten und nur noch schwer auszumachenden Grasweg, der unterhalb der »Helfensteine« entlangführt. Wer noch Lust hat, kann nun einen kleinen Abstecher hinauf zu den Basaltfelsen machen. Unser Rückweg führt unterhalb der »Helfensteine« Richtung Landesjugendheim. Wir durchqueren erneut ein eisernes Drehtor und erreichen den Parkplatz am Jugendhaus. Von hier aus bewegen wir uns nach links auf der Straße Richtung Parkplatz und passieren nach kurzer Gehzeit die Gaststätte Dörnberghaus, wo man nach Belieben einkehren und sich erholen kann. Von hier aus sind es nur noch wenige Schritte bis zu unserem Ausgangspunkt.

Länge der Wanderung: etwa 5 km
Einkehrmöglichkeiten: Dörnberghaus südöstlich des Parkplatzes
Verkehrsverbindungen: mit der Bahn bis Zierenberg, vom Bahnhof mit dem Taxi zum Dörnberg

TOUR 4

Kellerwald – Waldgesellschaften, Fels- und Schuttfluren am Edersee

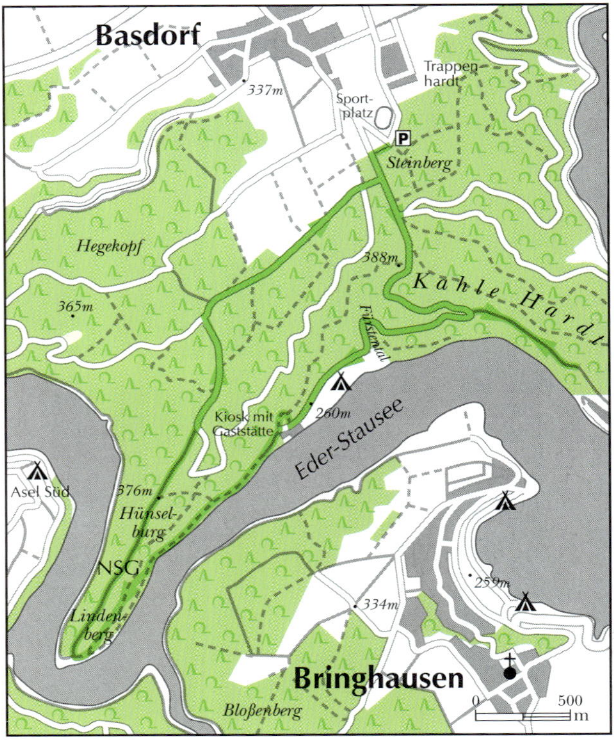

Eine der wohl landschaftlich eindrucksvollsten Wandertouren dieses Exkursionsführers führt uns in den Kellerwald, einen vorwiegend aus paläozoischen Gesteinen aufgebauten horstartigen Mittelgebirgsrücken, der aufgrund seines ähnlichen geologischen Aufbaus in der Literatur als Ausläufer des Rheinischen Schiefergebirges bzw. des Bergisch-Sauerländischen Gebirges bezeichnet wird, von diesem aber durch das zwischen Battenberg und Herzhausen verlaufende Edertal deutlich abgetrennt ist. Der Kellerwald hebt sich als fast vollständig bewaldetes und von harten Quarziten geprägtes Bergland um fast 400 m gegen das von tertiären Sedimenten erfüllte Umland der Hessischen Senke ab. Neben den Kellerwaldquarziten sind Kieselschiefer und Grauwacken sowie Diabase am geologischen Aufbau beteiligt. Unsere Exkursion führt uns an den im Norden des Kellerwaldes gelegenen Edersee. Der dortige Bereich des Edertales, der früher weitgehend landwirtschaftlich genutzt wurde, ist durch den Aufstau der Talsperre im Jahre 1913 massiv umgeprägt worden.

Ausgangspunkt unserer Wanderung ist der Sportplatz südlich des Vöhler Ortsteiles Basdorf. Von der Landstraße Herzhausen – Waldeck kommend biegt man nach Basdorf ab, durchquert den Ort Richtung Campingplatz und erreicht den Sportplatz etwa 500 m südöstlich des Dorfes. Dort bestehen ausreichend Parkmöglichkeiten.

Vom Sportplatz aus wandern wir nun zunächst in südwestlicher Richtung, am Sportlerheim und einer Fichtenschonung vorbei, bis wir den asphaltierten Weg Richtung Campingplatz erreichen, in den wir nach links einbiegen. Der Weg führt vorbei an Fichtenforsten und ausgedehnten Schlagfluren, die vor allem im Spätsommer durch das rotviolette Blütenmeer des Schmalblättrigen Weidenröschens (*Epilobium angustifolium*) sowie des stark giftigen Roten Fingerhutes (*Digitalis purpurea*) der Landschaft ein eindrucksvolles Bild verleihen. Als weitere typische Pflanze der Waldschläge läßt sich die ebenfalls stark giftige Tollkirsche (*Atropa bella-donna*) beobachten, die vor allem auch durch die glänzend schwarzen Beeren ins Auge fällt. Die Staude enthält in allen Teilen giftige Alkaloide (Hyoscyamin, Atropin, Scopolamin). Bei Verzehr verursachen sie Rauschzustände (daher der Name Tollkirsche), dann Lähmung und Kollaps. Die Inhaltsstoffe werden heute vor allem in der Augenheilkunde verwandt, da insbesondere das Atropin bei örtlicher Anwendung am Auge eine pupillenerweiternde Funktion besitzt. Nach gut 600 m erreichen wir eine Weggabelung, an der wir uns rechts halten. Der Nadelwald beschränkt sich nun auf die rechte Wegseite, links des Weges beginnen Buchenwälder mit vereinzelten Eichen und Fichten. Die Bodenvegetation ist stark von dem sauren Untergrund geprägt. So finden sich in diesem Wegabschnitt mit Heidelbeere (*Vaccinium myrtillus*), Drahtschmiele (*Avenella flexuosa*), Bergplatterbse (*Lathyrus linifolius*), Färberginster (*Genista tinctoria*), Echtem Ehrenpreis (*Veronica officinalis*), Salbeigamander (*Teucrium scorodonia*) sowie

Xerotherme Eichenwälder an der »Kahlen Hardt«

dem Gemeinen Frauenfarn (*Athyrium filix-femina*) und dem Eichenfarn (*Gymnocarpium dryopteris*) typische Säurezeiger. An anspruchsvolleren Pflanzen lassen sich im Unterwuchs des Waldes das Maiglöckchen (*Convallaria majalis*) sowie entlang des Wegsaumes ein kleinerer Bestand der Waldplatterbse (*Lathyrus sylvestris*) beobachten. Letztere ist insbesondere durch ihre geflügelten Stengel und Blattstiele leicht zu erkennen und wird oft auch als »Intelligenzblume« bezeichnet, da ihre Blüten durch Drehung von Griffel und

Schiffchen asymmetrisch und der Nektar daher nicht allgemein zugänglich ist.
Für einen kleinen Abstecher zu den NW-exponierten, steilen Flanken der »Kahlen Hardt« verlassen wir anschließend in einer Spitzkehre den Weg und bewegen uns in westlicher Richtung auf einem schmalen Waldweg, der kurze Zeit später in einen Pfad übergeht. Bereits nach wenigen Schritten wachsen am Wegrand Einzelexemplare der praealpin-submediterran verbreiteten Deutschen Hundszunge (*Cynoglossum germanicum*), einer Art, die einen deutlichen Verbreitungsschwerpunkt im Norden Hessens besitzt. Wenige Minuten später lichtet sich der Wald auf und wir erreichen die eindrucksvollen, bis 45° geneigten Tonschiefer- und Grauwacke-Hänge der »Kahlen Hardt«, auf denen sich eine außergewöhnliche, von Traubeneiche (*Quercus petraea*) beherrschte, lückige Waldgesellschaft (Hainsimsen-Traubeneichen-Wald, Luzulo-Quercetum petraeae) angesiedelt hat, dem als weitere Baumarten neben der Rotbuche (*Fagus sylvatica*) auch die wärmeliebende Mehlbeere (*Sorbus aria*) beigesellt ist. Von dem Pfad aus hat man einen herrlichen Blick auf den Edersee und die gegenüberliegenden Ufer mit dem Ort Bringhausen.

Der Edersee und die bewaldeten Randhöhen des Kellerwaldes

Am Hang herrschen extreme Standortbedingungen. Das Substrat ist in stetiger Bewegung, so daß die Bodenentwicklung durch Erosion stark eingeschränkt ist. Hinzu kommt das geringe Wasserhaltevermögen des Tonschieferzersatzes. Als Folge erreicht die Baumschicht nur eine Höhe von 5 bis 10 m, die Bäume zeigen regelmäßig Trockenschäden und besitzen durch ihren oftmals krüppelartigen Wuchs eine äußerst pittoreske Gestalt. Durch das ständig nachrutschende Schiefersubstrat ist eine Krautschicht nur sehr lückig entwickelt. Da die Hänge so gut wie nicht betretbar sind und über eine ehemals forstwirtschaftliche Nutzung nichts bekannt ist, dürften diese Wälder eine naturnahe bis natürliche Situation repräsentieren. Im Unterwuchs läßt sich eine ganze Reihe bemerkenswerter und an diese Standortsituation angepaßter Pflanzenarten beobachten. So wachsen hier u.a. die Astlose Graslilie (*Anthericum liliago*), die Schwalbenwurz (*Vincetoxicum hirundinaria*), verschiedene Habichtskräuter (*Hieracium glaucinum, H. laevigatum, H. pilosella, H. umbellatum, H. lachenalii u.a.*), das Rote Waldvögelein (*Cephalanthera rubra*) sowie der Nordische Streifenfarn (*Asplenium septentrionale*). Auf baumfreien, natürlichen Rutschungen finden sich Bestände von *Galeopsis segetum* (Saathohlzahn) und *Galeopsis ladanum* (Ackerhohlzahn). Im Bereich von Felsen lassen sich zudem Fluren der rötlich blühenden Pfingstnelke (*Dianthus gratianopolitanus*) und der Felsenfetthenne (*Sedum reflexum*) beobachten.

Nach diesem Abstecher wandern wir auf demselben Weg wieder zurück bis zu der Spitzkehre und folgen dem geschotterten Forstweg weiter bergab Richtung Campingplatz. Links und rechts des Weges erstrecken sich von Rotbuche beherrschte Wälder, denen in stark variierenden Anteilen auch Nadelhölzer beigesellt sind. Im Unterwuchs tritt hier häufig der Nitrifizierungszeiger *Sambucus racemosa* (Traubenholunder) auf. Im Wegsaum kann man neben Arten wie der durch ihren auffälligen Blütenfarbwechsel von rosarot über violett nach schmutzigbraun ausgezeichneten Bergplatterbse (*Lathyrus linifolius*), die uns bereits zu Beginn unserer Wanderung begegnet ist, die Hainsimse (*Luzula luzuloides*) sowie als typische Saumart auch die Walderdbeere (*Fragaria vesca*) und das Berghartheu (*Hypericum montanum*) beobachten. Mit ein wenig Glück gelingt auch der Fund des Schönen Hartheus (*Hypericum pulchrum*), das hier nur sehr vereinzelt im Wegsaum vorkommt.

Über den langgestreckten Parkplatz des Campingplatzgeländes führt uns der Weg zu einem Kiosk mit kleiner Gaststätte, wo man nach Belieben eine Rast einlegen kann. Unmittelbar vor dem Kiosk zweigt unsere Route nach rechts in den Wald. Wir treffen nach kurzer Zeit auf einen Querweg, dem wir nach links entlang des Campingplatzgeländes hinunter Richtung Ederseeufer folgen. Der Routenverlauf in diesem Abschnitt ist nicht ganz einfach zu finden, da die Wege zumindest teilweise verbuscht und kaum noch zu erkennen sind. Oberhalb des Ederseeufers stoßen wir dann aber wieder auf einen gut erkennbaren schmalen Fußpfad, der uns durch die ufernahen, weitgehend unberührten und abgeschiedenen Wälder führt und landschaftlich äußerst reizvoll ist. Es ist aber gleichzeitig auch der schwierigste Abschnitt unserer Wanderung, da der schmale Pfad oftmals über rutschigen Blockschutt führt oder bereits derart stark ausgetreten ist, daß man sich an wegbegleitenden Bäumen entlanghangeln muß.

Unser Ziel ist der Lindenberg, ein halbinselartig in den Edersee hereinragender Bergsporn mit steilen Flanken. Im ersten Abschnitt des Uferpfades herrschen an Baumarten Eiche, Hainbuche und Rotbuche vor. Im Unterwuchs finden sich anspruchsvolle Waldarten wie Einblütiges Perlgras (*Melica uniflora*), die Zwiebelzahnwurz (*Dentaria bulbifera*), die Pfirsichblättrige Glockenblume (*Campanula persicifolia*) oder die Große Sternmiere (*Stellaria holostea*). Seewärts in den Säumen wachsen *Sedum maximum* (Große Fetthenne), *Teucrium scorodonia* (Salbeigamander) und zwischen Felsblöcken Herden des Gemeinen Tüpfelfarnes (*Polypodium vulgare*), dessen Rhizome durch Zucker und das für Süßholz charakteristische Glycyrrhizin intensiv süß schmecken. Daher wird die Art auch häufig Engelsüß genannt.

Im weiteren Verlauf der Wanderung passieren wir Blockschuttfelder, die z.T. bis an den Pfad heranreichen. In der Baumschicht des Waldes finden sich nun auch Feldahorn (*Acer campestre*), Spitzahorn (*Acer platanoides*), Vogelkirsche (*Prunus avium*), Mehlbeere (*Sorbus aria*) und vereinzelt auch die Esche (*Fraxinus excelsior*). Wir befinden uns nun bereits im Naturschutzgebiet »Hünselburg«. Der schmale Pfad, der sich entlang des Stauseeufers windet, ermöglicht immer wieder reizvolle Ausblicke auf die Wasserfläche und die gegenüberliegenden Ufer. Im weiteren Routenverlauf passieren wir Bestände der durch ihre stark fiedrig eingeschnittenen Blütenblätter kenntlichen Prachtnelke (*Dianthus superbus*), die hier recht zahlreich und unübersehbar unmittelbar benachbart des Weges vorkommt. Der Wald lichtet sich nun auf, und wir erreichen eine offene Felsflur

Die Prachtnelke (*Dianthus superbus*) wächst am schmalen Pfad oberhalb des Ederseeufers.

mit einer sich anschließenden Schuttflur, auf denen sich buntblühende, wärmeliebende und ruderale Saumgesellschaften mit Gemeinem Dost (*Origanum vulgare*), Waldplatterbse (*Lathyrus sylvestris*), Gemeinem Leinkraut (*Linaria vulgaris*), Färberresede (*Reseda luteola*), Kleinblütiger Königskerze (*Verbascum thapsus*) und Gemeinem Beifuß (*Artemisia vulgaris*) entwickelt haben. Vereinzelt lassen sich hier auch der Rote Fingerhut (*Digitalis purpurea*), der Sumpfziest (*Stachys palustris*), der Japanische Klettenkerbel (*Torilis japonica*), das Graugrüne Weidenröschen (*Epilobium lamyi*) und die Kahle Gänsekresse (*Arabis glabra*) ausmachen. Offene, geröllartige Bereiche werden wiederum von den beiden bereits an der »Kahlen Hardt« beobachteten Hohlzahnarten *Galeopsis ladanum* und *G. segetum* besiedelt.

Nachdem wir die Schuttflur überquert haben, führt der Weg wiederum in den Wald und steigt etwa zwei Meter steil bergauf, verläuft dann kurze Zeit über rutschigen Blockschutt und ist nur schwer auszumachen. Unmittelbar im Anschluß an die Steigung findet sich nun erneut ein individuenreiches Vorkommen der Prachtnelke (*Dianthus superbus*). Auch die Pfirsichblättrige Glockenblume (*Cam-*

panula persicifolia) ist in diesem Abschnitt recht zahlreich vertreten. Das letzte Stück des Uferpfades ist sehr schmal und teilweise mit Sträuchern eingewachsen. Nachdem wir diesen Abschnitt passiert haben, führt uns der Fußweg leicht bergauf und mündet in einen breiteren Pfad, auf dem wir uns nun uferparallel bis zur Spitze des Sporns bewegen. Hier lohnt sich ein kleiner Abstecher hinunter zum Ederseeufer, das insbesondere bei niedrigem Wasserstand der Talsperre zwei bemerkenswerte, wenn auch aufgrund ihrer geringen Größe eher unscheinbare Pflanzenarten für unsere Augen bereithält. Zum einen handelt es sich um den zur Familie der Nagelkrautgewächse gehörenden Hirschsprung (*Corrigiola litoralis*), der bei entsprechend niedrigen Wasserständen als Pionierart die zutage tretenden feuchten und nährstoffreichen Lehm- und auch Kiesböden besiedelt. Auf ähnlichen Standorten wächst auch die zweite Pflanze, das Schlammkraut (*Limosella aquatica*), das jedoch an den Ufern wesentlich spärlicher vertreten ist. U.a. zusammen mit dem Schwarzfrüchtigen und dem Dreiteiligen Zweizahn (*Bidens frondosa, B. tripartita*) bilden beide Arten eine Zone aus, die unmittelbar uferwärts an die offene Wasserfläche angrenzt. Dahinter schließt sich ein artenarmer Schlankseggengürtel an, in dem neben dem Gilbweiderich (*Lysimachia vulgaris*) nur noch einzelne Exemplare der Sumpfschwertlilie (*Iris pseudacorus*) zu finden sind.

Zum Waldweg zurückgekehrt, biegen wir nun an der Südspitze des Lindenbergspornes in einen Forstweg ein, der uns bergauf durch das Naturschutzgebiet »Hünselburg« führt. Links des Weges erstrecken sich sehr bald saure, artenarme Traubeneichenwälder, deren Krautschicht durch Flechten- und Moosreichtum ausgezeichnet ist. Bei den Moosen dominiert das Schöne Widertonmoos (*Polytrichum formosum*) und das Besen-Gabelzahnmoos (*Dicranum scoparium*), die Flechtenflora wird im wesentlichen von der Gattung *Cladonia* bestimmt. Neben der Drahtschmiele (*Avenella flexuosa*), der Heidelbeere (*Vaccinium myrtillus*) und vereinzelt auch der Besenheide (*Calluna vulgaris*) sind kaum höhere Pflanzen am Aufbau des Unterwuchses beteiligt. Die vorherrschenden Eichen sind oftmals durch Krüppelwuchs ausgezeichnet und besitzen eine äußerst bizarre Gestalt. Neben der Traubeneiche tauchen immer wieder Exemplare der beiden wärmeliebenden Baumarten Mehlbeere (*Sorbus aria*) und Elsbeere (*Sorbus torminalis*) auf.

Die Grauwacke-Blockschutthalden an der Südwestseite des Lindenberges bleiben dem Wanderer bei seinem Aufstieg weitgehend verborgen. Hier befinden sich mehrere Bestände des Ahorn-Linden-Blockschuttwaldes (Aceri-Tilietum), aufgebaut aus den beiden Lindenarten Sommer-(*Tilia platyphyllos*) und Winterlinde (*T. cordata*). Ebenfalls in der Baumschicht vertreten sind Hainbuche (*Carpinus betulus*), Rotbuche (*Fagus sylvatica*), Traubeneiche (*Quercus petraea*), Bergulme (*Ulmus glabra*) sowie Mehl- (*Sorbus aria*) und Elsbeere (*Sorbus torminalis*). Etwa in Höhe des Kulturdenkmales Hünselburg, bei dem es sich um eine hallstattzeitliche Fluchtburg handelt, erreichen wir einen alten, hallenartig ausgebildeten Waldbestand mit z.T. absterbenden und abgestorbenen Buchen. Hier fand wegen der schweren Zugänglichkeit seit jeher nur eine sehr eingeschränkte Forstwirtschaft statt. Seit 1973 ist für diesen Perlgrasbuchenwald (Melico-Fagetum) eine eingriffsfreie Entwicklung festgeschrieben. Beim Durchwandern lassen sich einige typische Buchenwaldarten vom Wege aus beobachten, an Grasarten u.a. das Einblütige Perlgras (*Melica uniflora*), der Waldschwingel (*Festuca altissima*) und das Flattergras (*Milium effusum*). An Kräutern beherrschen das Bingelkraut (*Mercurialis perennis*), der stark nach Cumarin duftende Waldmeister (*Galium odoratum*), die Vielblütige Weißwurz (*Polygonatum multiflorum*) sowie die Goldnessel (*Galeobdolon montanum*) den Unterwuchs. Weiter dem Waldweg folgend, erreichen wir nach kurzer Gehzeit einen geschotterten Forstweg, dem wir geradeaus folgen. Er führt uns auf knapp 2 km durch für Floristen eher weniger interessantes Terrain, nämlich Nadelforsten und Schlagfluren, die uns nun bedauerlicherweise bis zum Ende unserer Wanderung begleiten. Nach etwa 20 Minuten Gehzeit erreichen wir wieder die Straße, die zum Campingplatz hinunterführt. Um wieder zum Ausgangspunkt unserer Exkursion zu gelangen, biegen wir hier links ein und erreichen den Sportplatz von Basdorf nach wenigen Schritten.

Länge der Wanderung: etwa 9 km
Einkehrmöglichkeiten: Gasthaus am Campingplatz
Verkehrsverbindungen: Anschluß mit öffentlichem Nahverkehr leider nicht vorhanden

TOUR 5

Hoher Meißner – Bergwälder, Bergwiesen, Blockfelder, Moore und Borstgrasrasen

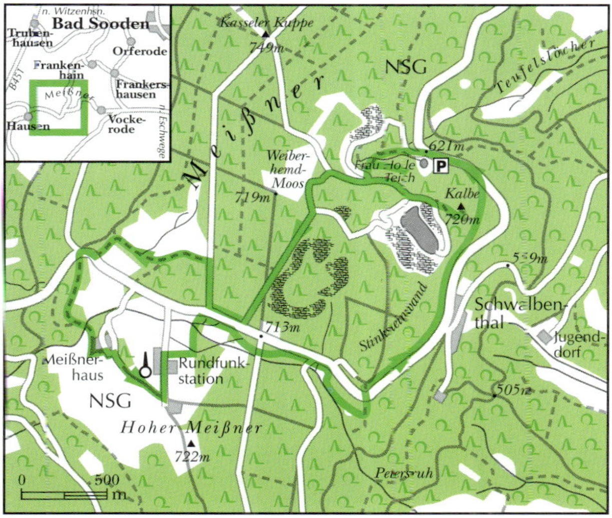

Das 720 bis 754 Meter hohe, weitgespannte Basaltplateau des Hohen Meißners mit seinen Wäldern und Wiesen ist das Ziel dieser Wanderung. Imposant ragt der Bergstock des Hohen Meißners weithin sichtbar über seine Vorländer, da das von Nord nach Süd etwa 4 km lange und bis zu 2,5 km breite Plateau ringsum bei etwa 710 m Höhe mit steilen Hängen 400 bis 600 m tief abbricht.

Die Abhänge des Hohen Meißners sind von eiszeitlichen Verwitterungsschuttdecken überzogen, die vor allem aus großen, nur wenig gerundeten basaltischen Blöcken bestehen. Vor allem am steilen Ostmeißner oberhalb des Frau-Holle-Teiches treten mit Blockhalden, Blockmeeren und Blockzungen ohne Baumbewuchs, Blockschuttströmen in talartigen Rinnen, Blockwülsten, -wällen und -stufen sowie der locker über die Hänge verteilten Blockstreu zahlreiche Blockschuttformen auf.

Die verhältnismäßig nährstoffreichen lehmig-schweren Rot-

erden, als Reste tropischer Verwitterungsbedingungen im Tertiär, die allmählich in Braunerden übergehen, bilden als weit verbreitete Bodentypen die Standortvoraussetzung für die artenreichen Buchenwälder der Hänge. An den schattigen Ost- und Nordostflanken wachsen zudem Ahorn-Eschen-Schluchtwälder, während die bis um die Jahrhundertwende verbreiteten feuchten bis nassen Meißnerwiesen des Hochplateaus weitgehend mit Fichten aufgeforstet wurden.
Seit 1970 sind am Meißner die bewaldeten Steilhänge, die die Hochfläche ringförmig umschließen und nur im Nordosten durch den Steinbruch bei Bransrode unterbrochen werden sowie die »Hausener Hute« und die Plateauwiesen »Auf der Struth«, »Butterwiese« und »Alte Wiese« mit einer Gesamtgröße von 620 ha als Naturschutzgebiet »Meißner« ausgewiesen. Bei einer Verordnungsnovellierung im Jahre 1989 kamen weitere Flächen, darunter auch das »Weiberhemdmoor« und die »Viehhauswiese« hinzu. Mit 930 ha ist es das zweitgrößte Naturschutzgebiet Hessens.
Ausgangspunkt der Wanderung ist der Parkplatz am Frau-Holle-Teich am Ostabfall des Meißners. Der idyllisch gelegene Teich mit seinen ausgedehnten Uferröhrichten aus

Der Frau-Holle-Teich am Fuße des Kalbe-Blockmeeres

Breitblättrigem Rohrkolben (*Typha latifolia*), Waldsimse (*Scirpus sylvatica*), Schmalblättrigem Wollgras (*Eriophorum angustifolium*) und Schnabelsegge (*Carex rostrata*) ist Thema zahlreicher Märchen und Sagen. Hier soll Frau Holle, ehemals wohl Frigga, die Ehefrau des Göttervaters Odin, Beschützerin von Ehe, Familie und Herdfeuer, ihr unterirdisches Reich gehabt haben. Sie soll hier die Kinder aus der Tiefe des Wassers an das Licht der Welt gebracht haben, so daß vormals Frauen mit Kinderwunsch Blumensträuße und andere Opfergaben ins Wasser warfen. Spielende Kinder wurden von ihr in die Tiefen geholt und nach einer freundlichen Bewirtung wieder nach Hause entlassen. Auch das von den Gebrüdern Grimm aufgezeichnete Märchen »Frau Holle« hat hier seinen Ursprung. Seine Entstehung verdankt der Frau-Holle-Teich einer durch geringeres Gefälle verursachten Stauung des oberhalb gelegenen Blockstromes, hinter der in einer Hangnische eine Hohlform entstand, in der sich Wasser ansammeln konnte.

Nördlich des Frau-Holle-Teiches führt der gut ausgeschilderte Rundwanderweg 6 (gelbe Markierung) in den Wald hinein. Kurz hinter einer Schranke zweigt der Pfad nach links ab und verläuft den Hollenbach entlang aufwärts. Der Weg führt durch montane Bergmischwälder aus alten Buchen (*Fagus sylvatica*), Bergahorn (*Acer pseudoplatanus*) und Fichten (*Picea abies*), die im Unterwuchs fast flächendeckende Bestände der Waldhainsimse (*Luzula sylvatica*) aufweisen. Nach einiger Steigung erreichen wir einen breiteren Waldweg, auf dem wir nach links einen kurzen Abstecher zum Kalbe-Blockmeer unternehmen. Nach etwa 100 Metern treffen wir bereits auf das größte Basaltblockmeer des Meißners, auf dem bis heute fast nur Farne, Moose, Bärlappe und Flechten Fuß fassen konnten. Zwischen den großen Felsblöcken siedeln hier Gewöhnlicher Tüpfelfarn (*Polypodium vulgare*), Breitblättriger Wurmfarn (*Dryopteris dilatata*), Eichenfarn (*Gymnocarpium dryopteris*) und in zahlreichen Exemplaren der Tannenbärlapp (*Huperzia selago*). Aus der Gruppe der Moose ist vor allem das Widertonmoos (*Polytrichum* spec.) und das Zackenmützenmoos (*Raccomitrium* spec.) in dichten Polstern vertreten. Am Fuß des Blockmeeres kann man direkt am Wegrand das Kleine Immergrün (*Pyrola minor*) sowie das Gefleckte Knabenkraut (*Dactylorhiza maculata*) entdecken.

Wir gehen zurück auf den Rundwanderweg 6, der einen nochmaligen steilen, aber kurzen Anstieg macht. In den durchquerten Waldbeständen können wir am Wegrand die Waldhainsimse (*Luzula sylvatica*), das Fuchssche Greiskraut

Im Basaltblockmeer der Kalbe siedelt der Tannenbärlapp (*Huperzia selago*) zwischen Moosen und Flechten.

(*Senecio ovatus*), die Ährige Teufelskralle (*Phyteuma spicatum*), die Qirlblättrige Weißwurz (*Polygonatum verticillatum*), das Maiglöckchen (*Convallaria majalis*) und die Weiße Waldhyazinthe (*Platanthera bifolia*) beobachten. Mit Erreichen eines weiteren quer verlaufenden Weges sind wir am Nordwestrand des ehemaligen Tagebaus Kalbe angekommen. Hier machen wir wiederum einen kurzen Abstecher nach links zur Kalbe, vorbei an dem grün schimmernden See des Tagebau-Restloches und den teilweise begrünten Hängen der Kippen. Anders als der etwa 400 Jahre andauernde Untertagebau, bei dem die Braunkohle mühselig über Stollen abgebaut wurde und der deshalb in der Landschaft kaum in Erscheinung trat, drang nach dem Zweiten Weltkrieg der Tagebau in die Kernzonen des Meißners ein. Das Resultat sind mehr als ein Quadratkilometer verwüstete Landschaft mit gewaltigen Abraumhalden und dem Restloch des Tagebaus.
Von der 720 Meter hohen Kalbe aus bietet sich ein einmaliger Ausblick über das 600 Meter tiefer gelegene Werratal hinweg bis zum Harz im Norden, zum Thüringer Wald im Osten und zur Rhön im Süden. Die Kalbe konnte nur durch entschiedenen Einsatz zahlreicher Naturschützer und Heimatfreunde vor dem Abbau und der Frau-Holle-Teich vor dem Verkippen gerettet werden. Erst durch den Bergbau wurde die Kalbe zu einem steil aufragenden Felszahn, der während des Abbaus durch umfangreiche Sicherungsmaßnahmen vor dem Abrutschen geschützt werden mußte.

Zeitweilig weisen Schwefelgeruch und aus Spalten aufsteigende Rauchschwaden im Bereich der Kalbe auf Schwelbrände der zur Selbstentzündung neigenden Braunkohle hin.
Zurück von unserem Abstecher bleiben wir noch ein kurzes Stück auf dem Wanderweg 6, der in westlicher Richtung neben der ehemaligen Bergwerksstraße über aufgeschüttetes Gelände führt. Nach etwa hundert Metern treffen wir auf eine Wegegabelung, an der wir dem schräg nach links führenden Weg folgen. Rechter Hand blicken wir auf die steilen Hänge der sogenannten Nordkippe oder Weiberhemd-Kippe. Die kahlen Hänge der Kippe wurden in einem aufwendigen Verfahren begrünt, indem eine haftende Lösung aus Torf, Humus, Mineraldünger, Bitumen und Pflanzensamen auf die Steinblöcke gespritzt wurde. Mit Glück läßt sich auf der Kippe das nach Kriegsende auf dem Meißner ausgesetzte Muffelwild, eine korsische bzw. sardische Bergschafart, beobachten, das den oben auf den Abraummassen ausgesäten Klee äst und sich hier die schnell wachsenden Klauen abtritt. An der nächsten Wegegabelung, die durch eine Bank leicht zu erkennen ist, verlassen wir den Wanderweg 6 und biegen nach links ab. Bereits nach 50 Metern geht es dann wieder nach rechts. Hier bietet sich ein kleiner Einblick in das Weiberhemdmoor, das seit 1921 unter Naturschutz steht. Es beherbergt u.a. als Eiszeitrelikt das im Hohen Norden Europas beheimatete Purpurreitgras (*Calamagrostis phragmitoides*) in großen Beständen, das dem Moor zur Blütezeit ein nordskandinavisches Gepräge gibt. Aus Gründen des Naturschutzes sind die Wege direkt entlang des Moores heute gesperrt, so daß ein Zugang nicht mehr möglich ist und uns die botanischen Besonderheiten an dieser Stelle verwehrt bleiben müssen. So folgen wir weiter dem Teerweg, an dem nach kurzer Wegstrecke rechter Hand ein kleiner Erlenbruch liegt, der das Weiberhemdmoor an seinem östlichen Rand säumt.
Der gut ausgebaute Forstweg führt weiter nach Süden durch ausgedehnte Fichtenforste, linker Hand begleitet durch die vorwiegend mit Fichten und Roterlen (*Alnus glutinosa*) bepflanzten Außenhalden des ehemaligen Braunkohletagebaus. Wir erreichen die Meißner-Hochstraße auf Höhe eines Parkplatzes und müssen ihr etwa 200 Meter nach rechts folgen. Dann zweigen wir wieder nach rechts in den Fichtenforst ab, bis wir die Struthwiese erreichen. Hier folgen wir dem Rundweg 3 (gelbe Markierung) nach links, der randlich die Struthwiese entlangführt. Bei dieser Bergwiese handelt es sich um ein Mosaik aus Borstgrasrasen (Nardion),

Goldhaferwiesen (Trisetion) und Kleinseggensümpfen (Caricion fuscae). Als häufigste Pflanzenarten begegnen uns hier das Borstgras (*Nardus stricta*), die Rasenschmiele (*Deschampsia cespitosa*), deren monoton wirkender Aspekt im wesentlichen vom Schlangenknöterich (*Polygonum bistorta*), Blutwurz (*Potentilla erecta*) und Harzer Labkraut (*Galium harcynicum*) aufgelockert wird. Hin und wieder lassen sich größere Flecken der Haarbinse (*Juncus filiformis*) beobachten, die durch ihre dunkelgrüne Färbung auffallen. Ebenso sind vereinzelt das Sumpf-Veilchen (*Viola palustris*) und Arnika (*Arnica montana*) anzutreffen. Die Gruppe der Seggen ist mit der Bleichen Segge (*Carex pallescens*), Braunsegge (*Carex fusca*), Sternsegge (*Carex echinata*) und Grausegge (*Carex curta*) reichlich vertreten. Im Zentralbereich der Wiese lassen sich zur Fruchtzeit von weitem größere Bestände des Schmalblättrigen Wollgrases (*Eriophorum angustifolium*) ausmachen. An diesen Stellen sind im späten Frühjahr durch einen auffälligen gelben Blühaspekt die letzten größeren Vorkommen der Trollblume (*Trollius europaeus*) am Meißner zu erkennen.
Der Rundweg 3 verläßt schließlich die Struthwiese nach links und führt, kurze Zeit später rechts abknickend, durch ein kleines Buchenwäldchen. Wir überqueren einen Bach und sehen links unter uns die Viehhauswiese liegen, über die wir vom Waldrand aus an einigen Stellen mit Bänken einen guten Überblick haben. Am Oberhang sind die mageren Wiesenbestände vom Rotschwingel (*Festuca rubra*) dominiert, der nur von wenigen weiteren Arten begleitet wird. Auffällig sind vor allem die zahlreichen Vorkommen der Arnika oder Bergwohlverleih (*Arnica montana*), einer früher stark gesammelten und bis heute beliebten, entzündungshemmenden Heilpflanze. Daneben heben sich durch ihre Blütenfarben vor allem die Rundblättrige Glockenblume (*Campanula rotundifolia*), die Ackerwitwenblume (*Knautia arvensis*), der Schlangenknöterich (*Polygonum bistorta*) und das Harzer Labkraut (*Galium harcynicum*) aus den grasreichen Beständen ab. Am Ende der Viehhauswiese knickt der Pfad nach links ab und führt, weiter an Waldrand und Wiese entlanglaufend, bis zur Meißner-Hochstraße. Am Mittel- und Unterhang bietet die Viehhauswiese das typische Bild einer buntblühenden, vorrangig durch die violettblauen Blüten des Waldstorchschnabels (*Geranium sylvaticum*) und die rosa Blütenähren des Schlangenknöterichs (*Polygonum bistorta*) geprägten Bergwiese (Geranio-Trisetetum). Weiterhin bereichern Rundblättrige Glockenblume (*Campanula rotundifolia*), Ackerwitwenblume (*Knautia ar-*

vensis), Herbstlöwenzahn (*Leontodon autumnale*), Wiesenmargerite (*Leucanthemum vulgare*) und Ährige Teufelskralle (*Phyteuma spicatum*) den Blühaspekt

Wie auch die vielen Flurnamenendungen auf -hute erinnert die Viehhauswiese noch heute daran, daß ehemals auf dem Meißnerplateau eine bedeutende Vieh- und Milchwirtschaft betrieben wurde, die durch die Güte der in den Bergwiesen zahlreich vorhandenen Kräuter eine Milch von vorzüglicher Qualität produzierte. Am Viehhaus standen einst zehn Häuser, in denen die Milch verarbeitet wurde. Noch bis heute soll auf dem gut erkennbaren Grundstück des Viehhauses die Süßdolde (*Myrrhis odorata*) stehen, ein nach Anis duftendes Doldengewächs, das die Milchabsonderung der Kühe fördern sollte.

Am Parkplatz »Weiße Wand« überqueren wir die Straße und folgen dem Rundweg 3 durch Buchenwald, dessen Boden in hohem Maße von Basalt-Blockstreu bedeckt ist. Im Unterwuchs finden sich mit der Goldnessel (*Lamium galeobdolon* ssp. *montanum*), dem Sauerklee (*Oxalis acetosella*), dem Schattenblümchen (*Maianthemum bifolium*), dem Waldflattergras (*Milium effusum*), dem Buschwindröschen (*Anemone nemorosa*), der Ährigen Teufelskralle (*Phyteuma spicatum*), der Quirlblättrigen Weißwurz (*Polygonatum verticillatum*) und dem Maiglöckchen (*Convallaria majalis*) zahlreiche anspruchsvolle Laubwaldarten. Auch die Gruppe der Farne ist mit dem Gemeinen Wurmfarn (*Dryopteris filix-mas*), dem Frauenfarn (*Athyrium filix-femina*) und dem Eichenfarn (*Gymnocarpium dryopteris*) reichlich vertreten. Wir überqueren einen kleinen Bach, der durch ein basaltschuttreiches Bett hangabwärts fließt.

Linker Hand liegt dann wieder eine Bergwiese, die in Artenzusammensetzung und Blühaspekt der zuvor beschriebenen Viehhauswiese ähnelt. Im Wald treten zunehmend Fichten (*Picea abies*) zu den Buchen hinzu. Der Waldweg verläuft in einem großen Bogen nach links, wieder überqueren wir einen Bach und blicken rechts auf eine offene Wiesenfläche den Hang hinunter. Anschließend knickt unser Pfad nach rechts ab, an Waldrand und Wiese entlang und führt schließlich nach links bergauf, durch einen Fichtenbestand zum Meißnerhaus. Wir gehen um das Gebäude herum, nach rechts über den Parkplatz und schwenken vor Erreichen des Teerweges auf einen kleinen Pfad, der am Rand der Hausener Hute entlangführt. Er ist durch die Beschilderung »Wildpark« leicht auszumachen. Die Hausener Hute ist eine der letzten größeren Bergwiesen des Meißners, die vorwiegend aus Borstgrasrasen aufgebaut werden. In den

artenarmen, von Borstgras (*Nardus stricta*) beherrschten Beständen lassen sich außer den schon zahlreich genannten Pflanzenarten vom Wegrand aus die auffällig nach Vanille duftende Weiße Waldhyazinthe (*Platanthera bifolia*), Kleiner Klappertopf (*Rhinanthus minor*), Echtes Labkraut (*Galium verum*), Bergplatterbse (*Lathyrus linifolius*), Färberginster (*Genista tinctoria*), Ackerhornkraut (*Cerastium arvense*), Grassternmiere (*Stellaria graminea*), Gewöhnliches Kreuzblümchen (*Polygala vulgaris*) und vereinzelt auch Arnika (*Arnica montana*) beobachten. Die stellenweise starke Ausbreitung des Gefleckten Johanniskrautes (*Hypericum maculatum*) sowie das Eindringen von Rainfarn (*Tanacetum vulgare*), Vielblättriger Lupine (*Lupinus polyphyllus*) und einzelnen Gehölzen deutet auf einen unzureichenden Pflegezustand der Magerweiden an der Hausener Hute hin.
Bereits nach kurzer Zeit zweigt der Pfad nach links ab, an einem Gedenkstein vorbei hinauf zum Berggasthof »Hoher Meißner«, der zu einer Rast einlädt. An dieser Stelle liegen auch Beginn und Ende der beschriebenen Wanderung, sofern man den Hohen Meißner mit öffentlichen Verkehrsmitteln erreichen möchte.
Vom Berggasthof aus führt uns der Rundwanderweg 3 zunächst auf der Zufahrtsstraße in Richtung Sender, wo er gleich darauf nach rechts in einen Grasweg abbiegt. Er durchquert zunächst das Wiesengelände und anschließend

Schmalblättriges und Scheidiges Wollgras (*Eriophorum angustifolium* und *E. vaginatum*) beherrschen im Juni zur Fruchtzeit den Aspekt der Butterwiese.

nach links schwenkend das Fichtenwäldchen. Am Waldrand erreichen wir die Butterwiese, die nach Süden hin immer feuchter und sumpfiger wird. Dort sorgen ausgedehnte Bestände des Schmalblättrigen und des Scheidigen Wollgrases (*Eriophorum angustifolium, E. vaginatum*) zur Fruchtreife im Juni für einen flächendeckend weißen Aspekt. Ebenso wie die anderen seltenen Moor- und Sumpfpflanzen, etwa der Fieberklee (*Menyanthes trifoliata*), das Waldläusekraut (*Pedicularis sylvatica*) oder der Siebenstern (*Trientalis europaea*) sind sie, im Zentrum des Naturschutzgebietes wachsend, für den Wanderer nicht mehr zugänglich. Direkt am Wegrand wechseln sich von Rotschwingel (*Festuca rubra*), Borstgras (*Nardus stricta*) oder Pfeifengras (*Molinia caerulea*) beherrschte Pflanzengemeinschaften ab, denen weitere, schon mehrfach beschriebene, die sauren Standortverhältnisse anzeigende Arten beigesellt sind.

5

Mit Erreichen der Meißner-Hochstraße verlassen wir den Rundweg 3 und schwenken nach rechts auf einen Pfad parallel zur Straße, von dieser nur durch einen Gehölzstreifen aus Ebereschen (*Sorbus aucuparia*) getrennt. An dieser Stelle erreichen wir wieder den anfangs begangenen Rundweg 6. Hinter einem Kinderspielplatz treffen wir auf die Biermannswiese, wo wir uns die bereits mehrfach beschriebenen Bergwiesen einmal genauer ansehen können, weil die Fläche außerhalb des großflächigen Meißner-Naturschutzgebietes liegt. Hervorzuheben sind die zahlreichen Vorkommer der Arnika. Der Fußpfad verläuft zunächst noch weiter parallel zur Straße durch einen Fichtenforst. An der nächsten Gabelung halten wir uns nach links, überqueren die Straße und folgen weiter dem Rundweg 6 durch Bergbuchenwälder. Den vorherrschenden Rotbuchen (*Fagus sylvatica*) sind vereinzelt Bergahorn (*Acer pseudoplatanus*), Esche (*Fraxinus excelsior*), Winterlinde (*Tilia cordata*) und Bergulme (*Ulmus glabra*) beigesellt. In der Krautschicht sind sowohl anspruchsvolle als auch säurezeigende und darüber hinaus speziell montan verbreitete Pflanzenarten anzutreffen. Bisher für die anderen durchquerten Bergwälder nicht genannt wurden Silberblatt (*Lunaria rediviva*), Waldschwingel (*Festuca altissima*), Waldmeister (*Galium odoratum*), Hainrispengras (*Poa nemoralis*), Heidelbeere (*Vaccinium myrtillus*), Schmalblättrige Hainsimse (*Luzula luzuloides*), Gewöhnlicher Dornfarn (*Dryopteris dilatata*), Alpenjohannisbeere (*Ribes alpinum*), Waldziest (*Stachys sylvatica*), Haselwurz (*Asarum europaeum*) und Waldbingelkraut (*Mercurialis perennis*).

Auf Höhe der ehemaligen Bergarbeitersiedlung Schwalbenthal bietet sich ein schöner Blick auf das östliche Meißnervorland, der bei guter Sicht bis zur Plesse (s. Tour 7) reicht. Weiter durch Bergwälder, immer etwas oberhalb der Straße verlaufend, führt der Weg an einem Tümpel vorbei. Linker Hand steigt der Hang zur Stinksteinwand empor, wo sich vor Jahrhunderten schon die Braunkohle entzündete und nicht mehr gelöscht werden konnte. Durch die zahlreichen Klüfte gelangt immer frischer Sauerstoff an die Brandstelle, so daß die Kohle bis heute ununterbrochen weiterschwelt. Der Schwefelgeruch der unvollkommen verbrannten Braunkohle ist hier zeitweilig deutlich wahrzunehmen. Links zweigt ein steiler Pfad zur Kalbe ab, die wir ja bereits am Anfang unserer Wanderung erklommen haben. Wir halten uns also weiter geradeaus. Am Fuße des Kalbe-Blockmeeres treten Waldbestände aus Bergahorn (*Acer pseudoplatanus*) und Eschen (*Fraxinus excelsior*) auf, deren Krautschicht mit der der zuvor beschriebenen Bergbuchenwälder vergleichbar ist. Während des steilen Abstieges führt uns unser Weg noch an der Eisquelle vorbei, die infolge des Braunkohleabbaus fast versiegt ist. Sie führt ihren Namen aufgrund der Tatsache, daß ihr Wasser im Sommer eine Temperatur von fast 0° C aufweist. Dem unterirdisch fließenden und herabtropfenden Wasser soll durch Verdunstungskälte der im stark klüftigen Basalt und in den Hohlräumen des Blockmeeres aufsteigenden Luftströme die Wärme entzogen worden sein. Ähnliche Kältewirkungen lassen sich in den tieferen Lagen des Blockfeldes, so in den Eislöchern am Frau-Holle-Teich als Kaltluftaustritte beobachten. Hier können im Juni noch Eisreste angetroffen werden. Nun ist es nicht mehr weit, bis wir wieder den Parkplatz am Frau-Holle-Teich erreichen.

Länge der Wanderung: etwa 10 km
Einkehrmöglichkeiten: Berggasthof Hoher Meißner am Sender
Verkehrsverbindungen: der Berggasthof Hoher Meißner ist von Eschwege aus mit dem Bus und dem Anruf-Sammeltaxi (AST) erreichbar.

TOUR 6

Östliches Meißner-Vorland – Magerrasen und Äcker bei Frankershausen

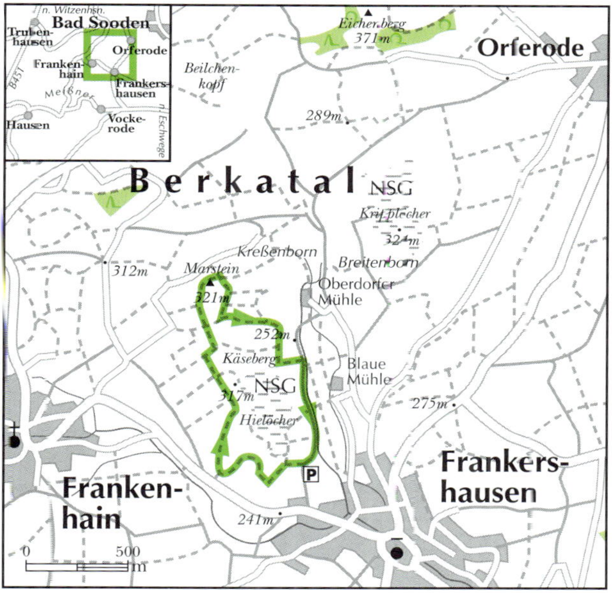

Die Wanderung führt uns in das Meißnervorland, das naturräumlich dem Unteren Werraland zuzurechnen ist. Die sanften Hänge und Ebenheiten der östliche Bergfußzone des Hohen Meißners aus von Basaltschutt überrolltem Buntsandstein gehen nach Osten allmählich in ein weites Tal mit reichem Kleinrelief mit kleineren Gips- und Dolomitrücken des Zechsteins zwischen flachen Senken und örtlichen Erdfällen über. Wir bewegen uns ausschließlich in der weiten Talmulde um Frankershausen, in der sich die zahlreich am Hang des Ostmeißners austretenden Quellbäche sammeln.

Die Wanderung beginnt am Sportplatz von Frankershausen, der am nördlichen Ortsrand gelegen ist. Von hier aus folgen wir einem Holzschild mit der Beschriftung »Hielöcher,

Dolomitklippen zwischen Wengenberg und Hielöchern

Wengenberg«, das uns einen Grasweg bergauf entlang einer Hecke und einigen Obstbäumen weist. Bereits im Wegsaum können wir die ersten Vorboten der Halbtrockenrasenvegetation ausmachen. So können wir neben einzelnen Wacholdern (*Juniperus communis*) die Blaugrüne Segge (*Carex flacca*), das Pyramidenschillergras (*Koeleria pyramidata*), das Zittergras (*Briza media*), die Stengellose Kratzdistel (*Cirsium acaule*), die Zypressenwolfsmilch (*Euphorbia cyparissias*), die Echte Schlüsselblume (*Primula veris*) und den Wiesensalbei (*Salvia pratensis*) beobachten.
Bereits nach wenigen Minuten erreicht der Weg eine Schutzhütte, hinter der wir rechts einem schmalen Pfad den Hang hinauf folgen. Auf der Kuppe befindet sich ein Aussichtspunkt mit Bank, der sowohl einen guten Überblick über den mit Wacholder durchsetzten Halbtrockenrasen (Gentiano-Koelerietum) als auch nach Westen einen Ausblick auf den Meißner bietet. Obwohl es sich bei dem Hügel nicht um ein Naturschutzgebiet handelt, werden doch von Zeit zu Zeit Pflegemaßnahmen in Form von Entbuschung und Schafbeweidung durchgeführt, um das Eindringen von Gehölzen aufzuhalten. Im Magerrasen fallen zahlreiche Exemplare der Großen Händelwurz (*Gymnadenia conopsea*)

auf, mit etwas Glück läßt sich sogar die Bienenragwurz (*Ophrys apifera*) finden. Sie erhielt ihren Namen wegen der Form und Färbung der Blütenlippe, die ein Bienenweibchen vortäuscht. Männchen von Bienen werden optisch angelockt und führen auf der Lippe Begattungsbewegungen aus, wobei die Pollinien aus der Blüte übertragen werden. An weiteren typischen Pflanzen können Wundklee (*Anthyllis vulneraria*), Fiederzwenke (*Brachypodium pinnatum*), Zittergras (*Briza media*), Golddistel (*Carlina vulgaris*), Stengellose Kratzdistel (*Cirsium acaule*), Zypressenwolfsmilch (*Euphorbia cyparissias*), Niederes Labkraut (*Galium pumilum*), Pyramidenschillergras (*Koeleria pyramidata*), Purgierlein (*Linum catharticum*), Rauher Löwenzahn (*Leontodon hispidus*), Mittlerer Wegerich (*Plantago media*), Kriechende Hauhechel (*Ononis repens*), Kleiner Wiesenknopf (*Sanguisorba minor*), Taubenkropf (*Silene vulgaris*) und Feldthymian (*Thymus pulegioides*) in zahlreichen Exemplaren beobachtet werden.

Direkt auf der Kuppe treten kleinflächig auch Felsfluren zutage. Auf diesen flachgründigen Standorten siedeln Steinquendel (*Acinos arvensis*), Quendelsandkraut (*Arenaria serpyllifolia*), Natternkopf (*Echium vulgare*), Steifer Augen-

6

Die Bienenragwurz (*Ophrys apifera*) lockt mit ihrer Unterlippe männliche Bienen an.

trost (*Euphrasia stricta*), Kleines Habichtskraut (*Hieracium pilosella*), Hopfenklee (*Medicago lupulina*) und Scharfer Mauerpfeffer (*Sedum acre*).

Wir folgen dem Pfad weiter geradeaus durch den Halbtrockenrasen, bis wir an einen steilen Abfall aus Dolomitfelsen gelangen. Dort halten wir uns links. Der Weg führt an einigen Kirschbäumen vorbei und zwischen drei kleinen Ackerparzellen hindurch. Hier und auch in den nachfolgenden Äckern entlang unseres Weges können wir eine artenreiche Ackerbegleitvegetation (Caucalidion) beobachten, vor allem, wenn die Äcker mit Getreide bestellt sind und nicht zu intensiv bewirtschaftet werden. Am häufigsten fallen die tiefblauen Blüten der Kornblume (*Centaurea cyanus*) und die leuchtend roten Farbtupfer des Klatschmohns (*Papaver rhoeas*) ins Auge. Doch auch Feldrittersporn (*Consolida regalis*), Venuskamm (*Scandix pecten-veneris*), Echter Frauenspiegel (*Legousia speculum-veneris*), Ackerröte (*Sherardia arvensis*), Kleine Wolfsmilch (*Euphorbia exigua*), Saatmohn (*Papaver dubium*), Sandmohn (*Papaver argemone*) und Ackerfuchsschwanz (*Alopecurus myosuroides*) sind in den Äckern der Region noch zahlreich vertreten. Der zur Blütezeit unscheinbare Venuskamm erhielt seinen Namen wegen seiner auffälligen Fruchtstände aus zahlreichen bis 8 cm langen, parallel zueinander stehenden Früchten, die wie ein großer Kamm wirken. Zur Reifezeit springen die an den Seiten borstig behaarten Teilfrüchte vom Fruchtträger ab (Selbstverbreitung, Tierverbreitung).

Bei intensiver Nachsuche lassen sich sicherlich noch weitere seltene Ackerwildkräuter finden. So wird für das Gebiet um Frankershausen das Sommeradonisröschen (*Adonis aestivalis*) als häufig angegeben. Ferner sind im Bereich »Hielöcher« noch bis 1990 Ackerhahnenfuß (*Ranunculus arvensis*) und Gezähnter Feldsalat (*Valerianella dentata*) dokumentiert.

Ursache für die artenreichen Ackerwildkrautbestände im östlichen Vorland des Hohen Meißners ist die kleinflächig betriebene Nebenerwerbslandwirtschaft, die in diesem Gebiet eine lange Tradition besitzt. Doch auch hier wird das bis heute bemerkenswert reiche Arteninventar durch Intensivierungsmaßnahmen, zunehmend aber auch durch Flächenstillegung mehr und mehr bedroht. Um den offenkundigen Artenrückgängen zu begegnen, wurde im März 1984 das aus drei Parzellen bestehende, insgesamt 1,2 ha umfassende Feldflora-Reservat »Hielöcher« eingerichtet. Hier werden die Parzellen ohne Pestizide, bei festgelegter Fruchtfolge, vorgegebener Pflugtiefe und geringer Düngung bewirtschaftet. Erste Auswertungen der wissenschaftlichen Begleituntersuchungen zeigen, daß die getroffenen Schutzmaßnahmen eine erfolgreiche Erhaltung des Arteninventars von Kalkäckern ermöglichen, ja selbst in artenreichen Beständen noch eine Förderung der Ackerbegleitvegetation bewirken.

Zur Fortsetzung unserer Wanderung behalten wir die Richtung bei. Linker Hand liegt zunächst Grünland, dann Akkerland und rechter Hand ein stark verbuschter Magerrasenrest, in dessen Saum zahlreiche Exemplare des Ackerwachtelweizens (*Melampyrum arvense*) auffallen. Der einjährige Halbschmarotzer parasitiert mit seinen knotigen Saugorganen auf Getreide und anderen Gräsern und entzieht seinen Wirtspflanzen Wasser und gelöste Nährsalze. Früher konnte es durch Verunreinigung des Getreides mit Wachtelweizensamen zu Mehlvergiftungen und zur Schwarzfärbung des Brotes kommen. Aus dieser Tatsache resultiert auch der Gattungsname der Pflanze (griech. melas = schwarz, pyros = Weizen).

Wir treffen schließlich auf einen Grasweg, auf den wir nach rechts einbiegen. Im Saum des Feldweges treten Knollenkümmel (*Bunium bulbocastanum*) und Sichelmöhre (*Falcaria vulgaris*) auf, zwei wärmeliebende Arten, die typisch für Acker- und Wegränder sind, aber auch in Ackerwildkrautgesellschaften basenreicher Böden auftreten.

Wir erreichen das Naturschutzgebiet »Hielöcher«, an dessen westlichem Rand wir nun entlanggehen. In den reich mit Wacholder und anderen Gehölzen durchsetzten Kalkmagerrasen können wir die gleichen Pflanzen wie zu Anfang unserer Wanderung beobachten. Bisher noch nicht gesehen haben wir allerdings Katzenpfötchen (*Antennaria dioica*), Bergklee (*Trifolium montanum*), Taubenskabiose (*Scabiosa columbaria*) und Saat-Esparsette (*Onobrychis viciifolia*).

Auch am Ende des Naturschutzgebietes halten wir uns weiter geradeaus, auf ein kleines Wäldchen zu. Unser Weg führt uns jetzt eine Zeitlang durch reine Ackerlandschaft. Auf dem Acker direkt im Anschluß an das Schutzgebiet lassen sich im zeitigen Frühjahr zahlreiche Exemplare des Ackergoldsterns (*Gagea villosa*) ausmachen, so daß sich hier fast ein gelber Blühaspekt ausbildet. Der Feldweg knickt nach rechts ab, und wir verlassen ihn auf dem nächstmöglichen Weg wiederum nach links, direkt auf den weithin sichtbaren Felsen des Großen Marsteines zu, der als Naturdenkmal geschützt ist. Rechter Hand liegt etwas abseits des Weges die weniger auffällige Felserhebung des

6

Der Frauenspiegel (*Legousia speculum-veneris*) wächst noch zahlreich in den Äckern im Umfeld der Hielöcher.

Kleinen Marsteins. An seinem Fuße befinden sich kleine Magerrasenreste, die in ihrer Artenzusammensetzung mit den zuvor beschriebenen Beständen vergleichbar sind. Auffällig ist hier ein Massenvorkommen der Karthäusernelke (*Dianthus carthusianorum*). In der älteren botanischen Literatur wird der Kleine Marstein als Wuchsort der Sandstrohblume (*Helichrysum arenarium*) benannt, die allerdings in den letzten Jahren nicht mehr beobachtet werden konnte.

Ebenso wie der Kleine ist auch der Große Marstein, den wir auf unserem Weg schließlich erreichen, in der botanischen Literatur als Fundort zahlreicher seltener Pflanzenarten zu finden. Etwa auf Höhe des Felsens verlassen wir den Feldweg, um die Klippe etwas genauer in Augenschein zu nehmen. Leider ist die Fläche am Fuße des Dolomitkegels durch ihre Lage inmitten intensiv genutzter Ackerflächen heute stark eutrophiert. Vor allem im Schatten breiten sich üppige Gierschfluren (*Aegopodium podagraria*) aus. An die ehemals hier vorhandene Magerrasenvegetation erinnern noch große Bestände des Zottigen Klappertopfes (*Rhinanthus alectorolophus*), die mit einzelnen Exemplaren des Bergklees (*Trifolium montanum*) durchsetzt sind und stellenweise bereits stark von der Gewöhnlicher Waldrebe (*Clematis vitalba*) überrankt werden. Als Besonderheit wären hier noch zwei Exemplare einer Sommerwurz-Art (*Orobanche spec.*), zu nennen, die als chlorophyllfreie Vollschmarotzer vollständig vom Vorhandensein ihrer spezifischen Wirtspflanzen am Wuchsort abhängig sind. Der Felsen selbst wird von einzelnen Polstern und Gruppen des Quendel-Sandkrautes (*Arenaria serpyllifolia*), des Mauerpfeffers (*Sedum acre*), des Taubenkropfes (*Silene vulgaris*), der Mauerraute (*Asplenium ruta-muraria*) und des Platthalm-Rispengrases (*Poa compressa*) besiedelt. Auch einzelne Gehölze konnten hier bereits Fuß fassen.

Hinter dem Marstein treffen wir auf einen quer verlaufenden Grasweg, dem wir nach rechts folgen. Den übernächsten Weg schlagen wir dann nach links hangabwärts ein. Er führt uns entlang von Wiesen, Streuobstbeständen und versaumten Magerrasenresten schließlich wieder am Naturschutzgebiet »Hielöcher« vorbei, und nach einer Linksbiegung erreichen wir weiter hangabwärts einen kleinen Bach. Für Interessierte ist von hier aus ein kurzer Abstecher zur Karstquelle »Breitenborn« zu empfehlen, deren Wasserfläche nahezu vollständig mit Brunnenkresse (*Nasturtium officinale*) bewachsen ist. Die Quelle befindet sich etwas nordöstlich der von diesem Punkt aus deutlich sichtbaren Oberdorfer Mühle. Der Rückweg führt uns nach rechts entlang des Baches zurück zum Sportplatz.

Länge der Wanderung: etwa 3 km
Einkehrmöglichkeiten: Frankershausen
Verkehrsverbindungen: Busverbindung von und nach Eschwege (wird sonntags nicht und samstags nur am Vormittag bedient)

6

TOUR 7

Obereichsfeld – Kalkbuchenwälder, Saumgesellschaften und Felsfluren an Plesse und Konstein

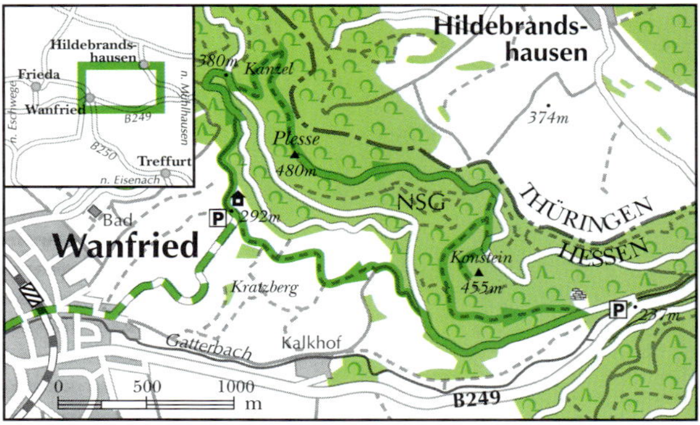

Die Bergkuppen der Plesse (483 m) und des Konstein (455 m) können als Zeugen einer ehemals zusammenhängenden Muschelkalkdecke betrachtet werden, die sich östlich im hochgelegenen Eichsfeld fortsetzt. Die an Plesse und Konstein zum nur 170 m hoch gelegenen Werratal hin abbrechenden Steilhänge und Felswände bilden den östlichen Abschluß des Eschweger Werrabeckens und werden naturräumlich als Wanfrieder Werrahöhen bezeichnet. Großräumig betrachtet, gehören diese zu den nordwestlichen Randplatten des Thüringer Beckens, die im Raum Eschwege nach Hessen hineinragen. Die Muschelkalkplatten, die das Innerthüringische Keuperbecken im Norden und Westen umgeben, steigen vom Beckeninnern zu den Rändern hin sanft an und fallen nach außen mit markanten Steilhängen im stufenbildenden Wellenkalk ab.

Ausgangspunkt der Wanderung ist ein kleiner Parkplatz an einem Grillplatz mit Schutzhütte, der von der Ortsmitte Wanfried aus zu erreichen ist, wenn man den Hinweisschildern »Plesseturm« und »Freizeitanlage Plesse« folgt. Vom Parkplatz aus lassen wir auf dem zuvor befahrenen Feldweg Grillplatz und Schutzhütte rechter Hand liegen und steigen bergauf in Richtung Waldrand. Der Weg führt dort zunächst durch Mischbestände aus Kiefern, Fichten und Buchen und mündet schließlich auf einen gut ausgebauten Forstweg, dem wir geradeaus folgen. An der Böschung lassen sich vereinzelte Horste des Kalkblaugrases (*Sesleria albicans*) beobachten, das als tiefwurzelnde Pionierpflanze feinerdearme Stein- und Schuttböden aus Kalkgestein besiedelt. Wir stoßen dann auf einen Querweg, in den wir für etwa 50 Meter nach rechts einbiegen, um ihn auf einem schmalen Pfad, der nach links steil bergauf führt, bald wieder zu verlassen. An einem der Bäume befindet sich die Markierung »24« und »56«.

Nun wandern wir durch einen orchideenreichen Kalkbuchenwald (Cephalanthero-Fagenior, Carici-Fagetum), der durch das Vorkommen zahlreicher anspruchsvoller, in der Regel kalkliebender Arten gekennzeichnet ist. Bedingt durch die flachgründigen Böden und das warm-trockene Lokalklima ist die Wuchsleistung der Bäume, insbesondere die der Rotbuche, nur mäßig bis gering. Das infolge des etwas lichteren Kronendaches der schlechtwüchsigen Buche und der Hanglage günstigere Lichtklima ermöglicht die Ansiedlung verschiedener Sträucher sowie die Ausbildung einer dichten Krautschicht. Letztere enthält eine ganze Reihe

Blick über Wanfried auf die Abbruchkante der Plesse

relativ lichtbedürftiger Arten, die z.T. auch wärmeliebend und trockenheitsertragend sind. Die Baumschicht wird fast ausschließlich von der Rotbuche (*Fagus sylvatica*) gebildet, der vereinzelt Eschen (*Fraxinus excelsior*), Bergahorne (*Acer pseudoplatanus*) und Sommerlinden (*Tilia platyphyllos*) beigemischt sind. Als Besonderheit ist die wärmeliebende Mehlbeere (*Sorbus aria*) zu erwähnen, von der einzelne Exemplare hin und wieder zwischen den Buchen auftauchen. In der Strauchschicht fallen vor allem der Feldahorn (*Acer campestre*) und der Seidelbast (*Daphne mezereum*) auf. An charakteristischen Arten des Kalkbuchenwaldes können in der Krautschicht das Rote Waldvögelein (*Cephalanthera rubra*), das Bleiche Waldvögelein (*Cepahalanthera damasonium*), die Rotbraune Stendelwurz (*Epipactis atrorubens*), die unscheinbare Nestwurz (*Neottia nidus-avis*), Fingersegge (*Carex digitata*) und Bergsegge (*Carex montana*), das Nikkende Perlgras (*Melica nutans*), das Waldlabkraut (*Galium sylvaticum*), das Maiglöckchen (*Convallaria majalis*), die Schwalbenwurz (*Vincetoxicum hirundinaria*), die Pfirsichblättrige Glockenblume (*Campanula persicifolia*), die Straußblütige Wucherblume (*Chrysanthemum corymbosum*) und das Kalkblaugras (*Sesleria albicans*) beobachtet werden. Weitere, relativ häufig auftretende Pflanzen sind Türkenbundlilie (*Lilium martagon*), Frühlingsplatterbse (*Lathyrus vernus*), Hohe Schlüsselblume (*Primula elatior*), Knack-Erdbeere (*Fragaria viridis*), Ährige Teufelskralle (*Phyteuma spicatum*), Christophskraut (*Actaea spicata*), Haselwurz (*Asarum europaeum*), Waldmeister (*Galium odoratum*), Waldgerste (*Hordelymus europaeus*), Einblütiges Perlgras (*Melica uniflora*) und Waldbingelkraut (*Mercurialis perennis*). Diese Arten sind keine ausgesprochenen Kalkbewohner und auch in anderen gut nährstoffversorgten Buchenwaldtypen häufig. In Saumbereichen am Wegrand wachsen außerdem die Tollkirsche (*Atropa bella-donna*), das Fuchssche Greiskraut (*Senecio ovatus*), die Bärenschote (*Astragalus glycyphyllos*), die Weiße Waldrebe (*Clematis vitalba*) und weitere typische Wegbegleiter.
Mit Erreichen der »Kanzel«, einem steil abfallenden Felssporn, treffen wir nach 50 Metern wieder auf einen breit ausgebauten Waldweg, dem wir nach rechts in Richtung »Plesseturm« folgen. Links des Weges können wir schon am intensiven Geruch große Bestände des Bärlauchs (*Allium ursinum*) wahrnehmen und stoßen schließlich etwa auf Höhe der Abbruchkante auf Massenbestände des Gelben Eisenhutes (*Aconitum vulparia*). Diese geschützte, stark giftige Pflanze wird auch Wolfs-Eisenhut genannt, da sie früher

In den lichten Waldbeständen an der Plesse wächst zahlreich der Gelbe Eisenhut (*Aconitum vulparia*).

als Wolfsgift verwendet wurde. Am Wegrand lassen sich hier außerdem zwei seltene, für montane Säume typische Arten beobachten: das Breitblättrige Laserkraut (*Laserpitium latifolium*) und das Waldhasenohr (*Bupleurum longifolia*), die die wärmeliebenden Blutstorchschnabel-Saumgesellschaften der unterhalb gelegenen Kalk-Felsbänder ablösen. An der Plesse sind letztere allerdings nicht mehr zugänglich. Als einzige Art wärmeliebender Säume können wir an den Wegrändern die Wenigblütige Gänsekresse (*Arabis brassica*) ausmachen.
Vom etwa 20 Meter hohen Aussichtsturm auf der Plesse bietet sich bei guter Sicht ein großartiger Rundblick auf die Werraniederung mit ihren Randhöhen sowie den Meißner im Westen und auf den Ringgau und die Rhön im Süden. Von hier führt der Waldweg weiter durch Kalkbuchenwälder in Richtung Konstein. An einem großen Abzweig führt unser Weg wieder nach rechts bergab (dem Hinweis 56, 24 folgen). Es empfiehlt sich aber, zunächst noch einen kurzen Abstecher zum Konstein zu machen. Hierzu bleiben wir zunächst auf dem hangparallelen Forstweg und zweigen dann in einer deutlichen Linkskurve nach rechts auf einen schmalen Pfad ab. Der Pfad ist an einem Baum mit dem Hinweis »Konstein« gekennzeichnet. Sobald der Hang steiler wird, treten zu den bisher dominierenden Rotbuchen vermehrt Eichen und Hainbuchen, stellenweise auch Mehlbeeren hinzu. Vereinzelt ist bei den Buchen sogar Krüppelwuchs zu beobachten. Ein kleiner Trampelpfad schließlich

führt zur Abbruchkante des Konstein, wo auf den Felsbändern wiederum zahlreiche seltene und bemerkenswerte Pflanzen zu beobachten sind. Außerdem bietet sich ein hervorragender Ausblick in das Gatterbachtal. Neben den bereits an der Plesse beschriebenen Saum-Arten können wir entlang der Abbruchkante den Salomonssiegel (*Polygonatum odoratum*), den Blauroten Steinsamen (*Lithospermum purpurocaeruleum*), die Straußblütige Wucherblume (*Chrysanthemum corymbosum*), die Färberscharte (*Serratula tinctoria*), die Kleine Wiesenraute (*Thalictrum minus*), den Blutstorchschnabel (*Geranium sanguineum*), die Bergkronwicke (*Coronilla coronata*) die Pfirsichblättrige Glokkenblume (*Campanula persicifolia*) und die Astlose Graslilie (*Anthericum liliago*) finden. Der steile Felsabbruch selbst wird in seinem Bewuchs von Kalkblaugras (*Sesleria albicans*) und Erdsegge (*Carex humilis*) dominiert. Dazwischen treten außer einigen der zuvor aufgeführten Pflanzen an auffälligen Besonderheiten die Feuerlilie (*Lilium bulbiferum*), der Weidenalant (*Inula salicina*) und die Bergaster (*Aster amellus*) auf.
Zurück am zuvor beschriebenen Abzweig, steigen wir nun erneut durch Kalk-Buchenwälder bergab, die in ihrer Artenausstattung mit den eingangs beschriebenen Beständen vergleichbar sind. Als Besonderheit können wir hier einzelne Eiben (*Taxus baccata*) beobachten, die in den Buchenwäldern an Plesse und Konstein noch urwüchsig vorkommen. Die ehemals bei uns relativ weit verbreitete Baumart ist durch verschiedenartige menschliche Eingriffe heute selten geworden. Das extrem harte Holz war früher für die Herstellung von Bogen und Wurfspießen sehr begehrt. Auszüge der äußerst giftigen Pflanze wurden gleichzeitig als Pfeilgift verwendet. Interessanterweise ist der auffällig rote Samenmantel eßbar, gilt sogar als süß und wohlschmeckend, während der Samen selbst wiederum höchst giftig ist. Die Ursache hierfür liegt in der Verbreitungsstrategie der Nadelbaumart, deren Samen durch Vögel und Kleinsäuger verschleppt werden (Verdauungsverbreitung, Versteckverbreitung). Auch in den Säumen am Wegrand können wir einige der an Plesse und Konstein beschriebenen Pflanzen noch einmal wiedersehen. Neu tritt lediglich die Bergflockenblume (*Centaurea montana*) hinzu. Schließlich erreichen wir einen großen Kalksteinbruch, an dessen Rand wir zu einem breiten Forstweg absteigen.
Wenn wir uns zunächst nach links wenden, läßt sich von hier aus ein kleiner Abstecher zum Naturdenkmal »Elfengrund« unternehmen, indem man einem kleinen, kaum er-

Der Hainwachtelweizen (*Melampyrum nemorosum*) wächst in Waldsäumen des Gatterbachtales.

kennbaren Pfad, der nach wenigen Metern den Forstweg nach rechts verläßt, bis zum Bach folgt. Die Quellwässer des Gatterbaches haben in zahlreichen Stufen Kalktuff abgesetzt. Diese Sinterbildungen entstehen als mineralische Ausscheidungen in Quellbereichen, wenn das kalkhaltige Wasser beim Zutagetreten aus dem Untergrund Änderungen von Druck und Temperatur unterliegt und CO_2 entweicht. Auffallend sind die dichten Polster des Kalkmooses *Cratoneuron commutatum*, die die Sinterterrassen überziehen. Über die Randstufe der Kalkablagerungen stürzt der Bach dann etwa 5 Meter tief in eine kurze Schlucht.

Zurück am Steinbruch, führt uns der Weg am Waldrand entlang, wo wir linker Hand zeitweilig den Ausblick auf einen Kalkmagerrasen haben, der zahlreiche Exemplare der Großen Händelwurz (*Gymnadenia conopsea*) aufweist, deren Vorkommen sich bis hinauf zum Waldweg erstrecken. Ebenso auffällig durch seine gelb-blauen Blüten ist der Hainwachtelweizen (*Melampyrum nemorosum*), der mit zahlreichen Individuen am Hang vorkommt. Der Wachtelweizen gehört zu den Halbschmarotzern, die organische Nährstoffe durch Photosynthese selbständig produzieren und zur Versorgung mit Wasser und gelösten anorganischen Nährstof-

fen mit knotigen Saugorganen auf den Wurzeln anderer Pflanzen parasitieren.
Zahlreiche weitere, für Kalk-Halbtrockenrasen typische Pflanzenarten lassen sich zumeist vom Wegrand aus leicht ausmachen. Deutlich stechen die rosa bis roten Blüten der Taubenskabiose (*Scabiosa columbaria*), der Kriechenden Hauhechel (*Ononis repens*), der Saat-Esparsette (*Onobrychis viciifolia*), der Stengellosen Kratzdistel (*Cirsium acaule*) und der Skabiosenflockenblume (*Centaurea scabiosa*) hervor. Nicht weniger auffällig sind die gelben Polster des Sonnenröschens (*Helianthemum nummularium*) und die Blütenstände der Golddistel (*Carlina vulgaris*). Unscheinbarer dagegen sind das Pyramidenschillergras (*Koeleria pyramidata*), das Kleine Zittergras (*Briza media*), die Blaugrüne Segge (*Carex flacca*) oder der Purgierlein (*Linum catharticum*).
Nach ungefähr 500 Metern verlassen wir den Waldweg in einer Biegung nach links auf einem schmalen Pfad, der aus dem Wald herausführt. Das Grünland in Waldrandnähe ist aufgrund seiner langjährigen Intensivnutzung bereits stark an Arten verarmt. In den wegbegleitenden Säumen sind aber immer noch Restbestände von Pflanzen anzutreffen, die für solche flachgründigen, besonnten und kalkreichen Standorte typisch sind. So können wir am Wegrand, neben einigen zuvor bereits in dem Halbtrockenrasen beobachteten Pflanzenarten, etwa die Schopfige Kreuzblume (*Polygala comosa*), die Zypressenwolfsmilch (*Euphorbia cyparissias*) oder den Feldthymian (*Thymus pulegioides*) finden. Auch einige der Sträucher, wie z.B. die Gewöhnliche Zwergmispel (*Cotoneaster integerrimus*) oder die Weinrose (*Rosa rubiginosa*), die durch ihre intensiv duftenden Blätter auffällt, zeigen die Wärmegunst des süd- bis südwestexponierten Hanges an.
Wir erreichen eine Wegkreuzung, an der wir nach rechts abzweigen und dem Feldweg folgen, der in einem großen Bogen durch die Weideflächen führt. Bergauf, an einer Obstwiese mit alten Kirschbäumen vorbei, erreichen wir schließlich linker Hand einen schon stark gehölzbewachsenen Magerrasen, von dessen Kuppe sich ein schöner Ausblick auf Wanfried und das Werratal bietet. Da die Wanderschäferei in Deutschland immer seltener wird, kann die traditionelle Nutzung auf diesen flachgründigen und trockenen Standorten nicht mehr aufrechterhalten werden. Sie werden entweder aufgeforstet, durch intensive Düngung zu ertragreicherem Wirtschaftsgrünland umgewandelt, oder sie bleiben wie in diesem Fall brach liegen, so daß die Ver-

buschung, vor allem durch Schlehen und Rosen, fortschreitet und nach und nach alle magerrasentypischen, z.T. seltenen und gefährdeten Tier- und Pflanzenarten verdrängt. Nur wenige Pflanzenarten des einstigen Kalkhalbtrockenrasens lassen sich noch finden. Hierzu zählen Pyramidenschillergras (*Koeleria pyramidata*), Sichelklee (*Medicago falcata*) und Saat-Esparsette (*Onobrychis viciifolia*). Andere, wie etwa Odermennig (*Agrimonia eupatoria*), Skabiosenflockenblume (*Centaurea scabiosa*), Zypressenwolfsmilch (*Euphorbia cyparissias*), Echtes Labkraut (*Galium verum*), Purgierlein (*Linum catharticum*), Schneckenklee (*Medicago lupulina*) oder Mittlerer Wegerich (*Plantago media*), sind zwar auch in Magerrasen häufig anzutreffen, sind aber in ihren Standortansprüchen nicht so stark spezialisiert und kommen ebenso in extensiv bewirtschaftetem Grünland, an mageren Wegböschungen wie an Waldrändern vor. Die Bärenschote (*Astragalus glycyphyllos*), die Ackerglockenblume (*Campanula rapunculoides*), die Nickende Distel (*Carduus nutans*) und der Gewöhnliche Dost (*Origanum vulgare*) sind sogar als ausgesprochen charakteristisch für trocken-warme Säume anzusehen und können sich in regelmäßig bewirtschafteten Grasländern nicht halten. Sie zeigen hier bereits eindeutig den einsetzenden Abbau der ehemaligen Halbtrockenrasen-Pflanzengemeinschaften an.
Wir verlassen die kleine Kuppe und behalten die Geradeausrichtung bei, bis wir bei dem Grillplatz den Ausgangspunkt unserer Wanderung erreichen.

Länge der Wanderung: etwa 10 km
Einkehrmöglichkeiten: Wanfried
Verkehrsverbindungen: Wanfried ist von Eschwege aus mit dem Bus zu erreichen.

TOUR 8

Hoher Westerwald – Wälder und Bergwiesen im Aubachtal

Die Wanderung führt, ausgehend von dem hoch auf dem Westerwald gelegenen Dorf Rabenscheid, das Aubachtal hinab zum sagenumwobenen Wildweiberhäuschen-Felsen nahe des Bergarbeiterdorfes Langenaubach und anschließend zurück nach Rabenscheid. Alternativ kann der Rückweg mit dem Bus zurückgelegt oder abgekürzt werden, indem das letzte Wegstück zum Wildweiberhäuschen ausge-

lassen wird. Die Wanderung führt durch geophytenreiche Buchenwälder und Bergwiesen der submontanen Höhenstufe. Ideale Wanderzeit für die Flora der Wälder ist Ende April bis Anfang Mai, für die Wiesen der Monat Juni. Der Wanderweg führt durch mehrere Naturschutzgebiete, innerhalb derer die Wege nicht verlassen werden dürfen, was die Naturbeobachtung aber kaum schmälert, da die meisten Pflanzen vom Weg aus gut zu beobachten sind.
Die Wanderung beginnt vor der Dorfkirche von Rabenscheid, die mit ihrem klobigen, an der Spitze schieferverkleideten Wehrturm Schutz gegen die im Mittelalter häufigen Fehden und Überfälle bot. Bis heute ist diese Gegend Grenzgebiet: Früher am äußersten Rand des Territoriums der Grafschaft Hessen-Nassau gelegen, schließen sich heute im Westen und Norden die Bundesländer Rheinland-Pfalz und Nordrhein-Westfalen an die Gemarkung von Rabenscheid an. Vor der Kirche liegt an der Hauptstraße der kleine Dorfplatz mit Brunnen, Parkplätzen und Bushaltestelle. Von hier aus gehen wir Richtung Süden bis zum Ortsrand und biegen vor dem letzten Haus links in einen Asphaltweg ein, der zum Aubachtal hinabführt.

Viehweide mit Basaltblöcken und Weißdornsträuchern bei Rabenscheid

Die Saatwucherblume (*Chrysanthemum segetum*) ist in Getreideäckern des Hohen Westerwaldes verbreitet.

An der gegenüberliegenden Talseite des Aubachs erstrecken sich große, mit Gehölzgruppen durchsetzte Viehweiden. Sie gehören zur alten Rabenscheider Gemeindeweide, die noch bis vor kurzem von den Rabenscheider Bauern gemeinschaftlich genutzt wurde. Bis in die 70er Jahre wurden Kühe und Jungvieh täglich von einem Viehhirten im Dorf gesammelt, aufgetrieben und während des Tages gehütet. Heute ist die Rabenscheider Gemeindeweide teils in Viehkoppeln aufgeteilt und an einzelne Landwirte verpachtet, teils aufgeforstet. Andere, die aus Borstgras-Rasen und anderen selten gewordenen Pflanzengemeinschaften des Extensivgrünlandes bestehen, wurden als Naturschutzgebiet ausgewiesen. Sie beherbergen seltene Tagfalter und Pflanzen, unter anderem große Bestände des Bergwohlverleihs (*Arnica montana*); an feuchten Stellen kommen Kleinseggensümpfe mit Schmalblättrigem Wollgras (*Eriophorum angustifolium*), Sumpfblutauge (*Potentilla palustris*) und Torfbinse (*Juncus squarrosus*) vor. Zum Kennenlernen der Flora und Vegetation der traditionellen Westerwälder Viehweiden lohnt sich ein Spaziergang auf die nur einige Kilometer entfernte Fuchskaute (schon auf rheinland-pfälzischem Gebiet gelegen), wo es auch Einkehrmöglichkeit gibt.

Der Wanderweg führt zunächst durch Grünland und Ackerflächen, auf denen im Sommer zuweilen die dottergelben Korbblüten der Saat-Wucherblume (*Chrysanthemum segetum*) erscheinen. Diese gehört zu den typischen und häufigen Ackerwildkräutern des Hohen Westerwaldes. Aus alten Berichten geht hervor, daß seine Massenentwicklung in manchen Jahren Mißernten hervorrief. Kurz vor Erreichen der Fischbachmühle im Talgrund des Aubachs biegen wir links in einen Lehmweg ein, gehen nach etwa 150 m wieder nach rechts und überqueren auf einer Holzbrücke den Aubach. Danach geht es ein kurzes Stück durch einen Fichten-Forst, bevor der Fußweg in einen Schotterweg mündet, dem wir nach links, Richtung Norden, folgen. Rechts des Weges erstreckt sich auf flachem Hang eine Koppelweide mit Gehölzgruppen aus den Weißdorn-Sippen *Crataegus macrocarpa* und *Crataegus laevigata* und Schwarzerle (*Alnus glutinosa*). Über die Weidefläche verstreut liegen Basaltblöcke, die teilweise zu Haufen aufgeschichtet wurden. Da die Viehweide aufgedüngt wurde, enthält sie nur noch wenige Elemente der Basaltmagerrasen, die für die Extensivweiden des Hohen Westerwaldes ehemals typisch waren; in einigen Exemplaren blühen dort im Frühjahr Stattliches Knabenkraut (*Orchis mascula*) und Frühlings-Schlüsselblume (*Primula veris*). Den Frühjahrsaspekt bestimmen heute allgemein verbreitete Grünlandpflanzen, vor allem Löwenzahn (*Taraxacum officinale*) und Wiesenschaumkraut (*Cardamine pratensis*). Unter Büschen am Wegrand erscheinen im Mai die Blütenglocken der Bach-Nelkenwurz (*Geum rivale*).

Der Weg führt an einer Fischteichanlage vorbei und kurz darauf in ein ausgedehntes Buchenwaldgebiet, das sich rechts des Weges über einen mäßig steilen Hang erstreckt. Es handelt sich um einen eutraphenten Waldgersten-Buchen-Wald (Elymo-Fagetum), der typisch für die frischen, basenreichen Basaltböden des Hohen Westerwaldes ist. Vorherrschende Baumart ist gewöhnlich die Buche (*Fagus sylvatica*), der Bergahorn (*Acer pseudoplatanus*) und Esche (*Fraxinus excelsior*) beigemischt sind. Diese beiden Baumarten können in grundfeuchten Mulden und an steileren, blockschuttreichen Hängen auch stärker hervortreten und anstelle der Buche zur Dominanz gelangen. Solche Bestände sind dem Ahorn-Eschen-Wald (Aceri-Fraxinetum) zuzurechnen.

Am Boden der Buchen- und Ahorn-Eschen-Wälder entfaltet sich ab Mitte April, bevor die Bäume sich belauben, eine sehr artenreiche Krautflora aus anspruchsvollen Arten:

Dichte Teppiche des Hohlen Lerchensporns (*Corydalis cava*), des Scharbockskrauts (*Ranunculus ficaria*) und des Buschwindröschens (*Anemone nemorosa*) bedecken den Erdboden; zwischen ihnen leuchten die rosa-violetten Blüten des Dunklen Lungenkrauts (*Pulmonaria obscura*) und der Frühlingsplatterbse (*Lathyrus vernus*) sowie das zarte Gelbe Windröschen (*Anemone ranunculoides*). Zu den ersten Frühjahrsblühern gehören auch das Waldveilchen (*Viola reichenbachiana*), der Gold-Hahnenfuß (*Ranunculus auricomus*) und das Moschuskraut (*Adoxa moschatellina*). Etwas später im Jahr, ab Anfang Mai, erscheinen die pastellrosa Kreuzblüten der Zwiebelzahnwurz (*Dentaria bulbifera*) und die kleinen weißen Blütenstände von Waldmeister (*Galium odoratum*) und Maiglöckchen (*Convallaria majalis*). Hier und da tauchen die großen weißen Blütentrichter des Aronstabs (*Arum maculatum*) auf, aus denen sich später im Jahr Trauben aus leuchtend roten Beeren entwickeln. Die bunte Frühlings-Blütenpracht verschwindet rasch nach den ersten warmen Tagen im Jahr, spätestens aber, wenn die Bäume ihr volles Laub entwickelt haben und den Unterwuchs beschatten. Dann entwickeln sich die Blätter des Waldbingelkrauts (*Mercurialis perennis*), die den Waldboden in dichten Herden bedecken. Zwischen diesen blühen im Sommer anspruchsvolle Waldstauden: die Breitblättrige Glockenblume (*Campanula trachelium*), der Wollige Hahnenfuß (*Ranunculus lanuginosus*) und die Vielblütige Weißwurz (*Polygonatum multiflorum*), ein Liliengewächs, dessen kleine Blüten an gebogenen Stengeln hängen. Auch die Quirlblättrige Weißwurz (*Polygonatum verticillatum*) ist in den Wäldern längs des Wanderweges verbreitet.
Im weiteren Verlauf unserer Wanderung lassen sich zwei seltenere Waldpflanzen beobachten. Die auffällig blaßrosa Triebe der auf Baumwurzeln schmarotzenden Schuppenwurz (*Lathraea squamaria*) entfalten sich Ende April hie und da links des Weges. Der Alpenziest (*Stachys alpina*) läßt sich dagegen am besten im Sommer beobachten. Er unterscheidet sich von dem viel häufigeren Waldziest (*Stachys sylvatica*), der an ähnlichen Standorten in lichten Wäldern und Waldsäumen wächst, durch dunklere Blüten und größere Anzahl der Blüten je Quirl.
Nach einem knappen Kilometer Wegstrecke durch den Bergwald erreichen wir hinter einer kleinen Waldwiese eine Kreuzung, bei der wir links in einen Grasweg einbiegen, der zum Aubach führt. An dieser Stelle befindet sich eine alte Braunkohlengrube. Das Gelände hat sich im Verlauf der natürlichen Sukzession mit Hasel-(*Corylus avellana*-)Gebüsch

und jungem Hainmieren-Erlen-Wald (Stellario-Alnetum) bestockt. Längs des Aubaches wachsen neben der vorherrschenden Schwarzerle auch einzelne Exemplare der Bergulme (*Ulmus glabra*) und im Unterwuchs die seltene Alpen-Johannisbeere (*Ribes alpinum*), eine typischer Strauch basenreicher, feuchter Bergwälder. Am Wegrand und im Gehölz fallen Herden der Weißen Pestwurz (*Petasites albus*) auf, die an ihren gegenüber der Gewöhnlichen Pestwurz (*Petasites hybridus*) wesentlich kleineren, rundlichen Blättern kenntlich ist. Anders als in Süddeutschland ist die Weiße Pestwurz in Hessen sehr selten und auf montane Bergwälder beschränkt.

8

Um die Wanderung fortzusetzen, gehen wir ein kleines Stück zurück und biegen links in einen schmalen Fahrweg ein, der am Waldrand an der rechten Talseite des Aubaches entlangführt. Die Hänge oberhalb des Weges bedecken wiederum artenreiche Buchenwälder, während sich im Talraum ein breites Grünlandband erstreckt. Die hier verbreiteten montanen Goldhafer-Frischwiesen (Geranio-Trisetetum) und Kohlkratzdistel-Feuchtwiesen (Angelico-Cirsietum-oleracei) werden wegen ihrer abgeschiedenen Lage schon seit langem nicht mehr landwirtschaftlich genutzt, aber aus Naturschutzgründen offengehalten. In der Pflanzendecke herrschen typische Stauden der Bergwiesen vor. Ab Mitte Mai bestimmen die rosa Blüten des Schlangenknöterichs (*Polygonum bistorta*), die violetten des Waldstorchschnabels (*Geranium sylvaticum*) sowie die gelben der Trollblume (*Trollius europaeus*) das Bild. Eine typische Grasart der montanen Frischwiesen ist das Berg- oder Waldrispengras (*Poa chaixii*), das an seinen zusammengedrückten Blatttrieben auch in nichtblühendem Zustand zu erkennen ist. An feuchten Stellen treten Gewöhnliches Mädesüß (*Filipendula ulmaria*), Kohlkratzdistel (*Cirsium oleraceum*) und ab Juni die Doldenblütler Waldengelwurz (*Angelica sylvestris*) und Behaarter Kälberkropf (*Chaerophyllum hirsutum*) hervor.

Nachdem wir das isoliert liegende Waldhaus passiert haben, weicht der Wald am Hang etwas zurück, und es eröffnet sich der Blick auf den erlengesäumten Aubach. Im Tal liegen vor uns Fischteiche, in der Ferne sind bei klarer Sicht die Höhenzüge des Rothaargebirges zu erkennen. Das Bachtal wird kurz hinter den Fischteichen deutlich steiler und enger, denn es erreicht hier den Rand der Basaltdecke und tritt in das Grundgebirge ein.

An dieser Stelle stößt der Wanderweg auf einen Teerweg. Wer die kürzere Variante der Wanderung wählt, geht hier nach links zum Aubach hinunter. Zum Wildweiberhäus-

chen geht es weiter nach rechts in den Wald hinein. Nach kurzem Anstieg und einer weiten Rechtskurve des befestigten Weges biegen wir nach links in einen Seitenweg ein, der leicht bergab führt. Nach einigen 100 m steht man unvermittelt an der Oberkante eines Steilhanges, an dessen Fuß der Aubach in geröllreichem Bett fließt.
Wir haben nun das Basaltgebiet verlassen und laufen an dem hauptsächlich aus Tonschiefer aufgebauten Talhang des Aubaches weiter bergab Richtung Norden. Rechts des Weges passieren wir einen alten Stollen; im letzten Jahrhundert wurden dort Erze abgebaut. Die Krautflora des Waldes ist spärlicher entwickelt und merklich artenärmer als im Basaltgebiet und wird bestimmt von anspruchslosen Arten wie Schmalblättriger Hainsimse (*Luzula luzuloides*), Drahtschmiele (*Avenella flexuosa*) und Waldsauerklee (*Oxalis acetosella*).

Der Weg führt bergab in den Talgrund des Aubaches, unter einer stillgelegten Bahntrasse hindurch und stößt bei einer aus Basaltsteinen gemauerten Brücke über den Aubach auf einen Querweg. In den Mauerfugen der Brücke wachsen zahlreiche Exemplare des schattenliebenden Blasenfarns (*Cystopteris fragilis*). Der Wanderweg führt weiter geradeaus am östlichen Bachufer entlang in das Naturschutzgebiet »Wildweiberhäuschen« hinein.
Der Weg führt jetzt am Fuß des kahlen Wildweiberhäuschen-Felsens entlang. An den steinigen Hängen um den Kalkfelsen siedeln edellaubholzreiche Mischwälder aus Sommerlinde (*Tilia platyphyllos*), Bergahorn (*Acer pseudoplatanus*), Feldahorn (*Acer campestre*), Stieleiche (*Quercus robur*), Bergulme und Buche. Die Bodenflora ist ähnlich anspruchsvoll und artenreich wie die der Laubwälder auf Basalt, enthält jedoch zusätzlich wärme- und kalkliebende Elemente, beispielsweise das Waldlabkraut (*Galium sylvaticum*), den Gewöhnlichen Seidelbast (*Daphne mezereum*) und die Gemeine Akelei (*Aquilegia vulgaris*). Am Bachufer entstehen sommers unter den bachbegleitenden Schwarzerlen üppige Hochstaudensäume aus Großer Brennessel (*Urtica dioica*), Waldsternmiere (*Stellaria nemorum*) und Giersch (*Aegopodium podagraria*), zwischen denen hier und da die dunkelblauen Blüten des Blauen Eisenhuts (*Aconitum napellus*) und der Breitblättrigen Glockenblume (*Campanula latifolia*) auftauchen.
Der schmale Fahrweg endet schließlich bei einer Feucht-

Der Aubach, ein typischer Mittelgebirgsbach mit Basaltgeröll

wiese. Bevor wir umkehren, lohnt es sich, einem kleinen, zum Aubach führenden Trampelpfad ein paar Schritte weit zu folgen. Nahe des Baches wachsen zwei seltenere Waldpflanzen: Süße Wolfsmilch (*Euphorbia dulcis*) und Steinbeere (*Rubus saxatilis*).
Wir gehen nun den Weg etwa 1,5 km weit zurück und überqueren den Aubach bei den Fischteichen nahe des Waldhauses. In den bach- und wegbegleitenden Staudensäumen fallen während der Monate Juli und August wiederum die blauen Blütenstände des Eisenhuts auf. Nach einer kurzen Strecke mündet der Asphaltweg in die Landstraße Rabenscheid-Langenaubach. Wir überqueren die Straße und schlagen den auf der gegenüberliegenden Straßenseite beginnenden Forstweg ein, der nach wenigen Metern scharf nach links abbiegt.
Der Forstweg führt zunächst leicht bergan durch einen Fichten-Forst, der botanisch nicht viel zu bieten hat. Nach etwa einem halben Kilometer biegen wir bei einer Wegkreuzung nach links ab und erreichen bald darauf einen größeren Forstweg, dem wir wiederum nach links, diesmal hangabwärts, folgen. Beiderseits dieses Weges stocken auf flachem, mit Basaltblöcken übersätem Hang abermals geophytenreiche Laubmischwälder mit großen Beständen des im Frühjahr zartlilia blühenden Hohlen Lerchensporns. Links des Weges kann man das im Mai blühende Silberblatt (*Lunaria rediviva*) finden, dessen große Fruchtschoten auffällig glänzen.
Der Forstweg endet an der Landstraße, der wir etwa 500 m nach Süden in Richtung Rabenscheid folgen müssen, bis die Grenze des Waldgebietes erreicht ist. Dort zweigt ein Lehmweg nach links von der Landstraße ab, der am Waldrand weiterführt. In dem Laubwald links des Weges sind im zeitigen Frühjahr kleine Rasen des seltenen Scheiden-Goldsterns (*Gagea spathacea*) zu beobachten. Der Feldweg verläuft in weitem Bogen am nördlichen Rand der Feldflur von Rabenscheid entlang. Wir folgen ihm, bis von links ein Asphaltweg einmündet, auf dem wir weitergehen. Dieser Weg führt über eine kleine Anhöhe an Gebäuderuinen der ehemaligen Grube Haas vorbei, die von einem kleinen Sukzessionsgehölz aus Salweide (*Salix caprea*) umwachsen ist. Die Landwirtschaftsflächen beiderseits des Weges werden von Frischwiesen eingenommen, die teilweise kaum gedüngt werden und sehr artenreich ausgebildet sind.
Bereits Anfang Mai blühen an einigen Stellen Frühlingsprimel, Stattliches Knabenkraut und Knöllchen-Steinbrech (*Saxifraga granulata*), etwas später dann das Breitblättrige

Knabenkraut (*Dactylorhiza majalis*). Den Höhepunkt ihrer Farbenvielfalt erreichen die Bergwiesen im Lauf des Monats Juni, wenn Kleiner Klappertopf (*Rhinanthus minor*), Wiesenmargerite (*Leucanthemum vulgare*) und Witwenblume (*Krautia arvensis*) zahllose Blüten entwickeln. Zu dieser Jahreszeit erscheint eine weitere Orchidee, die Grünliche Waldhyazinthe (*Platanthera chlorantha*), und die goldgelben Korbblüten des Bergwohlverleihs (*Arnica montana*) leuchten weithin. Erst nach der Heuernte, die traditionell in der Zeit um den 1. Juli durchgeführt wird, entwickeln sich die lila Köpfe des Teufelsabbisses (*Succisa pratensis*), die dunkelpurpurnen des Großen Wiesenknopfes (*Sanguisorba officinalis*) und die rosa Blütenstände des Heilzieses (*Betonica officinalis*). Relativ spät treten auch die großen dunkelblauen Blüten der Knäuelglockenblume (*Campanula glomerata*) in Erscheinung, die basenreiche Magerwiesen besiedelt.

8

Ein kleines Stück hinter dem ehemaligen Grubengelände zweigt ein Feldweg nach links ab, der durch Wiesen und ortsnahe Koppelweiden zurück nach Rabenscheid, dem Ausgangspunkt der Wanderung, führt.

Länge der Wanderung: 12 km (ohne Wildweiberhäuschen 8 km; einfache Strecke bis Langenaubach 7 km)
Einkehrmöglichkeiten: keine
Verkehrsverbindungen: mit dem Zug nach Herborn oder Haiger, von dort mit dem Bus nach Rabenscheid; Bus von Langenaubach zurück nach Rabenscheid (nur 3mal täglich wochentags!) oder nach Haiger

TOUR 9

Lahn-Dill-Bergland – Bergwälder und Schaftriften im Schelder Wald bei Tringenstein

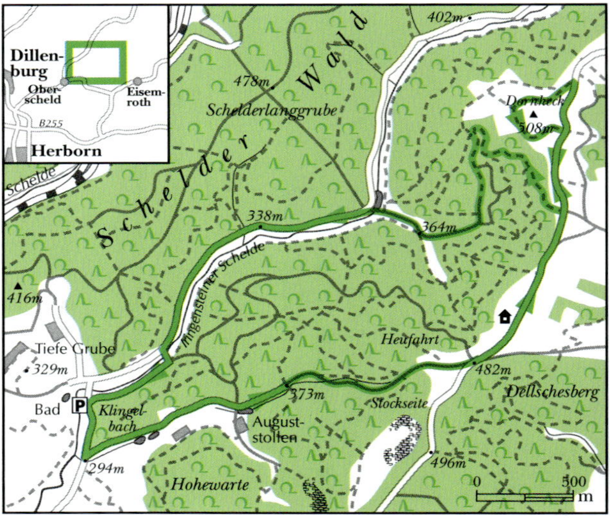

Das im westlichen Teil Mittelhessens zwischen den Städten Marburg, Gießen und Wetzlar gelegene Lahn-Dill-Bergland gehört zu den biologisch noch sehr reichhaltig ausgestatteten Mittelgebirgsregionen des Landes, die durch eine vielgestaltige Kulturlandschaft ausgezeichnet sind, deren Überdauern vor allem einer vergleichsweisen extensiven, »unzeitgemäßen« Landnutzung zu verdanken ist.

Ausgangspunkt unserer Wanderung ist ein kleiner, von Gehölzen eingerahmter Parkplatz östlich des Freibades und der Tennisanlage von Oberscheld. Von hier aus bewegen wir uns zunächst auf einem asphaltierten Weg ungefähr 250 m nach Süden. Rechts von uns liegt das grünlandwirtschaftlich genutzte Tal der Tringensteiner Schelde, die hier von einem weitgehend geschlossenen Ufergehölzsaum aus Erlen und Weiden begleitet wird. Links erstreckt sich ein Mischwald aus Eichen, Kiefern und Hainbuchen mit Zweigriffeligem Weißdorn (*Crataegus laevigata*), Hasel (*Corylus avellana*) und sehr vereinzelt Mehlbeere (*Sorbus aria*) in der Strauchschicht und im Gebüschsaum. Zum Weg hin wird der Wald von einem mageren Saum begrenzt, der durch seinen ausgesprochenen Artenreichtum auffällt. Hier wachsen u. a. Ackerwitwenblume (*Knautia arvensis*), Behaartes Veilchen (*Viola hirta*), Zypressenwolfsmilch (*Euphorbia cyparissias*), Behaartes Johanniskraut (*Hypericum hirsutum*), Zittergras (*Briza media*), Echte Goldrute (*Solidago virgaurea*), Wirbeldost (*Clinopodium vulgare*), Walderdbeere (*Fragaria vesca*), Mittlerer Klee (*Trifolium medium*), Gewöhnlicher Odermennig (*Agrimonia eupatoria*) und Baldrian (*Valeriana officinalis* agg.). Auf flachgründigen, felsigen Partien treten zudem typische Arten der Magerrasen auf. Hier finden sich Kleines Habichtskraut (*Hieracium pilosella*), Fiederzwenke (*Brachypodium pinnatum*), Feldthymian (*Thymus pulegioides*), Gewöhnliches Sonnenröschen (*Helianthemum ovatum*), Kleiner Wiesenknopf (*Sanguisorba minor*), Gewöhnliche Kreuzblume (*Polygala vulgaris*), Frühlingsfingerkraut (*Potentilla tabernaemontani*) und Schafschwingel (*Festuca ovina* agg.). Kleine Felsaufschlüsse werden von Flechten der Gattung *Cladonia* besiedelt. In Spalten gedeiht zudem der Braunstielige Streifenfarn (*Asplenium trichomanes*). Dort,

Magere Wiesen und Weiden an der Hohen Straße bei Tringenstein

wo feuchtere Standortverhältnisse überwiegen, dominiert das Mädesüß (*Filipendula ulmaria*) den Saumbereich. Wir verlassen anschließend den aspaltierten Weg und biegen nach links in einen Schotterweg ein, der uns an der Nordseite eines kleinen Seitentälchens leicht ansteigend zur »Hohen Straße« führen wird. Linker Hand befinden sich weiterhin Mischwaldbestände aus Eiche, Hainbuche, Feldahorn und Kiefer, denen hinsichtlich ihrer Artenzusammensetzung ähnlich magere Säume vorgelagert sind, wie sie zuvor beschrieben wurden. An mehreren Stellen findet sich im lichten Waldsaum das Nickende Perlgras (*Melica nutans*), die durch ihre stark geflügelten Stengel gekennzeichnete Waldplatterbse (*Lathyrus sylvestris*) sowie der Dürrwurzalant (*Inula conyzae*). Rechter Hand verläuft der von Gehölzen gesäumte Mittelgebirgsbach mit seinem schotter- und geröllhaltigen Bachbett. Vorbei an von Erlen- und Weidengehölzen weitgehend verborgenen Teichen, in denen man neben Schilfbeständen (*Phragmites australis*), Pestwurzfluren (*Petasites hybridus*) und stickstoffliebenden Brennesselbeständen (*Urtica dioica*) auch kleine Bereiche mit Schwimmblattvegetation, vorwiegend bestehend aus dem Schwimmendem Laichkraut (*Potamogeton natans*), beobachten kann, führt unser Weg weiter leicht bergauf, vorbei an einer Auffüllung nahe des Augustusstollens, auf der sich neben ruderalen Hochstauden wie Wilder Karde (*Dipsacus sylvestris*), Gewöhnlichem Beifuß (*Artemisia vulgaris*) und Ackerkratzdistel (*Cirsium arvense*) auch der durch seinen auffälligen Blütenfarbwechsel von rosa nach blau ausgezeichnete Gemeine Natternkopf (*Echium vulgare*) angesiedelt hat.

Kurze Zeit später erreichen wir eine Weggabelung, an der sich ein Fischteich befindet. Dieses intensiv genutzte Stillgewässer beherbergt so gut wie keine Röhrichtarten. Auf dem trockenen Teichdamm wachsen Herden der Wehrlosen Trespe (*Bromus inermis*). Unser Weg führt weiter am nördlichen Talrand entlang. Hinter dem Teich schließen sich nährstoffliebende Hochstaudenfluren u.a. mit Knoblauchsrauke (*Alliaria petiolata*), Großer Brennessel (*Urtica dioica*), Giersch (*Aegopodium podagraria*), Stinkendem Storchschnabel (*Geranium robertianum*), Hundspetersilie (*Aethusa cynapium* ssp. *cynapioides*), Behaartem und Drüsigem Weidenröschen (*Epilobium hirsutum, E. adenocaulon*), Waldziest (*Stachys sylvatica*), Rohrglanzgras (*Phalaris arundinacea*), Rainfarn (*Tanacetum vulgare*) und Gemeinem Wasserdarm (*Myosoton aquaticum*) an. Am linken Wegrand fallen die großen Blüten der Nesselblättrigen Glockenblume (*Campanula trachelium*) ins Auge. Hier wachsen auch Exemplare der Waldtrespe (*Bromus ramosus*) und des Fuchsschen Greiskrautes (*Senecio ovatus*). Kurze Zeit später quert unser Weg den kleinen Bach und wechselt die Talseite. Er steigt nun stärker an und führt in einen Buchenwald hinein. Arten wie Einblütiges Perlgras (*Melica uniflora*), Waldmeister (*Galium odoratum*), Zwiebelzahnwurz (*Dentaria bulbifera*), Schmalblättrige Hainsimse (*Luzula luzuloides*), Gemeiner Wurmfarn (*Dryopteris filix-mas*) und Frauenfarn (*Athyrium filix-femina*) beherrschen die Krautschicht des Buchenwaldes. Im unmittelbaren Wegsaum siedeln u.a. Waldhabichtskraut (*Hieracium murorum*), Mauerlattich (*Mycelis muralis*), Rainkohl (*Lapsana communis*), Schmalblättriges Weidenröschen (*Epilobium angustifolium*), Waldziest (*Stachys sylvatica*), Springschaumkraut (*Cardamine impatiens*), Echtes Springkraut (*Impatiens noli-tangere*), Schwarze Teufelskralle (*Phyteuma nigrum*) und Wasserdost (*Eupatorium cannabinum*). Wir verbleiben auf dem befestigten Weg und erreichen nach einer kurzen Gehzeit von 5 bis 10 Minuten das Offenland. Der Weg ist nun nicht mehr befestigt. Vor uns liegen ausgedehnte magere Weideflächen, die von einzelnen Weißdorn-, Schlehen- und Rosengebüschen durchsetzt sind. Es handelt sich zunächst um von Untergräsern wie Rotschwingel (*Festuca rubra*) und Rotem Straußgras (*Agrostis capillaris*) beherrschte Lebensgemeinschaften, die stellenweise auch charakteristische Arten der Halbtrockenrasen (Mesobromion erecti), der bodensauren Magerrasen (Violion caninae) sowie der Felsgrusgesellschaften (Sedo-Scleranthetea) enthalten. So lassen sich hier u.a. Kammgras (*Cynosurus cristatus*), Margerite (*Leucanthemum vulgare*), Wiesenflockenblume (*Centaurea jacea*), Gamanderehrenpreis (*Veronica chamaedrys*), Rundblättrige Glockenblume (*Campanula rotundifolia*), Flaumhafer (*Avena pubescens*), Schmalblättrige Wicke (*Vicia angustifolia*), Grassternmiere (*Stellaria graminea*), Weißklee (*Trifolium repens*), Wiesen- sowie Echtes Labkraut (*Galium album, G. verum*) beobachten. Im Frühjahr leuchten auf der Hochfläche Hunderte von Schlüsselblumen (*Primula veris*). In Höhe einer leichten Linkskurve, in der von rechts ein weiterer Grasweg hinzustößt, treten mit Stengelloser Kratzdistel (*Cirsium acaule*), Knolligem Hahnenfuß (*Ranunculus bulbosus*), Feldthymian (*Thymus pulegioides*), Dorniger Hauhechel (*Ononis spinosa*), Kleinem Habichtskraut (*Hieracium pilosella*), Bleichem Hornkraut (*Cerastium glutinosum*), Behaartem Frauenmantel (*Alchemilla glaucescens*), Zittergras (*Briza media*) und Schafschwingel (*Festuca ovina*

agg.) bereits zahlreiche typische Magerrasenvertreter auf. Der Weg führt nun leicht bergab und wir erreichen eine Wegekreuzung. Im geschotterten Kreuzungsbereich fallen kleine Flecken des auffällig hellgrünen und niederliegenden Kahlen Bruchkrautes (*Herniaria glabra*) auf, das den Kies stellenweise überzieht. Daneben wachsen weißschimmernde Rasen des Ausdauernden Knäuels (*Scleranthus perennis*). Wir biegen nun halblinks in die »Hohe Straße« ein und folgen der Beschilderung Schutzhütte.
Unsere botanische Wanderung führt nun weiter Richtung Tringenstein. Links und rechts der »Hohen Straße« liegt weiterhin durch Einzelbüsche und Gebüschgruppen reich strukturiertes extensives Grünland, das überwiegend einer Schafbeweidung unterliegt. Es variiert sehr kleinräumig in seiner Artenzusammensetzung und ähnelt einerseits Rotschwingel-Straußgras- und Kammgrasweiden und andererseits Halbtrockenrasen sowie bodensauren Magerrasen. Unmittelbar hinter der Kreuzung beeindrucken recht buntblühende magere Grünlandbestände. Im Frühsommer überwiegt ein gelber Blühaspekt, der von Knolligem Hahnenfuß (*Ranunculus bulbosus*), Färberginster (*Genista tinctoria*), Gemeinem Ferkelkraut (*Hypochoeris radicata*), Gemeinem

Der Waldklee (*Trifolium alpestre*), ein häufiger Vertreter in den mageren Weiden an der Hohen Straße

Sonnenröschen (*Helianthemum nummularium*), Frühlingsfingerkraut (*Potentilla tabernaemontani*), Rauhem Löwenzahn (*Leontodon hispidus*), Wundklee (*Anthyllis vulneraria*) sowie vereinzelt auch der Wiesenschlüsselblume (*Primula veris*) verursacht wird. Dazwischen finden sich die roten und rosa Blüten von Waldklee (*Trifolium alpestre*), Stengelloser Kratzdistel (*Cirsium acaule*) und Kriechende Hauhechel (*Ononis repens*) sowie die weißen Blüten von Purgierlein (*Linum catharticum*), Heidelabkraut (*Galium pumilum*) und Ackerhornkraut (*Cerastium arvense*). Zahlreiche Ameisenhaufen werden vom Feldthymian (*Thymus pulegioides*) besiedelt. An Süß- und Sauergräsern lassen sich u.a. Trifthafer (*Avena pratensis*), Zittergras (*Briza media*), Kammgras (*Cynosurus cristatus*), Dreizahn (*Danthonia decumbens*), Gewöhnliche Hainsimse (*Luzula campestris*) und Frühlingssegge (*Carex caryophyllea*) beobachten. Vorbei an der Schutzhütte und einem Bolzplatz führt unser Weg weiter über den leicht gewellten Höhenzug Richtung Tringenstein. Häufig säumen Hecken und Gehölze unseren Weg. Wo Gesteinszersatz zutage tritt, finden sich mit Scharfem Mauerpfeffer (*Sedum acre*), Triftenknäuel (*Scleranthus polycarpos*) oder Sprossender Felsennelke (*Petrorhagia prolifera*) typische Vertreter der Felsgrusfluren (Sedo-Scleranthetea). Stellenweise tritt auch das Nickende Leimkraut (*Silene nutans*) in den Wegsäumen auf. Immer wieder lassen sich auf flachgründigen Standorten links und rechts des Weges Enzian-Schillergrasrasen (Gentiano-Koelerietum) beobachten, die mit Hundsveilchen (*Viola canina*), Heidekraut (*Calluna vulgaris*), Behaartem Frauenmantel (*Alchemilla glaucescens*) und Gewöhnlichem Kreuzblümchen (*Polygala vulgaris*) zahlreiche typische Vertreter bodensaurer Magerrasen (Nardo-Callunetea) beherbergen. Neben dem Pyramidenschillergras (*Koeleria pyramidata*) tritt hier auch das Zierliche Schillergras (*Koeleria macrantha*) auf. Im Spätsommer läßt sich in den Magerrasen der Feldenzian (*Gentiana campestris*) beobachten.

Von der »Hohen Straße« aus eröffnen sich dem Wanderer an vielen Stellen eindrucksvolle Ausblicke über das im Osten gelegene Siegbachtal sowie hinunter nach Oberndorf. Am gegenüberliegenden Hang ist der Ort Tringenstein mit seiner Burgruine zu sehen.

Unser nächster Exkursionspunkt ist das Naturschutzgebiet »Dornheck«. Wir passieren eine links der »Hohen Straße« befindliche rote Aussichtsbank. Am südöstlichen Horizont erblickt man den aus Kieselschiefer bestehenden Dünsberg mit seinem Sendeturm. Unser Weg führt anschließend durch ein aus Hainbuche (*Carpinus betulus*), Esche (*Fraxinus excelsior*), Feldahorn (*Acer campestre*) und Mehlbeere (*Sorbus aria*) bestehendes Gehölz, in dessen Saum u.a. die Nesselblättrige Glockenblume (*Campanula trachelium*) und die Vielblütige Weißwurz (*Polygonatum multiflorum*) vorkommen. Dahinter schließt sich ein aus Apfel- und Pflaumenbäumen bestehender kleiner Streuobstbestand an. Kurze Zeit später trifft von links im spitzen Winkel ein unbefestigter Weg auf die«Hohe Straße«. In diesen Weg biegen wir ein. Bereits nach wenigen Schritten finden wir rechter Hand flachgründige Rasen auf Gesteinszersatz, in denen u.a. der Ausdauernde Knäuel (*Scleranthus perennis*), der Hasenklee (*Trifolium arvense*), das Kleine Habichtskraut (*Hieracium pilosella*), Frühlingsfingerkraut (*Potentilla tabernaemontani*) und das Quendelblättrige Sandkraut (*Arenaria serpyllifolia*) vorkommen. Auch die Ackerglockenblume (*Campanula rapunculoides*) läßt sich auf diesem Wegabschnitt beobachten. An einer Wegekreuzung behalten wir die Geradeausrichtung bei, passieren anschließend einige Einzelgebüsche und erreichen die Kuppe der Dornheck, von wo aus man eine herrliche Aussicht auf die westlichen Teile des Schelder Waldes sowie den Hohen Westerwald hat. Zu sehen ist außerdem das Dilltal mit Dillenburg. Von unserem Aussichtspunkt aus verläuft der Grasweg in einem Linksbogen leicht bergab und trifft auf einen Querweg, dem wir für wenige Schritte nach rechts folgen, bevor wir erneut nach links in einen Weg einbiegen, der uns wieder Richtung »Hohe Straße« bergab leitet. In Höhe der bereits zuvor passierten roten Aussichtsbank treffen wir wieder auf unseren ursprünglichen Weg, auf dem wir nun in umgekehrter Richtung für ungefähr eine Strecke von 500 Metern verbleiben. Nach wenigen Schritten finden sich im rechten Wegsaum Exemplare von Ackerwachtelweizen (*Melampyrum arvense*), einem Halbschmarotzer auf Getreide und anderen Gräsern, dessen purpurrot gefärbte Hochblätter einen auffälligen Farbkontrast zur gelben Krone bilden. Für unseren Rückweg durch das Tal der Tringensteiner Schelde benutzen wir den erstmöglichen Weg nach rechts. Er führt unterhalb einer von Magerrasen und Einzelbüschen besiedelten kleinen Kuppe entlang direkt in einen Waldmeister-Buchenwald. Im Wegsaum finden sich hier u.a. der durch seine stark glänzenden Blätter und seine großen Blattöhrchen auffallende Riesenschwingel (*Festuca gigantea*) sowie die Waldzwenke (*Brachypodium sylvaticum*). Der Weg führt in langgezogenen Kurven langsam bergab, wobei sich Laubwaldbestände mit Nadelholzforsten abwechseln. Während sich in den Säu-

Der Acker-wachtelweizen (*Melampyrum arvense*) findet sich vereinzelt im Wegsaum an der Hohen Straße.

9

men der Fichtenbestände säureliebende Arten wie Drahtschmiele (*Avenella flexuosa*), Roter Fingerhut (*Digitalis purpurea*), Salbeigamander (*Teucrium scorodonia*), Schmalblättrige Hainsimse (*Luzula luzuloides*), Etagenmoos (*Hylocomnium splendens*) oder Besengabelzahnmoos (*Dicranum scoparium*) konzentrieren, werden die Säume der Laubwälder u.a. von Blutrotem Ampfer (*Rumex sanguineus*), Walderdbeere (*Fragaria vesca*), Hainrispengras (*Poa nemoralis*), Waldziest (*Stachys sylvatica*), Knoblauchsrauke (*Alliaria petiolata*), Japanischem Klettenkerbel (*Torilis japonica*) und vereinzelt auch vom Bergehrenpreis (*Veronica montana*) bestimmt. Nach ungefähr 600 m trifft der Waldweg im Bereich einer kleinen Lichtung, die mit Zwerghollunder (*Sambucus ebulus*) bestanden ist, auf einen Querweg, dem wir nach links folgen. Unterhalb von uns, in einem Geländeeinschnitt, fließt ein kleiner Quellbach talabwärts. Der Weg führt uns weiter leicht bergab durch Laub- und Nadelholzforsten. An lichteren Stellen treffen wir auf Bestände der Vielblättrigen Lupine (*Lupinus polyphyllus*), eines ursprünglich aus Nordamerika stammenden Schmetterlingsblütlers, der zur Böschungsbefestigung, zur Stickstoffanreicherung des Bodens, als Wildfutter und als Zierpflanze häufig ausgesät wird und heute in vielen Regionen als eingebürgert gelten muß.

Nachfolgend queren wir ein weiteres Bachtälchen. Unser Weg verläuft nun am südlichen Talrand, und wir erblicken nach kurzer Gehzeit das Offenland. Außerhalb des Waldes überqueren wir den Bach erneut und erreichen in Höhe eines Fischteiches das Tal der Tringensteiner Schelde, die wir kurz danach ebenfalls überqueren, und gelangen auf einen asphaltierten Weg am westlichen Talrand, dem wir talabwärts folgen. Die Tringensteiner Schelde fließt links von uns in leichten Windungen durch den überwiegend grünlandwirtschaftlich genutzten Talgrund. Die Wiesen und Weiden stehen hier auf einem hohen Nährstoffniveau, sind stellenweise nur noch sehr artenarm ausgebildet und unterliegen in Teilen bereits einer Verbrachung, die durch die Anwesenheit der Ackerkratzdistel (*Cirsium arvense*), der Großen Brennessel (*Urtica dioica*) und weiteren ruderalen Hochstauden zum Ausdruck kommt. Der Bach selbst wird von Schwarzerlen (*Alnus glutinosa*), Hainbuchen (*Carpinus betulus*) und Hybridpappeln (*Populus* x *canadensis*) begleitet. Die südostexponierten Hangwälder rechts des Weges bestehen aus Hainbuche, Eiche und Rotbuche. Im Unterwuchs wachsen Hainrispengras (*Poa nemoralis*), Buschwindröschen (*Anemone nemorosa*), Waldhabichtskraut (*Hieracium murorum*) und Große Sternmiere (*Stellaria holostea*). Immer wieder treffen seitlich aus dem Wald kleine Quellgerinne auf unseren Weg, die dann zur Tringensteiner Schelde hin abfließen. Im unteren Talbereich befinden sich an dessen Ostseite drei kleinere Stillgewässer. Kurze Zeit später wechselt unser Weg die Talseite. Von der Brücke aus hat man nochmals einen guten Blick auf den von Schwarzerlen (*Alnus glutinosa*) und einzelnen Hohen Weiden (*Salix* x *rubens*) begleiteten Bach mit einzelnen Sumpfschwertlilien (*Iris pseudacorus*) sowie Pestwurzbeständen (*Petasites hybridus*) in seinem blocksteinreichen Gewässerbett. Nach kurzer Gehzeit erreichen wir unseren Ausgangspunkt.

Länge der Wanderung: etwa 9 km
Einkehrmöglichkeiten: Gasthäuser im nahegelegenen Oberscheld oder Gasthaus Nikolausstollen im Scheldetal zwischen Oberscheld und Hirzenhain
Verkehrsverbindungen: Anbindung mit öffentlichem Nahverkehr leider nicht vorhanden

TOUR 10

Mittleres Lahntal – Felshänge bei Runkel

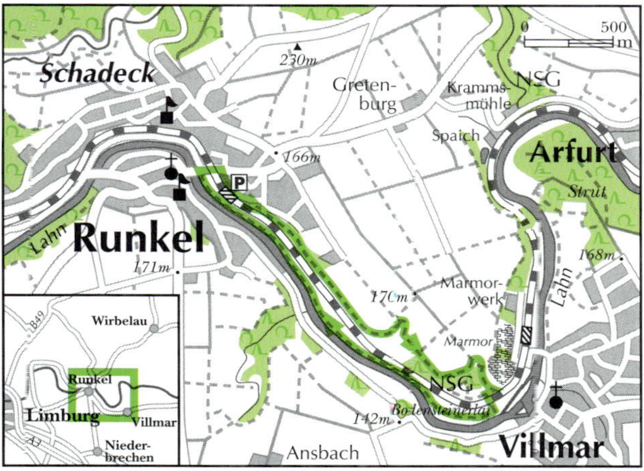

Im Bereich des »Runkeler Lahntales« und der »Villmarer Bucht« verläuft die Lahn in einem schmalen, z.T. scharf eingeschnittenen Tal, an dessen steilen Hängen häufig der anstehende Massenkalk, Diabas und Schalstein als nackte Felsen zutage treten.

Die flachgründigen Böden, wie sie vor allem im Bereich der steilen Hangbereiche vorkommen, stellen in Verbindung mit dem trocken-warmen Klima der größtenteils südexponierten Hänge wichtige Standortfaktoren für die Ausbildung von Magerrasen und Felsfluren dar. Bei Neigungswinkeln von bis zu 50° können sich an einzelnen Stellen sogar extrem wärmebegünstigte Expositionsklimate ausbilden, so daß hier Pflanzenarten anzutreffen sind, die ihr Hauptareal wesentlich weiter im Südwesten haben und hier im Lahntal noch vereinzelte isolierte Vorkommen besitzen.

Wir beginnen unsere Wanderung im nördlich der Lahn gelegenen Ortsteil von Runkel in der Nähe der Kirche, die durch ihren Betonturm bereits von weitem auffällt. Parkmöglichkeiten bestehen in der angrenzenden Wohnsiedlung. Der Einstieg in den markierten Lahnwanderweg (weißes L) ist direkt östlich unterhalb des beschriebenen Kirchturmes möglich. Der Weg führt zunächst durch bewaldete Bereiche, die immer wieder von offenen, besonnten Abschnitten mit anstehenden Felsen unterbrochen werden. Das Wäldchen am Oberhang wird hauptsächlich aus Trauben- und Stieleichen (*Quercus petraea, Q. robur*) aufgebaut, denen vereinzelt auch Kiefern (*Pinus sylvestris*), Robinien (*Robinia pseudacacia*) und Spitzahorn (*Acer platanoides*) beigesellt sind. Die letzteren Baumarten würden hier natürlicherweise nicht vorkommen und sind forstlich eingebracht. Vor allem die Robinie stellt in Naturschutzgebieten ein Problem dar, weil sie über eine enorm starke Regenerationsfähigkeit mittels Stockausschlägen und Wurzelbrut verfügt und zudem auf manche Pflanzenarten in ihrer Umgebung hemmend wirken kann. So besitzt sie auf der einen Seite enorme Ausbreitungstendenzen und ist dabei in der Lage, vor allem wenig konkurrenzkräftige Arten zu verdrängen und widersetzt sich auf der anderen Seite gleichermaßen erfolgreich den Versuchen ihrer Beseitigung. Robinien stellen insbesondere auf nährstoffarmen Standorten für den Naturschutz noch einen weiteren Problemfaktor dar, weil Rinde und Blätter sehr viel Stickstoff enthalten und über die

Blick von Süden auf die Felsen der Wehrley von Runkel

Anreicherung in der Streu eine unerwünschte Eutrophierung herbeiführen. In der »Wehrley von Runkel« wurde die Robinie um 1860 im Zuge des Eisenbahnbaus gepflanzt und konnte sich seitdem massiv ausbreiten.
Die Strauchschicht ist lückig und wird vor allem durch Schlehen (*Prunus spinosa*), Weißdorn- und Rosenarten geprägt. Die Krautschicht ist hier häufig gestört. Stellenweise besteht sie aus Baumartenjungwuchs, andere Bereiche sind vollständig mit Efeu (*Hedera helix*) bedeckt. Die Ortsrandnähe und die starke Frequentierung des Spazierweges wird in einer Häufung von stickstoffliebenden Pflanzenarten deutlich, die insbesondere an den Wegrändern in großen Beständen anzutreffen sind und hier die standorttypische Bodenvegetation verdrängt haben. Neben der Brennessel (*Urtica dioica*) treten vor allem *Geum urbanum* (Echte Nelkenwurz), *Geranium robertianum* (Stinkender Storchschnabel), *Chelidonium majus* (Schöllkraut) und *Alliaria petiolata* (Knoblauchsrauke) zahlreich auf. Auffällig ist im Frühjahr in Ortsrandnähe parallel zu den Trampelpfaden ein Massenvorkommen des Garten-Kerbel (*Anthriscus cerefolium* ssp. *trichosperma*), der sich vom Echten Gartenkerbel (*A. cerefolium* ssp. *cerefolium)* durch seine mit aufwärts gekrümmten, steifen, kurzen Borsten besetzten Früchte unterscheidet und als dessen Wildform gilt.
Dort, wo der Talhang steiler wird, gehen die zuvor beschriebenen waldartigen Bestände hangabwärts in wärmeliebende Gebüsche der Felsbereiche über. Zunächst gesellen sich auf den zunehmend flachgründigeren Standorten den vorherrschenden Arten der Schlehen-Gebüsche (Schlehe, Weißdorne, Rosen und Brombeeren) vereinzelt auch anspruchsvollere und wärmeliebende Straucharten zu wie *Rosa rubiginosa* (Weinrose), die an ihrem Weingeruch leicht zu erkennen ist, *Cornus sanguinea* (Roter Hartriegel), *Rhamnus cathartica* (Kreuzdorn) und *Ligustrum vulgare* (Liguster). Wird es noch steiler und kann sich nur noch auf schmalen Simsen, in Spalten und Ritzen etwas feineres Substrat ansammeln, dann sind sogar kleinflächig xerotherme Gebüschgesellschaften ausgebildet. Hier treten mit der Gewöhnlichen Zwergmispel (*Cotoneaster integerrimus*) und der Gemeinen Berberitze (*Berberis vulgaris*) weitere wärmeliebende Straucharten hinzu, die zudem an die Besiedelung von Extremstandorten angepaßt sind.
Die offenen Felsbereiche sind je nach ihrer Lage von unterschiedlichen Pflanzen besiedelt: Auf den nur vereinzelt anzutreffenden Felssimsen im Bereich des Wäldchens sind wegen der dauernden Beschattung nur wenige Moose und

Farne anzutreffen (z.B. *Polypodium vulgare, Asplenium trichomanes*). Völlig anders dagegen wirken die offenen, besonnten Felsbereiche, die z.T. senkrecht zur Lahn hin abfallen. Häufig sind dichte Polster der Weißen Fetthenne (*Sedum album*) und ausgedehnte Teppiche des Frühlingsfingerkrautes (*Potentilla tabernaemontani*), des Hasenklees (*Trifolium arvense*) und der Zypressenwolfsmilch (*Euphorbia cyparissias*). Die stellenweise zu beobachtende Kaukasus-Fetthenne (*Sedum spurium*) ist vermutlich ein Gartenflüchtling aus der angrenzenden Siedlung. Vereinzelt blühen dazwischen Arten wie Karthäusernelke (*Dianthus carthusianorum*), Aufrechter Ziest (*Stachys recta*), Silberfingerkraut (*Potentilla argentea*), Nickendes Leimkraut (*Silene nutans*), Blutstorchschnabel (*Geranium sanguineum*) und Wimperperlgras (*Melica ciliata*). Nur mit sehr viel Glück kann man hier oder in den nachfolgenden Felsbereichen die floristischen Besonderheiten, den Schwarzen Streifenfarn (*Asplenium adiantum-nigrum*), das weißblühende Felsenfingerkraut (*Potentilla rupestris*) oder das Siebenbürger Perlgras (*Melica transsilvanica*) finden, da sie nur noch mit sehr wenigen Exemplaren im Gebiet vorkommen und meist sehr versteckt in den Felsen wachsen. Das Siebenbürger Perlgras unterscheidet sich vom Wimperperlgras durch eine wesentlich dichtere Ährenrispe und eine behaarte untere Blattscheide. *Melica ciliata* ist dabei im Lahngebiet vorwiegend in Felsfluren anzutreffen, während *Melica transsilvanica* meist in Steinschutthängen siedelt, die häufig als alte Weinbergslagen nachzuweisen sind. Diese beiden submediterranen Florenelemente konzentrieren sich in ihrer Verbreitung auf die wärmebegünstigten Regionen Deutschlands und besitzen deshalb in Hessen nur sehr wenige Vorkommen. Dabei ist das Wimperperlgras im gesamten mittleren Lahngebiet verbreitet, während sich die Vorkommen des Siebenbürger Perlgrases auf das Limburger Becken beschränken.

Der schmale Pfad hat uns schließlich in vielen Windungen den Hang hinab, bis in die Nähe der Bahnlinie geführt. Das Wäldchen fällt hier durch einen hohen Anteil an Robinien auf. Wir folgen weiter dem Lahnwanderweg, der oberhalb, etwa parallel zur Bahn, nach Südosten wieder leicht den Hang ansteigt. Wir halten uns dort, wo ein Weg nach links bergauf abzweigt, weiter geradeaus. Links des Weges liegt eine Wiesenfläche am Hang, rechts wird er von Schlehengebüschen gesäumt. Schließlich zweigt der Lahnwanderweg wieder nach rechts ab. Nun beginnt eine abwechslungsreiche Wegstrecke mit wärmeliebenden Gebüschen, blütenreichen Saumgesellschaften, Magerrasenbrachen und Felsfluren. In diesem Bereich wurde in historischer Zeit einmal Weinbau betrieben, was sich selbst heute noch an stellenweise erhaltenen, alten Weinbergsmauern erkennen läßt.

Zahlreiche der zuvor beschriebenen Pflanzen können wir auch hier wieder antreffen. Weiterhin fallen in den Gebüschsäumen Skabiosenflockenblume (*Centaurea scabiosa*), Wiesensalbei (*Salvia pratensis*), Gemeiner Odermennig (*Agrimonia eupatoria*), Gewöhnlicher Dost (*Origanum vulgare*), Rapunzelglockenblume (*Campanula rapunculus*), Nickendes Leimkraut (*Silene nutans*), Rosenmalve (*Malva alcea*), Färberresede (*Reseda luteola*) oder Stengelumfassendes Hellerkraut (*Thlaspi perfoliatum*) auf. Letzteres ist durch seine herzförmig sitzenden, stengelumfassenden Blätter mit blaugrünem Wachsüberzug leicht zu erkennen. Dieser einjährige, wärmeliebende Frühjahrsblüher ist wiederum vorwiegend im südlichen Deutschland anzutreffen und besiedelt dort Magerrasen, Weinberge, Wegsäume und Äcker auf kalk- bzw. basenreichen Böden.

Im Bereich der Magerrasenreste können wir an weiteren Arten z.B. Taubenskabiose (*Scabiosa columbaria*), Bunte Kronwicke (*Coronilla varia*), Sichelklee (*Medicago falcata*), Hügelmeister (*Asperula cynanchica*), Gewöhnliches Sonnenröschen (*Helianthemum nummularium*), Hügelklee (*Trifolium alpestre*) und Bergsandrapunzel (*Jasione montana*) entdecken. Die Bergsandrapunzel ist eine tiefwurzelnde, konkurrenzschwache Pionierpflanze und besiedelt vor allem Sand- und Steingrusböden. Die Art gehört zu den Glockenblumengewächsen, was auf den ersten Blick erstaunen mag, da die kleinen, unauffälligen »Glöckchen« zu einem kugeligen Blütenstand zusammengefaßt sind.

Die flachgründigen Felsstandorte werden außer von der bereits genannten Weißen Fetthenne (*Sedum album*) noch von einigen weiteren *Sedum*-Arten besiedelt. So können wir hier Scharfen Mauerpfeffer (*Sedum acre*), Felsenfetthenne (*Sedum reflexum*) und Milden Mauerpfeffer (*Sedum sexangulare*) finden. Die Große Fetthenne (*Sedum maximum*) ist dagegen eher in den Säumen anzutreffen. Zahlreiche Farne gehören ebenfalls zu den Felsbesiedlern. Außer den drei bereits am Anfang der Wanderung erwähnten Arten können wir auf und an den Felsen am Wegrand noch Mauerraute (*Asplenium ruta-muraria*), Nordischen Streifenfarn (*A. septentrionale*) und vereinzelt Deutschen Streifenfarn (*A.* x *alternifolium*) beobachten. Ebenfalls auf flachgründigen, felsigen Standorten treten die beiden Knäuel-Arten Ausdau-

erndes Knäuelkraut (*Scleranthus perennis*) und Triftenknäuelkraut (*Scleranthus polycarpos*) auf, genauso wie die Sprossende Felsennelke (*Petrorhagia prolifera*), der Traubengamander (*Teucrium botrys*), der im Gegensatz zu den anderen Gamander-Arten gefiederte Blätter besitzt, oder die Edle Schafgarbe (*Achillea nobilis*) mit ihren gelblich-weißen Blüten. Die beiden letztgenannten Arten zählen wieder zu den floristischen Besonderheiten des Gebietes, da sie als submediterran verbreitete, wärmeliebende Pionierpflanzen, die gerne Felsbänder, Steinschutthalden und lückige Trokkenrasen besiedeln, in Hessen nur eine spärliche Verbreitung besitzen.
Wir erreichen schließlich auf dem Lahnwanderweg die Hochfläche. Im spitzen Winkel führt er sofort wieder nach rechts bergab, zwischen einer Wiese und einer kleinen Ackerparzelle entlang. Hinter einem Feldgehölz knickt der Weg nach links ab und biegt anschließend wieder rechts zwischen zwei Äckern ein. Das weiße L des Lahnwanderweges ist weiterhin gut ausgeschildert, so daß der Weg nicht zu verfehlen ist. Zuletzt biegen wir wieder links ein und wandern entlang eines Eichen-Hainbuchen-Waldes. Am Waldrand fallen zahlreiche Exemplare des Feldahorns (*Acer campestre*) auf. Wenn wir die Waldspitze erreichen, verlassen wir den Lahnwanderweg und biegen im spitzen Winkel nach rechts in den Wald ein. Der hier ausgebildete Waldlabkraut-Eichen-Hainbuchen-Wald (Galio sylvatici-Carpinetum betuli) ist als naturnahe Waldgesellschaft für die trokken-warmen, z.T. recht steilen und flachgründigen Standorte der Lahnhänge anzusehen. Neben den dominierenden Stieleichen (*Quercus robur*) und Hainbuchen (*Carpinus betulus*) sind stellenweise Waldkiefern (*Pinus sylvestris*) in den Beständen anzutreffen, die als Folge der forstlichen Bewirtschaftung gewertet werden müssen. An weiteren Baumarten sind mit wenigen Exemplaren noch Sommerlinde (*Tilia platyphyllos*), Traubenkirsche (*Prunus avium*) und Feldahorn (*Acer campestre*) am Bestandsaufbau beteiligt. Die Strauchschicht ist ebenso wie die Krautschicht nur sehr spärlich ausgeprägt. Lediglich im Frühjahr bildet hier der Zweiblättrige Blaustern (*Scilla bifolia*) stellenweise dichte Teppiche aus, die dem Waldboden einen blauen Blühaspekt verleihen. Als Geophyt des submediterranen bis gemäßigt kontinentalen Florengebietes ist der Blaustern wahrscheinlich vom Rheintal ausgehend in das Lahntal eingewandert und erreicht im mittleren Lahntal seine östliche Verbreitungsgrenze. Zwischen diesen blauen Blütenteppichen lassen sich vereinzelt die weißen und gelben Blüten des Busch-

Der Salomonssiegel (*Polygonatum odoratum*), ein typischer Vertreter wärmeliebender Saumgesellschaften

windröschens bzw. des Gelben Windröschens (*Anemone nemorosa, A. ranunculoides*), des Goldhahnenfußes (*Ranunculus auricomus*) oder die duftenden Blütenstände des Salomonssiegel (*Polygonatum odoratum*) ausmachen. Dieses Liliengewächs besitzt im Gegensatz zu der Vielblütigen Weißwurz einen kantigen Stengel und nur wenige (ein bis zwei) Blüten. Den Namen Salomonssiegel erhielt die Pflanze wegen der scheibenförmig vertieften Abnarbungsstellen der Blütensprosse auf den Knoten des Rhizoms, die an Siegel erinnern.
Nach Durchqueren des Waldes erreichen wir eine Wiese, an der wir entlanggehen. Links des Weges verläuft eine Natursteinmauer, die von der Gemeinen Waldrebe (*Clematis vitalba*) berankt wird. Wir biegen nach rechts auf den Schotterweg ab, überqueren die Bahngleise und schwenken am Lahnufer nach rechts auf den alten Treidelpfad ein, der heute als Feldweg ausgebaut ist. Im Auenbereich dehnen sich Äcker und Intensivgrünland aus, die stellenweise von schmalen Säumen begleitet werden. Direkt am Lahnufer siedeln stickstoffliebende, ruderalisierte Hochstaudenfluren, die durch einen hohen Anteil an Neophyten auffallen. Hier sind vor allem das Drüsige Springkraut (*Impatiens*

glandulifera) und der Topinambur (*Helianthus tuberosus*) zu nennen. Diese konkurrenzkräftigen, hochwüchsigen Pflanzen, die aus dem Himalaya und Ostindien bzw. Nord- und Mittelamerika stammen, sind in hohem Maße in die Ufervegetation der Flußläufe eingedrungen und haben hier in Teilen zur Monotonisierung der Uferfluren und zur Verdrängung der einheimischen Pflanzengesellschaften geführt. Zum ursprünglichen Vegetationskomplex der Lahnufer gehört die Rüben-Kälberkropf-Gesellschaft (Chaerophylletum bulbosi). Die namengebende und gesellschaftsbestimmende Art *Chaerophyllum bulbosum* (Rübenkälberkropf) tritt jedoch meist nur noch im Kontakt oder in Durchdringung mit den beiden Neophyten auf.
Nahe Runkel verläuft der Weg schließlich dicht entlang der Bahnlinie. Hier treten dann in den Wegsäumen und vor allem auf der Bahnböschung wieder vermehrt wärmeliebende Saum- und Ruderalarten auf. Einzelne haben wir davon auch schon zu Beginn unserer Wanderung gesehen, wenn sie auch nicht besonders genannt wurden. Erwähnenswert sind an dieser Stelle Graukresse (*Berteroa incana*), Färberkamille (*Anthemis tinctoria*), Gewöhnlicher Natternkopf (*Echium vulgare*) und Feldkresse (*Lepidium campestre*).
Wir erreichen den Bahnhof von Runkel, müssen aber, sofern wir nicht mit dem Zug angereist sind, weiter bis zur Hauptstraße gehen. Dort biegen wir nach rechts ab. In einer Maueröffnung treffen wir wieder auf den Lahnwanderweg, dem wir nach rechts über eine Wiese bis in die Wohnsiedlung unterhalb der Kirche folgen.

Länge der Wanderung: etwa 6 km
Einkehrmöglichkeiten: Runkel
Verkehrsverbindungen: Zugverbindung nach Koblenz (über Limburg) und Gießen

TOUR 11

Wetterau – Magerrasen und Salzwiesen bei Münzenberg

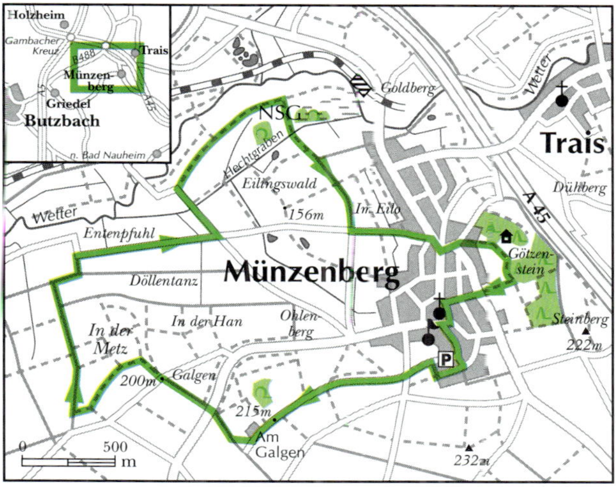

Zwischen Taunus und Vogelsberg erstreckt sich die flachwellige bis hügelige Senke der Wetterau, die von zahlreichen Tälern mit z.T. recht breiten Talauen gegliedert wird. Das Relief der Wetterau bewegt sich im allgemeinen in Höhenlagen zwischen 100 m und 200 m über NN, nur kleinflächig werden im Norden, im Bereich des Münzenberger Rückens, Höhen bis zu 250 m über NN erreicht. Dieser in Nord-Süd-Richtung verlaufende, vorwiegend aus Basalten aufgebaute und teilweise bewaldete Rücken, der die Wasserscheide zwischen Wetter und Horloff bildet, stellt das eigentliche Ziel unserer Wanderung dar.
Die vorhandenen Böden, die hauptsächlich durch fruchtbaren Löß geprägt sind, tragen zusätzlich zur landwirtschaftlichen Eignung der Wetterau bei, so daß die vielen Gunstfaktoren leicht die sehr frühe menschliche Besiedlung und die bereits langandauernde intensive agrarische Nutzung dieses Raumes erklären. Aus diesem Grund stellt sich die Wetterau heute als eine ausgeräumte Agrarlandschaft dar.

Nur wenige Waldreste, die meist auf den flachgründigen Böden eingeschalteter Basaltkuppen anzutreffen sind, erinnern noch an den ehemals hier verbreiteten wärmeliebenden Eichen-Mischwald.
Um so verwunderlicher mag es erscheinen, eine botanische Wanderung in einem solchen Landschaftsraum durchzuführen. Doch einige geologische Eigentümlichkeiten des Münzenberger Rückens, insbesondere im Raum Münzenberg selbst, führen dazu, daß hier eine Vielzahl floristischer Besonderheiten aus verschiedenen Vegetationseinheiten bis heute ihren Bestand haben. Wie bereits erwähnt, wird die pleistozäne Lößbedeckung in der naturräumlichen Einheit »Münzenberger Rücken« im Bereich von Kuppen oder steileren Hanglagen immer wieder vom Untergrundgestein durchragt. Rund um Münzenberg sind dies neben Basalten auch tertiäre Sandsteine, Quarzite und Kalksteine. Innerhalb der intensiv ackerbaulich genutzten Lößlandschaft sind es diese flachgründigen, häufig stärker reliefierten und deutlich weniger ertragreichen Standorte, auf denen die Reste einer kleinräumig gekammerten Kulturlandschaft aus Äckern, Obstwiesen, Frischgrünland und auch Magerrasen

Von weitem sichtbar überragt die Burg Münzenberg den gleichnamigen Ort.

erhalten blieben. Insbesondere Magerrasen waren hier ehemals weit verbreitet, je nach geologischem Substrat sogar in einer Vielzahl unterschiedlicher Ausbildungen. Ihr kontinuierlicher Rückgang ist seit den vierziger Jahren dieses Jahrhunderts eindeutig belegt. Eine maßgebliche Ursache ist in der Aufgabe der Wanderschäferei zu sehen, in deren Folge in den meisten Fällen eine Umwandlung der betroffenen Areale zu Forst- und Landwirtschaftsflächen erfolgte; andere Magerrasen sind nach und nach der Verbuschung anheimgefallen.
Die zweite Besonderheit der Wetterau ist in dem Auftreten salzhaltiger Grundwässer und relativ stark schüttender Salzquellen im Auenbereich der Wetter zu sehen, das zur Ausbildung binnenländischer Salzvegetation geführt hat.
Ausgangspunkt der Wanderung ist ein Parkplatz westlich unterhalb der Burgruine Münzenberg, im Volksmund »Wetterauer Tintenfaß« genannt, von deren begehbarem Ostturm aus sich bei gutem Wetter ein hervorragender Blick auf den Ort, die Talaue der Wetter sowie auf den Vogelsberg, den Taunus und die Silhouette von Frankfurt bietet. Bei dem Berg, auf dem die eindrucksvolle Ruine der ehemals bedeutenden mittelalterlichen Burg thront, handelt es sich um den einzigen nachgewiesenen Basaltschlot der nördlichen Wetterau. Sowohl Burg als auch Parkplatz sind im Ort ausgeschildert.
Wir verlassen den Parkplatz durch den gemauerten Torbogen des Hattsteiner Hofes, eines Gutshofes aus dem 18. Jahrhundert, blicken auf Reste der Burgbefestigung und wenden uns dort nach links in Richtung »Galgen«. Linker Hand, etwa 100 Meter abseits unseres Weges, sehen wir an einer Wegkreuzung unter einem Walnußbaum eine Steinbank, die aber zu hoch zum Sitzen ist. Es handelt sich um einen ehemaligen Rastplatz, an dem Bauern, die ihre Waren zum Markt trugen, ihre Lasten zur Erholung absetzen und leicht wieder aufnehmen konnten. Unser Wanderweg wird rechter Hand zunächst von Birnbäumen, dann von Walnußbäumen gesäumt. In größerer Entfernung zum Dorf treten in den Wegsäumen, die man als ruderal ausgeprägte Glatthaferwiesen ansprechen kann, erste wärmeliebende und trockenheitsertragende sowie magerkeitszeigende Pflanzenarten auf. Neben den typischen Wiesen- und Ruderalarten wie Glatthafer (*Arrhenatherum elatius*), Gemeine Schafgarbe (*Achillea millefolium*), Wiesenflockenblume (*Centaurea jacea*), Wiesenstorchschnabel (*Geranium pratense*), Wiesenkerbel (*Anthriscus sylvestris*), Rainfarn (*Chrysanthemum vulgare*), Giersch (*Aegopodium podagraria*),

Schwarznessel (*Ballota nigra*) oder Mäusegerste (*Hordeum murinum*) sind dies vor allem der Odermennig (*Agrimonia eupatoria*), das Echte Labkraut (*Galium verum*), die Rapunzel- und die Geknäuelte Glockenblume (*Campanula rapunculus, C. glomerata*), der Feldmannstreu (*Eryngium campestre*), die Sichelmöhre (*Falcaria vulgaris*), die Karthäusernelke (*Dianthus carthusianorum*), die Nickende Distel (*Carduus nutans*) und die Färberresede (*Reseda luteola*), die den ganzen Sommer über für bunte Farbtupfer in den Wegrainen sorgen.
Links des Weges zeigen die zahlreichen blauen Blüten des Wiesensalbeis (*Salvia pratensis*) in einer Obstwiese an, daß hier mit Düngemitteln noch sparsam umgegangen wird. Die Bestäubung der blütenbesuchenden Insekten erfolgt bei diesem Lippenblütler mittels eines Hebelmechanismus, der sich unter Zuhilfenahme einer Bleistiftspitze oder ähnlichem leicht nachahmen läßt: die Insekten landen auf der als Sitz dienenden Unterlippe und drücken bei der Suche nach Nektar auf die den Schlund versperrende, zur Platte umgewandelte Staubbeutelhälfte. Durch die Hebelwirkung schlagen sie sich den verlängerten Staubbeutelarm auf den Rükken. Der Hebelmechanismus kann allerdings nur von Hummeln, seltener von Bienen ausgelöst werden.
Rechter Hand gelangt man schließlich über eine Treppe durch dichtes Schlehengebüsch, das stellenweise mit den Ranken der Roten Zaunrübe (*Bryonia dioica*) behangen ist, hindurch zum ehemaligen Galgen von Münzenberg.
Kehrt man dem Galgen den Rücken zu und wendet sich nach Westen, so lassen sich auf dem angrenzenden Gelände Reste von Magerrasen ausmachen. Größtenteils sind sie aber bereits durch intensivere Nutzung in Wirtschaftswiesen umgewandelt oder aber nach Brachfallen dicht verfilzt und mit Schlehdorn verbuscht. Dennoch lassen sich hier bei genauem Hinsehen noch zahlreiche Pflanzen finden, die für die ehemals häufigen Basaltmagerrasen der Region typisch sind. Einige der Arten haben wir bereits in den Wegrainen beobachten können (z.B. *Dianthus carthusianorum, Eryngium campestre, Galium verum*), andere treten hier neu dazu, zum Beispiel Kleines Habichtsohr (*Hieracium pilosella*), Dornige Hauhechel (*Ononis spinosa*), Hügelmeister (*Asperula cynanchica*), Zittergras (*Briza media*), Kleine Pimpinelle (*Pimpinella saxifraga*), Feldthymian (*Thymus pulegioides*), Taubenskabiose (*Scabiosa columbaria*) und Großblütige Braunelle (*Prunella grandiflora*). Auffällig ist vor allem im Spätsommer die Stengellose Kratzdistel (*Cirsium acaule*) durch ihre dicht am Boden ausgebreiteten violetten

Blütenköpfe, die ein Zeuge der ehemaligen Schafbeweidung ist.
Wir verlassen die Magerrasenreste des Galgen nach rechts in Richtung Landstraße, die wir geradeaus überqueren, und behalten diese Richtung weiter bei. Wir kreuzen einen betonierten Feldweg und gehen weiter entlang einer dichten Feldhecke. Kurz vor Erreichen einer Streuobstwiese wenden wir uns nach links und gehen zunächst am oberen Rand des Naturschutzgebietes »In der Metz« entlang. Wenn die Gebüsche an der Hangkante aufhören, bietet sich ein Überblick über das Naturschutzgebiet mit seinen Magerrasenresten und auf die unterhalb gelegene Aue der Wetter. Der Flurteil »In der Metz« fällt innerhalb des ansonsten intensiv genutzten Umfeldes sofort durch seinen Strukturreichtum und eine gewisse Kleinkammerung des Hanges auf, der sich aus deutlich geringeren Parzellengrößen und (zumindest ehemals) kleinräumig wechselnden Nutzungen ergibt. Hieraus wird noch die einst für die Agrarlandschaft der Wetterau wegen der Realerbteilungssitte charakteristische Besitzstruktur kenntlich. Eine weitere Besonderheit dieses Landschaftsteiles ist in seiner Geologie zu sehen, da in diesem Bereich eine kleine, isolierte Kalkscholle aus dem Tertiär ansteht.

11

Die Böschung unterhalb des Weges weist trotz ihres langjährigen Brachliegens noch artenreiche Magerrasenfragmente auf, in denen anders als in Magerrasenresten der Umgebung (auf Basalt oder Devon) auch anspruchsvollere und ausgesprochen basiphile Arten wie etwa Echter Wundklee (*Anthyllis vulneraria*), dessen Blüten ehemals als geschätztes Wundmittel galten, Rötliches Fingerkraut (*Potentilla heptaphylla*), das sich vom Frühlings-Fingerkraut durch seine dichte, lange Behaarung unterscheiden läßt, Taubenskabiose (*Scabiosa columbaria*), Blaugrüne Segge (*Carex flacca*) und Sichelklee (*Medicago falcata*) zu finden sind. Im Frühjahr blühen hier Hunderte von Küchenschellen (*Pulsatilla vulgaris*).
Die Böschung läuft schließlich flach aus, und wir biegen auf den Grasweg nach rechts ein, um das Naturschutzgebiet zu durchqueren. Beiderseits des Weges wechseln sich unterschiedlich alte Ackerbrachen, Raine und Böschungen, flache Kuppen mit Magerrasenresten, Obstwiesen und gemähtes Intensivgrünland ab. Wir erreichen dann eine kleine Kuppe, die durch eine Solitärkiefer auffällt. Hier sind beiderseits des Weges die am besten erhaltenen Magerrasen des Gebietes ausgebildet. Schon vom Wegrand aus lassen sich gute Eindrücke der Artenzusammensetzung und -vielfalt ge-

Die Ästige Graslilie (*Anthericum ramosum*), eine der Besonderheiten in den Magerrasen »In der Metz«

winnen. Auffällig sind vor allem die weißen Blütenstände von *Anthericum ramosum* (Ästige Graslilie) und *Trifolium montanum* (Bergklee) oder die gelben Farbtupfer von *Anthyllis vulneraria* (Echter Wundklee), *Genista tinctoria* (Färberginster) und *Helianthemum nummularium* (Sonnenröschen). Der rosa, rote bis lila Blühaspekt wird von dichten Thymian-Polstern (*Thymus pulegioides, T. praecox*), den Blütenquirlen der Geknäuelten Glockenblume (*Campanula glomerata*), der Stengellosen Kratzdistel (*Cirsium acaule*) und der Großblütigen Braunelle (*Prunella grandiflora*) geprägt. Unscheinbar dagegen wirken die typischen Gräser Berg-Segge (*Carex montana*), Frühlings-Segge (*Carex caryophyllea*), Pyramiden- und Zierliches Schillergras (*Koeleria pyramidata* und *K. macrantha*) sowie die Aufrechte Trespe (*Bromus erectus*), aber auch das zierliche Kreuzblümchen (*Polygala vulgaris*) oder der Hügelmeister (*Asperula cynanchica*) erfordern bereits genaueres Hinsehen. Nicht alltäglich und ebenfalls leicht zu übersehen ist die Thymian-Seide (*Cuscuta epithymum*). Dieser Schmarotzer ohne eigenes Blattgrün und ohne Wurzeln umspinnt seine Wirtspflanze, vor allem den Thymian, mit feinen, dünnen weißlich-rosaroten Fäden, an denen kleine, rötlich durchscheinende

Blütenknäuel sitzen. Mit Saugfortsätzen dringt er unter Auflösung der Zellwände des Wirtes in dessen Sieb- und Gefäßteile vor, um dort Wasser und die gelösten Nährstoffe zu entziehen. In manchen Jahren erscheinen hier außerdem im Spätsommer bzw. Herbst noch der Gefranste Enzian (*Gentiana ciliata*) und die Kalkaster (*Aster amellus*) in wenigen Exemplaren.
Wir verlassen schließlich den Magerrasen auf dem bisherigen Weg in Richtung Aue, an einem kleinen Teich vorbei, bis es nicht mehr geradeaus weitergeht. Dann schwenken wir nach rechts und biegen den nächsten Feldweg wieder nach links ein, bis wir schließlich einen breiten Betonweg erreichen, auf dem wir nach rechts weitergehen. An einer großen Wegkreuzung wenden wir uns nach links und folgen schließlich dort, wo der Weg um 90° nach links abbiegt, einem unbefestigten Feldweg nach rechts. Hier erreichen wir schließlich das Naturschutzgebiet »Salzwiesen von Münzenberg«. Zunächst ist allerdings beiderseits des Weges nur intensiv genutztes Wirtschaftsgrünland ohne bemerkenswerte botanische Besonderheiten zu beobachten, das den empfindlichen Kernbereichen des Gebietes als Pufferzone dient.
Sieht man von den sekundären, im Zuge des Abbaus entstandenen Halophytenfluren im osthessischen Kalirevier ab, handelt es sich bei den Salzwiesen nördlich von Münzenberg um die derzeit großflächigsten Halophytenvorkommen Hessens. Für deren Entstehung ist ein tiefes, salzhaltiges Grundwasserstockwerk verantwortlich, das im Wettertal, im Bereich junger tektonischer Störungen zur Oberfläche aufsteigen kann. Bei den hoch konzentrierten Mineralwässern, die als Natrium-Chlorid-Solen bezeichnet werden, handelt es sich wahrscheinlich um Auslaugungsprodukte des Werra-Salinars (Zechstein) am Ostrand des Vogelsberges, da Salzlagerstätten in der Wetterau fehlen. Es ist bisher noch nicht gelungen, den Herkunftsort der Sole eindeutig festzulegen. Zwar ist das oberflächennahe Grundwasser im gesamten Talbereich der Wetter von Trais-Münzenberg bis auf die Höhe von Friedberg als mineralwasserbeeinflußt zu bezeichnen, so daß hier in historischer Zeit zahlreiche Salinen sowie Bade- und Kurbetriebe anzutreffen waren, doch treten zwischen Münzenberg, Eberstadt und Oberhörgern besonders hohe Salzgehalte auf. Innerhalb dieses, als »Münzenberger« oder »Oberhörgerner Salzwiesen« bezeichneten Gebietes sind sowohl flächenhafte Grundwasseraustritte als auch zwei stark schüttende Mineralquellen anzutreffen.

Leider erfolgte eine flächenhafte Unterschutzstellung erst relativ spät, im Jahre 1977, zu einem Zeitpunkt, als die Salzflora bereits starke Einbußen erlitten hatte. Besonders zu erwähnen ist an dieser Stelle das Verschwinden des Quellers (*Salicornia europaea*). Hierfür sind in erster Linie anthropogene Maßnahmen wie Entwässerung, Absenkung des Grundwasserstandes durch Tieferlegung der Wetter oder die Verfüllung von Salzquellen verantwortlich, aber auch durch das Brachfallen ehemals als Grünland genutzter Salzwiesen kam es zu Abbauerscheinungen. Durch den Nutzungsausfall kann sich das Schilf als durchaus salzverträgliche Pflanzenart derart stark in den Beständen ausbreiten, daß es letztlich die Salzpflanzen durch Wurzelkonkurrenz und Lichtmangel verdrängt. Der Kurbetrieb in Bad Nauheim und die Mineralwasserproduktion mittels Tiefbrunnen dürften ebenfalls nicht ohne Auswirkungen auf das salzhaltige Grundwasserstockwerk bleiben.
Der begangene Weg biegt schließlich nach rechts um. Hier können wir bereits als ersten Vorboten der zunehmend salzhaltigeren Standortbedingungen den Erdbeerklee (*Trifolium fragiferum*) ausmachen, der in großen Beständen direkt auf dem Grasweg vor und nach der beschriebenen Kurve wächst. Diese salzliebende Art läßt sich besonders nach der Blüte leicht an ihren erdbeerähnlichen Fruchtständen erkennen. Ebenfalls am Wegrand wächst *Puccinellia distans*, der Gewöhnliche Salzschwaden, eine ehemals seltene Art der offenen, betretenen Salzrasen-Gesellschaften, der sich an salzgestreuten Straßenrändern neue Lebensräume erobert hat und zunehmend häufiger wird.
Wenn das Schilf noch nicht seine volle Höhe erreicht hat, kann man links des Weges kleinere Salzwiesenreste beobachten. Die am besten erhaltenen und großflächig ausgebildeten Salzrasen befinden sich weiter östlich des Weges sowie nördlich der Wetter. Sie sind aber nicht auf Wegen zugänglich, so daß wir uns mit einem kleinen Einblick begnügen müssen. Die Salzpflanzen heben sich schon durch ihre andersartige Färbung, den niedrigen Wuchs und häufig durch Dickblattstrukturen von den Pflanzen der umgebenden Wiesen ab. Am auffälligsten ist der Salzdreizack (*Triglochin maritimum*) und die Meerbinse (*Bolboschoenus maritimus*), während die Salzbinse (*Juncus gerardii*) dichte, niedrigwüchsige, dunkelgrüne Rasen bildet. Die hohen Salzgehalte des Bodenwassers erfordern von den darauf spezialisierten Pflanzenarten besondere physiologische und z.T. auch morphologische Anpassungen, damit sie ihre Ernährung und die Wasseraufnahme unter diesen widrigen

Bedingungen aufrechterhalten können. Zu den salztoleranten, aber nicht zwingend auf salzhaltige Standorte angewiesenen Pflanzenarten gehört die Hainsegge (*Carex otrubae*). Wir verlassen den Standort und folgen dem Weg weiter bis zum Sportplatz. In den tieferen Lagen der Aue spiegeln sich die feuchten bis nassen Standortverhältnisse noch deutlich in ausgedehnten Schilfbeständen, Großseggenrieden, Feuchtwiesenbrachen und zwei kleineren Bruchwaldresten wider. Mit zunehmender Höhe jedoch geht die wegbegleitende Vegetation in Frischwiesen über, bis rechter Hand sogar wieder ein Magerrasenrest zu erkennen ist. Dieser ist allerdings durch langjähriges Brachliegen stark vergrast und verfilzt. Hinter dem Sportplatz biegen wir nach links ein und erreichen dann die Hauptstraße, der wir durch den Ort nach rechts bergauf folgen. Die Straße macht eine große Linkskurve und biegt dann wieder nach rechts um. Hier müssen wir spätestens die Straßenseite wechseln, um links in den Bellersheimer Weg einzubiegen. Nach wenigen Metern zweigen wir wieder nach rechts ab. Der Weg führt an einem Kindergarten und wenigen Häusern vorbei und wird von ausgedehnten Beständen der Nickenden Kratzdistel (*Carduus nutans*) und der Rapunzelglockenblume (*Campanula rapunculus*) gesäumt. Magere Grünlandflächen, die mit Obstbäumen bestanden sind, begleiten unseren Weg, bis linker Hand eine Grillhütte auftaucht. Hier müssen wir uns weiter rechts halten, um die »Götzensteine« am Steinberg zu erreichen. Im Tertiär wurde hier im Mündungsbereich eines Flusses Schlamm, Sand und Geröll abgelagert. Unter nachfolgenden Festlandsbedingungen und tropisch-warmem Klima löste sich ein Teil dieser Ablagerungen zu Kieselsäure auf, die später wieder ausgefällt und beim Austrocknen hart wurde. So bildete sich der Quarz, der die Gerölle und Kiese zu Konglomeraten verfestigte. Aus diesen mächtigen Konglomeratbänken entstand am Steinberg im Pleistozän durch das Zerbrechen der Schichtpakete infolge von Frostverwitterung, durch Erosion geringer verfestigter Zwischenlagen und durch Solifluktion eine Art kleines Blockmeer.

Kurz vor Erreichen der Kuppe biegt unser Pfad leicht nach rechts ab. Die Bodenvegetation wird aus mageren Frischwiesen und Magerrasenresten gebildet, die hier wegen des sandigen und quarzitischen Substrates eine deutlich andere Ausprägung aufweisen als die zu Beginn unserer Wanderung beobachteten Magerrasen auf Basalt bzw. auf Kalk. Leider sind die Bestände am Steinberg ebenfalls durch langjährige Brache und allenfalls sporadische Nutzung degra-

11

Der Feldmannstreu (*Eryngium campestre*) ist in den Magerrasen rund um Münzenberg zahlreich verbreitet.

diert, so daß man nach den charakteristischen Arten schon etwas genauer Ausschau halten muß. Abgesehen von dem für Halbtrockenrasen der Klasse Festuco-Brometea typischen Grundartenbestand, den wir im Lauf unserer Wanderung bereits mehrfach beobachten konnten, treten vor allem anspruchslose, säuretolerante bis säureliebende Pflanzenarten hervor. Am auffälligsten ist aus dieser Gruppe sicherlich das Heidekraut (*Calluna vulgaris*), während die zwar zahlreich vorkommenden Gräser Haarschwingel (*Festuca filiformis*) und Dreizahn (*Danthonia decumbens*) genaueres Hinsehen erfordern. Auffällig häufig sind in den Beständen außerdem Rundblättrige Glockenblume (*Campanula rotundifolia*), Kleiner Sauerampfer (*Rumex acetosella*), Feldmannstreu (*Eryngium campestre*), Kleines Habichtskraut (*Hieracium pilosella*) und Dornige Hauhechel (*Ononis spinosa*).

Nach rechts laufen wir durch obstbaumbestandene Flächen auf einen Schotterplatz zu, den wir überqueren müssen, um über eine kleine Stichstraße wieder auf die Hauptstraße zu gelangen. Diese überqueren wir geradeaus, gehen an der Volksbank vorbei den Neuen Weg entlang, bis dieser endet, dort links und über den Marktplatz, bis wir die von Rockenberg kommende Straße erreichen. Dort müssen wir uns etwas rechts halten und dann dem Weg »Unter der Burg« bergauf folgen. Die aus Natursteinen zusammengesetzte Burgmauer ist mit Mauerraute (*Asplenium ruta-muraria*),

Scharfem Mauerpfeffer (*Sedum acre*) und Edelschafgarbe (*Achillea nobilis*) bewachsen. In den nachfolgenden schattigen Bereichen wird der Farn von Efeu (*Hedera helix*) und Schöllkraut (*Chelidonium majus*) begleitet. Hinter dem Burgeingang zweigt schließlich ein Weg ab, der zum Galgen ausgeschildert ist. Er führt uns durch den Torbogen wieder zum Parkplatz zurück.

Länge der Wanderung: etwa 8 km
Einkehrmöglichkeiten: Münzenberg
Verkehrsverbindungen: Münzenberg ist von Lich und von Butzbach aus mit dem Bus zu erreichen.

TOUR 12

Hoher Vogelsberg – Bergwälder, Bergwiesen, Blockfelder und Moore im Oberwald

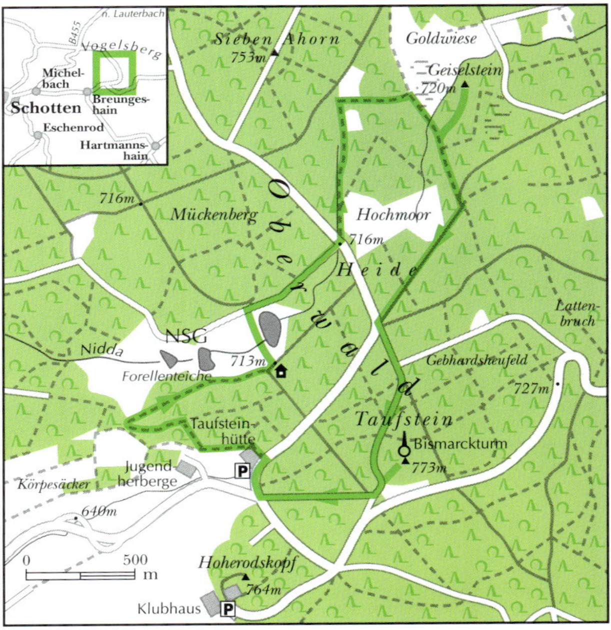

Der Vogelsberg ist ein nur knapp eine Autostunde nordostwärts von Frankfurt am Main gelegenes Mittelgebirge, das auf Landkarten vor allem durch seine runde Form und sein radial-strahlig ausgebildetes Gewässernetz auffällt. Entstanden ist dieses junge Mittelgebirge durch tertiären Vulkanismus. In mehreren Ausbruchsphasen wurden vor etwa 65 Millionen Jahren basaltische Laven und Tuffe aus zahlreichen Bruchlinien, Spalten und Gängen im Buntsandsteinsockel der Hessischen Senke an die Erdoberfläche gefördert und schließlich gehoben. So entstand eine ausgedehnte Basaltlandschaft von etwa 2500 km^2, die sich aus mehreren, sich überlappenden Basaltdecken zusammensetzt und die mit fast 60 km Durchmesser als das größte Vulkangebiet

Mitteleuropas und eines der größten in ganz Europa einzustufen ist. Seine Flächenausdehnung wird lediglich vom slowakisch-ungarischen Erzgebirge sowie vom französischen Zentralmassiv übertroffen. Noch im Tertiär kam es unter tropischen Klimabedingungen in den den Ausbrüchen zwischengeschalteten Ruhephasen zu einer intensiven Verwitterung und Abtragung der Lavadecken, so daß sich treppenförmige Verebnungsflächen bildeten, die als Vorderer, Unterer und Hoher Vogelsberg (mit Oberwald) bezeichnet werden.

Die Wanderstrecke verläuft in der höchsten und waldreichsten Region dieses Mittelgebirges, dem sogenannten Oberwaldplateau, dessen Höhenlage sich zwischen 600 und 700 m ü. NN bewegt. Über diese Hochfläche erheben sich eine Reihe von Bergen und Kuppen wie der Taufstein (773 m), der Hoherodskopf (764 m), der Sieben Ahorn (753 m), der Geiselstein (720 m) und der Nesselberg (716 m). Der nachfolgend beschriebene Höhenrundweg führt uns zu den Naturschutzgebieten des Oberwaldes und darf nur auf den Wanderwegen begangen werden.

12

Ausgangspunkt der Wanderung ist der an der Vogelsberg-Ringstraße gelegene Parkplatz an der Gaststätte Taufstein-Hütte, auf dem ausreichend Parkmöglichkeiten vorhanden sind. Von hier aus folgen wir zunächst dem am Rande eines Fichtenforstes nördlich der Taufsteinhütte verlaufenden, geschotterten Weg (Kennzeichnung VHC, roter offener Kreis) nach Westen bis etwa auf Höhe der Jugendherberge. In diesem Abschnitt lassen sich links des Wanderweges Reste von Borstgrasrasen (Polygalo-Nardetum) beobachten, einer ehemals in den Hochlagen der hessischen Mittelgebirge und vor allem auch im Vogelsberg weit verbreiteten Pflanzengesellschaft, die ihre Entstehung der Rodung bodensaurer Waldgesellschaften (meist auf Silikatgestein) und einer anschließenden Nutzung als Trift- oder Huteweide verdankt. Durch die zunehmenden Veränderungen in der modernen Landwirtschaft, die die Bewirtschaftung derartiger magerer Sonderstandorte unrentabel machten, sind zahlreiche Bestände infolge langjähriger Brache und fortschreitender Verbuschung mehr oder weniger stark zerstört. Der hier zu beobachtende Borstgras-Magerrasen unterliegt noch einer extensiven Schafbeweidung durch einen Wanderschäfer. Als typische Pflanzenarten lassen sich bereits vom Wege aus neben dem namengebenden Borstgras (*Nardus stricta*) Rotschwingel (*Festuca rubra*), Hundsveilchen (*Viola canina*), Gemeines Kreuzblümchen (*Polygala vulgaris*), Kleines Habichtskraut (*Hieracium pilosella*), Waldehrenpreis (*Veronica*

officinalis), Gemeine Hainsimse (*Luzula campestris*), Rundblättrige Glockenblume (*Campanula rotundifolia*) und Dreizahn (*Danthonia decumbens*) ausmachen.
Von diesem ersten Wegabschnitt aus hat man einen schönen Blick auf den gegenüberliegenden Hoherodskopf mit seinen Skipisten und die im Tal gelegene Ortschaft Breungeshain. Bei guter Fernsicht erblickt man sogar den im Westen gelegenen Taunuskamm sowie die Hochhäuser der Mainmetropole Frankfurt. Etwa in Höhe der Jugendherberge zweigen wir an einer Bank nach rechts in einen Buchenwald ab. Nach ungefähr 200 m erreichen wir einen Querweg, dem wir nach links bis an den Waldrand folgen. Dort biegen wir wiederum scharf rechts ab und bewegen uns parallel zum Waldrand Richtung Nordost. Die Krautschicht des Buchenwaldes wird in den Frühjahrsmonaten vorwiegend von den weißen Blüten des Buschwindröschens (*Anemone nemorosa*) bestimmt. Daneben treten aber mit Quirlblättriger und Vielblütiger Weißwurz (*Polygonatum verticillatum, P. multiflorum*), Schattenblume (*Maianthemum bifolium*), Flattergras (*Milium effusum*), Waldmeister (*Galium odoratum*), Gemeinem Wurmfarn (*Dryopteris filix-mas*), Zwiebelzahnwurz (*Dentaria bulbifera*), Frauenfarn (*Athyrium filix-femina*), und Waldbingelkraut (*Mercurialis perennis*) eine ganze Reihe weiterer typischer Vertreter meso- bis eutropher Laubwälder auf. Als floristische Besonderheit lassen sich in Waldrandnähe einige Exemplare des Platanenhahnenfußes (*Ranunculus platanifolius*) beobachten, einer Art, die vorwiegend in submontanen Regionen verbreitet ist. Die Wegrandflora innerhalb des Waldes wird von Nährstoffzeigern wie Fuchsschem Greiskraut (*Senecio ovatus*), Waldziest (*Stachys sylvatica*) und Echtem Springkraut (*Impatiens noli-tangere*) bestimmt.
Mit Erreichen des Waldrandes stoßen wir auf eine Schautafel, die uns einen Überblick über den Naturpark Hohen Vogelsberg und die dort vorhandenen Wanderwege ermöglicht. Wir befinden uns nun an der Südgrenze des Naturschutzgebietes »Forellenteiche«. Es erstreckt sich über einen vorwiegend grünlandwirtschaftlich genutzten Bereich des oberen Niddatales, in den drei Stillgewässer eingelagert sind, die in ihrer heutigen Form erst Anfang der siebziger Jahre durch Anstau der Nidda künstlich entstanden sind. Ursprünglich befanden sich im Talbereich noch bis ins 19. Jahrhundert zwei Flößerteiche, die in den Jahren 1616 bis 1647 als solche genutzt wurden. Man staute damals den Oberlauf der Nidda an, um bei Hochwasser durch zusätzliche Flutwellen Holz zu Tal schwemmen zu können. Auf

Drängen von Triebwerksbesitzern an der oberen Nidda mußten die Gewässer jedoch im vergangenen Jahrhundert trockengelegt werden.
Von unserem Weg, der uns entlang der Schutzgebietsgrenze Richtung Nordosten führt, hat man einen ausgezeichneten Blick auf das Naturschutzgebiet. Die dortigen Bergwiesen sind nur noch kleine Reste ehemals sehr viel weiter ausgedehnter Grünlandflächen, die bis etwa in der Mitte des letzten Jahrhunderts den Oberwald von den Fore lenteichen über die Breungeshainer Heide bis zu den Goldwiesen durchzogen. Durch ausgedehnte Nadelholzaufforstungen sind diese extensiv genutzten Wiesen, in denen sich viele für den Hohen Vogelsberg charakteristische botanische Raritäten häufen, heute bis auf wenige, inselhaft in Fichtenforsten liegende Restflächen dezimiert.
Im Zuge der Schutzgebietspflege werden derzeit nicht mehr sämtliche Wiesenflächen des Gebietes gemäht. Vor allem im Umkreis der Teiche sowie im vernäßten Gelände entlang der Nidda sind Grünlandflächen brachgefallen. An die Stelle ehemaliger Feuchtwiesengesellschaften sind heute dort Mädesüß-Hochstaudenfluren sowie Grau- und Ohrweidengebüsche getreten.
Eingelagert in den feuchten Talmulden treten Kleinseggensümpfe (u.a. mit *Carex nigra, C. echinata, C. curta* und *C. elongata*), Quellfluren, Pfeifengrasbrachen, Röhrichte mit Sumpfreitgras (*Calamagrostis canescens*) und Großseggenriede (u.a. mit der Sumpfsegge *Carex acutiformis*) auf. Hier finden sich auch einzelne von Ohrweiden (*Salix aurita*) umgebene Exemplare der Karpatenbirke (*Betula carpatica*). Diese im Zentrum des Naturschutzgebietes gelegenen, aufgelassenen Flächen liegen fernab der erlaubten Wege und sind bei der Wanderung nur von weitem einsehbar (Fernglas!), so daß an dieser Stelle auf eine ausführliche Beschreibung des floristischen Arteninventars und seiner Besonderheiten verzichtet werden soll. Wesentlich besser vom Wege aus zu erkennen ist das genutzte Grünland im Umfeld der Forellenteiche. Es handelt sich in erster Linie um ein eng verzahntes Vegetationsmosaik aus Borstgrasrasen (Polygalo-Nardetum), mageren Goldhaferwiesen (Geranio-Trisetetum) sowie Trollblumen-Feuchtwiesen, deren Schönheit vor allem zur Hauptblütezeit Mitte bis Ende Juni zum Ausdruck kommt. Durch ihre dunkelblaue bis violette Blütenpracht beeindrucken zu dieser Zeit vor allem der Waldstorchschnabel (*Geranium sylvaticum*), die Schwarze und in geringerer Anzahl auch die Kugelige Teufelskralle (*Phyteuma nigrum, Phyteuma orbiculare*). In schwachem Rosarot

12

Blühaspekt einer mageren Bergwiese mit Waldstorchschnabel (*Geranium sylvaticum*), Margerite (*Leucanthenum vulgare*) und Rauhem Löwenzahn (*Leontodon hispidus*)

durchsetzen die Blütenähren des Schlangenknöterichs (*Polygonum bistorta*) die Goldhafer-Wiesen. Der gelbe Blütenaspekt ist hier im Gegensatz zu stärker gedüngten Grünlandflächen mit u.a. Scharfem Hahnenfuß (*Ranunculus acris*), Kleinem Klappertopf (*Rhinanthus minor*) und Weichem Pippau (*Crepis mollis*) noch unterrepräsentiert. In feuchteren Bereichen lassen sich Herden der Trollblume (*Trollius europaeus*) erkennen, einer Art, die noch bis in die sechziger Jahre in den Hochlagen des Vogelsberges weit verbreitet war, durch Nutzungsintensivierung heute jedoch auf kleine Restflächen zurückgedrängt wurde. Auf unserem Weg entlang des Waldrandes lassen sich, eingestreut in die Goldhafer-Wiesen, Borstgrasrasenbereiche beobachten, die durch ihre schwache Wüchsigkeit und durch ihren Untergrasreichtum auffallen. Neben typischen Charakterarten dieser säureliebenden Magerrasengesellschaft wie Hundsveilchen (*Viola canina*) und Borstgras (*Nardus stricta*) treten hier als Besonderheiten Arnika (*Arnica montana*), Nordisches Labkraut (*Galium boreale*), Wiesenleinblatt (*Thesium pyrenaicum*) sowie der im blütenlosen Zustand nur schwer wahrnehmbare Moorklee (*Trifolium spadiceum*) auf. Die Bestände der Arnika wurden in den vergangenen Jahrzehnten durch Sammleraktivitäten sehr stark reduziert, und es bleibt zu wünschen, daß sich die dortige Population durch den flächenhaften Schutz wieder erholen kann. Wir treffen nun auf eine Jagdhütte, von wo aus wir Richtung Norden über den Damm des östlichsten Teiches wandernd das Tal queren. In diesem Abschnitt der Wanderung erhält man einen guten Einblick in die Uferbereiche des Stillgewässers. Eine typische Verlandungszonierung ist wegen der fischereilichen Nutzung nur stellenweise gut ausgebildet. Vorherrschende Uferpflanzen sind der Teichschachtelhalm (*Equisetum fluviatile*), das Rohrglanzgras (*Phalaris arundinacea*), der Flutende Schwaden (*Glyceria fluitans*), der Igelkolben (*Sparganium erectum* ssp. *neglectum*) sowie die Sauergräser Schlanksegge (*Carex gracilis*), Blasensegge (*C. vesicaria*), Sumpfsegge (*C. acutiformis*) und Schnabelsegge (*C. rostrata*). Auch ein kleineres Vorkommen der Gewöhnlichen Sumpfsimse (*Eleocharis palustris*) befindet sich in diesem Abschnitt des Teichdammes. Schwimmblattvegetation läßt sich kaum beobachten, lediglich wenige Exemplare des Schildwasserhahnenfußes (*Ranunculus peltatus*) siedeln im Gewässer. Im nördlichen Bereich des Teichdammes trifft man auf Exemplare zweier außergewöhnlicher Pflanzenarten. Zum einen handelt es sich um die nordisch-praealpin verbreitete und durch ihre prachtvollen roten Blütenkörbchen ausgezeichnete Verschiedenblättrige Kratzdistel (*Cirsium heterophyllum*), die für das gesamte Hessische

Eine Besonderheit des Hohen Vogelsberges, die Verschiedenblättrige Kratzdistel (*Cirsium heterophyllum*)

Bergland nur im Vogelsberg nachgewiesen ist und weiter südlich erst im Thüringer Wald und im Fichtelgebirge wieder auftritt. Die andere Rarität ist das nordische Purpurreitgras (*Calamagrostis phragmitoides*), das hier ebenfalls unmittelbar entlang des Weges wächst.
Auf der gegenüberliegenden Talseite erreichen wir nun einen Querweg, dem wir nach rechts der Beschilderung Taufstein, Niddaquelle, Hochmoor folgen. Auf ca. 500 m verläuft die Wanderroute zunächst durch ausgedehnte Schlagfluren, die durch die orkanartigen Stürme im Februar 1990 entstanden sind. In diesem Bereich läßt sich eine stark säurezeigende, artenarme Bodenvegetation mit Drahtschmiele (*Avenella flexuosa*), Harzer Labkraut (*Galium harcynicum*) und Heidelbeere (*Vaccinium myrtillus*) beobachten. Kurz vor der Landstraße biegen wir nach links auf einen geschotterten Pfad ab, überqueren einen Parkplatz und anschließend die Straße. Auf der gegenüberliegenden Seite führt unser Weg weiter Richtung Niddaquelle. Nach wenigen Minuten haben wir rechter Hand einen guten Blick auf das Hochmoor des Naturschutzgebietes »In der Breungeshainer Heide«. Es handelt sich um eines der wenigen Hochmoore Hessens, das hier auf wasserstauendem, pseudovergleytem Lößlehmboden entstanden ist. Der Moorkomplex, der zusammen mit den angrenzenden Wiesenflächen im Jahre 1974 als Naturschutzgebiet »In der Breungeshainer Heide« ausgewiesen wurde, mußte sich in den vergangenen rund 100 Jahren schwerwiegende Eingriffe gefallen lassen. Um den Torf abzubauen, wurden Ende des letzten Jahrhunderts zahlreiche Entwässerungsgräben gezogen und Torfstiche angelegt, die eine Austrocknung des Moorkörpers herbeigeführt und letztendlich zum Absterben des Hochmoores geführt haben. Weitere Schädigungen erfuhr das Moor zudem durch Aufforstungsmaßnahmen mit Fichten und Birken. Die Fläche des noch 1929 ungefähr 2 km^2 großen Moor-, Sumpf- und Wiesengeländes der Breungeshainer Heide schrumpfte dadurch bis heute auf ungefähr 12 ha zusammen. Betroffen war der Hochmoorkomplex zusätzlich durch die starke Manöveraktivität der Amerikaner, die die Flächen in den sechziger Jahren für zahlreiche Übungen nutzten. Aber auch der in den letzten Jahrzehnten vor allem aus den Ballungsräumen in Südhessen immer mehr zunehmende Strom von Erholungssuchenden in den Hohen Vogelsberg hatte negative Folgen, da viele Wanderer auch den Moorkörper betraten. Dies führte dazu, daß man von seiten des zuständigen Forstamtes die Zugangsmöglichkeiten zu den Flächen durch Verbreiterung der randlichen Gräben

völlig unterbunden hat. Um einer weiteren Austrocknung des Moorkörpers entgegenzuwirken, hat man die zahlreichen Entwässerungsgräben in den Jahren mit Staustufen versehen. Die Vegetationsdecke im Zentralbereich des Moores hat sich durch die Wiedervernässung seit dem Ende der siebziger Jahre schon wesentlich erholt. Man sollte sich trotz der bereits festzustellenden Erfolge jedoch darüber im klaren sein, daß eine wirkliche Regeneration sehr viel längere Zeiträume in Anspruch nehmen wird. Da die meisten der im Moor wachsenden Arten durch die Sperrung der Wege dem Wanderer verborgen bleiben, erfolgt hier nur eine kurze Beschreibung der Flora und Vegetation.

Der zentrale Teil der vom Wege aus deutlich wahrnehmbaren Moorkuppe ist heute verheidet und von Gehölzen erobert. Dort dominieren Pflanzenarten wie Drahtschmiele (*Avenella flexuosa*) und Heidekraut (*Calluna vulgaris*). Bei den Gehölzen ist vor allem der dichte, von einzelnen Fichten unterwanderte Karpatenbirkenbestand (*Betula carpatica*) hervorzuheben, der für den Vogelsberg größten Seltenheitswert besitzt. Nur noch ein kleiner Teil trägt die Reste einer ehemals hier heimischen Hochmoorvegetation, die aber noch zahlreiche floristische Raritäten beherbergt. Als besondere Kostbarkeit ist die Krähenbeere (*Empetrum nigrum*) hervorzuheben, die hier ihr einziges Vorkommen im Vogelsberg besitzt und im übrigen Hessen nur noch von drei weiteren Lokalitäten bekannt ist. Zu ihr gesellen sich Moosbeere (*Vaccinium oxycoccos*) und Rauschbeere (*Vaccinium uliginosum*), welche auf dichten Polstern verschiedener Torfmoose (u.a. *Sphagnum fallax*) wachsen. Auch der Rundblättrige Sonnentau (*Drosera rotundifolia*) kam ehemals auf diesen Flächen vor. In den nässeren Randpartien des Moores siedeln bultige, von Karpatenbirken durchsetzte Pfeifengrasbestände (*Molinia caerulea*) mit hohem Wollgrasanteil. Neben dem Schmalblättrigen (*Eriophorum angustifolium*) wächst hier auch das sehr viel seltenere Scheidige Wollgras (*Eriophorum vaginatum*). Ebenfalls randlich findet man Bestände des bereits an den Forellenteichen zu beobachtenden Purpurreitgrases (*Calamagrostis phragmitoides*). Entlang der angestauten Entwässerungsgräben siedeln Großseggen wie z.B. Schnabelsegge (*Carex rostrata*) sowie Populationen von Sumpfblutauge (*Comarum palustre*) und Fieberklee (*Menyanthes trifoliata*).

Wir folgen dem Wanderweg nun weiter in Richtung Niddaquelle, vorbei an Beständen der Waldhainsimse (*Luzula sylvatica*) und erreichen nach wenigen Minuten den mit Basaltsteinen gefaßten Quellaustritt. Benachbart zur

12

Quelle befindet sich eine Schutzhütte, die zu einer kurzen Rast einlädt. Die Nidda, die hier ihren Ursprung hat, fließt in westlicher Richtung vom Vogelsbergmassiv zunächst in die Wetterau und mündet nach 105 km bei Höchst in den Main. Vorbei an der Quelle führt uns die Route entlang einer kleinen Waldwiese nun zum Landgrafenborn, einen weiteren Quellaustritt, benannt nach dem Landgrafen Ludwig VIII. (1739-1768), der hier von seinem Jagdschloß Zwiefalten aus der Jagd nachging. Dort biegen wir nach rechts ab und durchwandern zunächst Mischwaldbestände, in denen sich an mehreren Orten kleinere quellige Stellen mit Feuchtwaldvegetation sowie ein kleiner Bachlauf beobachten lassen. Am Wegrand wachsen hier einzelne Exemplare der Bachnelkenwurz (*Geum rivale*). Nach gut 300 m treffen wir wiederum auf einen Querweg, dem wir nach rechts folgen. Von diesem Weg aus hat man linker Hand einen guten Blick auf einen weiteren floristisch äußerst interessanten Bestandteil des Naturschutzgebietes »In der Breungeshainer Heide«, die sogenannten Goldwiesen. Auch hier herrscht absolutes Betretungsverbot, so daß lediglich eine kurze Beschreibung des Geländes erfolgt. Durch unterschiedliche Feuchteverhältnisse haben sich eine Vielzahl verschiedener Grünlandlebensgemeinschaften auf engstem Raum ansiedeln können. Das Goldwiesengelände senkt sich nach Osten von etwa 720 auf 690 m ü. NN ab. Die durch frische bis wechselfeuchte Standortverhältnisse geprägten westlichen und östlichen Bereiche werden von typischen Grünlandgesellschaften der montanen Höhenstufe besiedelt. Hier herrschen Kreuzblumen-Borstgrasrasen (Polygalo-Nardetum) und Goldhaferwiesen (Geranio-Trisetetum) in noch artenreicher Ausbildung vor, die wiederum eine Vielzahl gefährdeter und floristisch bemerkenswerter Arten beherbergen. Zu nennen sind in diesem Zusammenhang unter anderem Arnika (*Arnica montana*), deren goldgelbe Blütenköpfe bereits von weitem erkennbar sind, Wiesenleinblatt (*Thesium pyrenaicum*), Weicher Pippau (*Crepis mollis*), Trollblume (*Trollius europaeus*), Nordisches Labkraut (*Galium boreale*), Türkenbundlilie (*Lilium martagon*), Geflecktes Knabenkraut (*Dactylorhiza maculata*) und Kugelige Teufelskralle (*Phyteuma orbiculare*). Das Zentrum der Goldwiesen ist teilweise vermoort und und wird gen Osten von einem Netz vieler kleiner Wasserläufe durchzogen. In diesen nassen Standortbereichen siedeln verschiedene Feuchtwiesengesellschaften (u.a. Waldsimsensümpfe und Mädesüß-Hochstaudenfluren), Großseggengesellschaften (Magnocaricion) und Kleinseggensümpfe (Caricion fuscae). Daneben breiten sich an nicht mehr genutzten Naßstellen Birken- und Erlengehölze (*Betula carpatica, Alnus glutinosa*) sowie Weidengebüsche (z.B. Ohrweide, *Salix aurita*) aus. Überaus zahlreich sind auch hier die floristischen Raritäten, die auf engstem Raum gedrängt die Naßstellen auszeichnen. Vom Weg aus lassen sich bereits sehr gut die weißen Fruchtstände des Schmalblättrigen Wollgrases (*Eriophorum angustifolium*) sowie die violetten Blüten des Breitblättrigen Knabenkrautes (*Dactylorhiza majalis*) beobachten. Als weitere floristische Besonderheiten gedeihen hier aber auch die Moosbeere (*Vaccinium oxycoccos*) sowie der Moorklee (*Trifolium spadiceum*). In feuchten bis nassen Senken bilden wiederum Sumpfblutauge (*Comarum palustre*), Sumpf-Veilchen (*Viola palustris*), Fieberklee (*Menyanthes trifoliata*), Siebenstern (*Trientalis europaea*) und Bachnelkenwurz (*Geum rivale*) z.T. üppige Bestände aus.

Von den Goldwiesen aus folgen wir dem Weg weiter Richtung Südosten und erreichen in kurzer Zeit ausgedehnte Nadelholzforste. Nadelholzaufforstungen stellen ein großes Problem im Hohen Vogelsberg dar. Sie entsprechen in keiner Weise den potentiell natürlichen Buchenwaldstandorten und tragen zu einer starken Versauerung der Böden und floristischen Verarmung des Unterwuchses bei. Leider werden aus wirtschaftlichen Gründen auch heute noch großflächige Aufforstungen vorgenommen.

In Höhe eines geschotterten Platzes begeben wir uns für einen kurzen Abstecher zum Geiselstein auf einen nach links abzweigenden Weg und erreichen nach kurzer Gehzeit unseren nächsten Exkursionspunkt. Der Geiselstein ist einer der schönsten gangförmigen Basaltdurchbrüche im Hohen Vogelsberg. Die Steilhänge des 720 m hohen, schmalgratigen Bergrückens werden von Blockhalden bedeckt, wie sie in dieser beeindruckenden Form im Gebiet nur an wenigen Stellen vorkommen. Hier wachsen urtümliche, lockere Baumgruppen aus Rotbuche (*Fagus sylvatica*), Bergahorn (*Acer pseudoplatanus*), Bergulme (*Ulmus glabra*) und Vogelkirsche (*Prunus avium*). Außerdem gedeihen auf den Basaltblöcken eine Reihe seltener Moos- und Flechtenarten. Umschlossen wird der Geiselstein von naturnahem, anspruchslosem montanen Hainsimsen-Buchenwald (Luzulo-Fagetum), in dessen Krautschicht stellenweise reiche Bestände des Rohrreitgrases (*Calamagrostis arundinacea*) und der montan verbreiteten Quirlblättrigen Weißwurz (*Polygonatum verticillatum*) auffallen. Im zeitigen Frühjahr blühen hier auch der Seidelbast (*Daphne mezereum*) sowie kleinere Gruppen von Märzenbecher (*Leucojum vernum*). Mit

etwas Glück lassen sich im näheren Umfeld des Geiselsteines auch Exemplare des blauviolett blühenden Alpenmilchlattichs (*Cicerbita alpina*) beobachten, der in Hessen nur im Gebiet der Rhön und des Vogelsberges vorkommt.
Nach unserem Abstecher zu den Blockhalden des Geiselsteines gehen wir zunächst die ca. 250 m Wegstrecke bis zu der Stelle zurück, an der wir zuvor unseren ursprünglichen Weg verlassen haben. An dieser Stelle biegen wir nun nach links ab und bewegen uns entlang der Grenze des Naturschutzgebietes »In der Breungeshainer Heide«. Nur wenige Minuten nach einer Rechtskurve erblicken wir rechter Hand den östlichen Teil des Hochmoorkomplexes, der je nach Feuchtigkeitsverhältnissen ein Mosaik aus artenarmen Borstgrasrasen mit Arnika (*Arnica montana*), Braunseggensümpfen mit Sumpfveilchen (*Viola palustris*), Pfeifengraswiesen und verwandten Pflanzengesellschaften beherbergt.
Die Route führt uns im Anschluß weiterhin durch ausgedehnte und monotone Fichtenforsten, bis wir den Parkplatz »Heide« an der Vogelsbergringstraße erreichen, von dem aus wir auf einem geschotterten Waldweg Richtung Taufstein – Bismarckturm wandern. Botanisch gesehen steht uns nun eine ungefähr 600 m lange Durststrecke bevor, die uns nochmals die forstwirtschaftlichen Sünden vergangener Jahrzehnte verdeutlicht – die großflächige Aufforstung mit Fichten, die mittlerweile durch Luftverunreinigungen, Sauren Regen sowie Borkenkäferbefall sehr stark geschädigt sind. Unser nächstes Exkursionsziel ist der Taufstein, der mit 773 m über NN die höchste Erhebung des Vogelsberges darstellt. Die Kuppe des Taufsteines ist von Basaltschutthalden umgeben und wird seit 1906 nicht mehr forstlich bewirtschaftet, so daß im Volksmund vom »Urwald« am Taufstein gesprochen wird. Die Laubwälder des Taufsteines gehören örtlich verschieden ausgebildeten Buchenwaldgesellschaften an, nämlich dem Luzulo-Fagetum (Hainsimsen-Buchenwald) und dem Dentario-Fagetum (Zwiebelzahnwurz-Buchenwald), in denen neben der dominierenden Buche (*Fagus sylvatica*) auch Bergahorn (*Acer pseudoplatanus*) und Eberesche (*Sorbus aucuparia*) gedeihen. Die knorrigen, verkrüppelten und verformten Bäume erreichen nur selten größere Stammdicken. Die zudem nicht entfernten Baumleichen sowie die zahlreichen am Boden liegenden vermodernden Äste und Stümpfe verstärken den Urwaldcharakter und lassen den Wanderer erahnen, welches eindrucksvolle Erscheinungsbild die in historischer Zeit hier vorherrschenden Laubwälder wohl gehabt haben.
Wir nehmen den Fußpfad zum 1910 errichteten Bismarck-

turm, der in Höhe der ehemaligen Funkstation der amerikanischen Streitkräfte von unserem Wanderweg abzweigt. Dieser Abstecher von der Hauptroute verläuft über den Südhang des Taufsteines, wo sich die Blockfelder in z.T. gewaltige Einzelblöcke auflösen. Am östlichen Rande des Gipfelplateaus fallen schöne Bestände des Silberblattes (*Lunaria rediviva*) auf, einer zur Familie der Kreuzblütler gehörenden Art, die typisch für solche schattigen und luftfeuchten Lagen ist. Ebenfalls reichlich vertreten sind die beiden montanen Arten Behaarter Kälberkropf (*Chaerophyllum hirsutum)* und Qirlblättrige Weißwurz (*Polygonatum verticillatum*). Die Basaltblöcke sind mit üppigen Moospolstern überzogen, wobei insbesondere das Zierliche Federmoos (*Ptilium crista-castrensis*) ins Auge fällt. Zu den botanischen Seltenheiten, die bisher in den Blockfeldern gefunden wurden, zählen der Keulen- und der Sprossende Bärlapp (*Lycopodium clavatum, L. annotinum*). Früher kam hier auch der seltene Königsfarn (*Osmunda regalis*) vor.

Bei klarem Wetter lohnt sich der Aufstieg auf den 28 m hohen Bismarckturm, von dem man eine Fernsicht über den Oberwald zur Amöneburg (NW), Gießen und Taunus (W), Frankfurt/M. (SW), Spessart (S), Rhön und Inselsberg im Thüringer Wald (O) hat.

Unsere Wanderung neigt sich nun ihrem Ende zu. Über den Fußpfad zurück gelangen wir auf unseren ursprünglichen Wanderweg. Von hier aus folgen wir, am Fuße des Taufsteines entlang, einem in westlicher Richtung verlaufenden Forstweg. Nach gut 500 m erreichen wir die Vogelsbergringstraße in Höhe des Abzweiges Richtung Breungeshain. Rechts erkennen wir bereits unseren Ausgangspunkt, den Parkplatz an der Taufsteinhütte.

Wer durch die Wanderung noch nicht völlig ermattet ist, dem sei im Anschluß noch ein Besuch des Naturschutz-Informationszentrums auf der Kuppe des Hoherodskopfes ans Herz gelegt. Man erreicht das Zentrum zu Fuß von der Taufsteinhütte, indem man der Beschilderung Hoherodskopf folgt (ca. 750 m) oder mit dem Auto über die Ringstraße Richtung Hochwaldhausen (Abzweig Hoherodskopf) fährt.

Länge der Wanderung: etwa 7 km
Einkehrmöglichkeiten: Gasthaus Taufsteinhütte
Verkehrsverbindungen: Anbindung mit öffentlichem Nahverkehr leider nicht vorhanden

TOUR 13

Vorder- und Kuppenrhön – Bergwälder, Bergwiesen, Blockfelder und Halbtrockenrasen an der Milseburg

Tour 13 führt uns in die Rhön, ein im Dreiländereck von Hessen, Bayern und Thüringen gelegenes Mittelgebirge, dessen höchste Lagen, die sogenannte Hohe Rhön, vulkanischen Ursprungs sind. Mit abnehmendem Vulkanismus klingt sie nach Norden und Westen in die Vorder- und Kuppenrhön aus, nach Süden schließt sich die Buntsandsteintafel der sogenannten Südrhön an, die bereits der Region der Süddeutschen Schichtstufenlandschaft angehört. Unser Exkursionsziel liegt in der Westlichen Kuppenrhön, auch Milseburger Kuppenrhön genannt, einem bewaldeten Bergland, das durch eine Häufung von Basalt- und Phonolithkuppen geprägt ist, die über ausgedehnte Blockhalden und Blockmeere verfügen. Aufgelagert sind die Kuppen einem triassischen Gesteinssockel, an dem Buntsandstein überwiegenden Anteil hat. Am markantesten ragt der breite Bergrücken der Milseburg mit einer Höhe von 835 m über NN hervor, der weithin das Landschaftsbild beherrscht. Die enge Vergesellschaftung von Sandsteinen, Tonen, Kalken und Mergeln mit Basalt und Phonolith unterschiedlicher Varietät sowie deren Solifluktionsmaterial bedingt einen kleinräumigen Wechsel in der Arten- und Lebensraumausstattung dieser Landschaft, der auch während unserer Wanderung zu beobachten ist.
Ausgangspunkt der Exkursion ist der Pkw-Parkplatz am nördlichen Fuße der Milseburg. Die nachfolgend beschriebene Tour gliedert sich in zwei unterschiedliche Teilabschnitte, einerseits die naturnahen Wälder, Blockhalden und Blockmeere der Milseburg und andererseits die Magerrasen und Wälder der Oberbernhardser Höhe. Zur Erklimmung der Milseburg überqueren wir den von Bäumen und Sträuchern eingerahmten Parkplatz zunächst in südlicher Richtung und erreichen alsbald einen geschotterten Weg, der uns leicht ansteigend bergauf führt. Er verläuft anfangs durch ausgedehnte Wiesen und Weiden und wird von nährstoffliebenden Hochstaudensäumen mit Goldkälberkropf (*Chaerophyllum aureum*), Großer Brennessel (*Urtica dioica*), Großer Sternmiere (*Stellaria holostea*), Himbeere (*Rubus idaeus*), Geflecktem Johanniskraut (*Hypericum ma-*

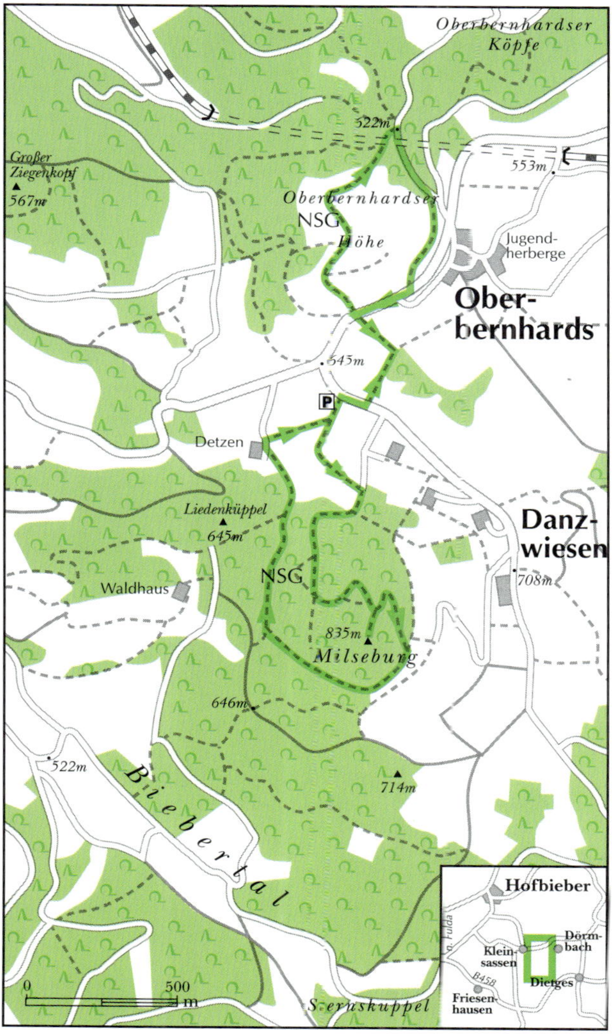

culatum) und Gemeinem Hohlzahn (*Galeopsis tetrahit*) begleitet. Kurz vor Erreichen des Waldrandes vollführt der Weg eine leichte Linkskurve und verläuft nun weitgehend parallel zum Waldrand. Einzelne Gehölze wie Bergahorn (*Acer pseudoplatanus*), Esche (*Fraxinus excelsior*) und Salweide

(*Salix caprea*) säumen die Route. In einer rechter Hand vor dem Wald gelegenen Weide lassen sich schöne Bestände des rotviolettblühenden Waldstorchschnabels (*Geranium sylvaticum*) beobachten, einer typischen Charakterpflanze der montanen Bergwiesen der Rhön. Wir erreichen nach kurzer Zeit einen Querweg, den sogenannten Gangolfsweg, in den wir nach rechts einbiegen. Dieser Weg führt uns direkt bis zum Gipfel der Milseburg. Nach wenigen Schritten erreichen wir den Wald. An einem von links kommenden Pfad befindet sich eine Schautafel, die uns erste Informationen über die Prähistorie und Geologie der Milseburg vermittelt.
Auf unserem Weg zum Gipfel bekommen wir sehr bald erste Eindrücke von den montanen Wäldern, deren natürliche Struktur mit z.T. vielfältig gestufter Baumschicht und üppiger Krautvegetation sich bis heute erhalten hat. Je nach Standortverhältnissen finden sich vorwiegend Berg-Buchenwälder in verschiedenen (z.B. frischen und bodensauren) Ausbildungsformen. Wesentlich seltener anzutreffen sind Eschen-Ahorn-Schluchtwälder sowie lockere Gehölze mit dominierenden Ebereschen (*Sorbus aucuparia*) und Mehlbeeren (*Sorbus aria*). Gleich zu Beginn wird die Baumschicht von Bergahorn (*Acer pseudoplatanus*) beherrscht, dem einzelne Bergulmen (*Ulmus glabra*) beigemischt sind. In der Krautschicht dominieren Haselwurz (*Asarum europaeum*) und Waldziest (*Stachys sylvatica*). Linker Hand öffnet sich nun der Wald und gibt den Blick auf ein erstes, reich mit Moosen bewachsenes Blockschuttmeer frei.
Der Weg führt zwischen dem Blockschuttfeld und dem westlich davon gelegenen Kälberhutstein hindurch. An diesem Durchgang befand sich eine alte Befestigung, deren Aufbau auf einer Schautafel erläutert wird. Von hier aus eröffnen sich dem Wanderer bereits herrliche Ausblicke Richtung Nordwesten und Westen auf Hofbieber und die Fuldaer Senke. Im linken Wegsaum lassen sich Horste des stark gefalteten und glänzenden Bergrispengrases (*Poa chaixii*) ausmachen, das, wie der Name bereits sagt, seine Hauptverbreitung in den montanen Regionen besitzt. In den nachfolgenden Wäldern herrschen Bergahorn (*Acer pseudoplatanus*) und Esche (*Fraxinus excelsior*) vor. Vereinzelt treten Rotbuchen (*Fagus sylvatica*) und Bergulmen (*Ulmus glabra*) hinzu. Die Krautschicht ist gekennzeichnet durch eine Vielzahl montaner Arten, von denen auf unserem in leichten Kehren bergaufführenden Weg u.a. das Silberblatt (*Lunaria*

Blockmeer an der Milseburg

13

rediviva), die Quirlblättrige Weißwurz (*Polygonatum verticillatum*), die Goldnessel (*Galeobdolon montanum*) und das Waldreitgras (*Calamagrostis arundinacea*) zu finden sind. Weitere hier zu beobachtende Pflanzenarten sind u.a. Flattergras (*Milium effusum*), Waldhaargerste (*Hordelymus europaeus*), Ährige Teufelskralle (*Phyteuma spicatum*), Busch- und Gelbes Windröschen (*Anemone nemorosa, A. ranunculoides*), Haselwurz (*Asarum europaeum*), Sauerklee (*Oxalis acetosella*), Fuchssches Greiskraut (*Senecio ovatus*), Gewöhnlicher Frauenfarn (*Athyrium filix-femina*) und Eichenfarn (*Gymnocarpium dryopteris*), um nur die häufigsten zu nennen. An lichten Stellen haben sich nährstoffliebende Kräuter und Hochstauden wie Große Brennessel (*Urtica dioica*), Giersch (*Aegopodium podagraria*), Hainsternmiere (*Stellaria nemorum*), Echte Nelkenwurz (*Geum urbanum*) und Echtes Springkraut (*Impatiens noli-tangere*) etablieren können. Nach etwa 10 bis 15 Minuten Gehzeit erblicken wir nach einer Rechtskurve linker Hand ein weiteres Blockschuttfeld und passieren erneut einen keltischen Ringwall, der hier zur Abschirmung eines sakralen Bereiches diente. Kurze Zeit später zweigt in Höhe einer Bank ein Pfad nach links ab. Diesen Weg benutzen wir nach Besichtigung des Gipfels zum Abstieg. Zunächst verbleiben wir aber auf unserer Route, passieren die unterhalb der Kuppe gelegene Schutzhütte des Rhönclubs, wo man Getränke sowie kleinere Speisen erhalten kann, und gelangen über eine Felstreppe oberhalb des Gasthauses zum Gipfel, wo sich die schon 1492/93 mit einem Ablaß verbundene, noch heute als Wallfahrtsziel dienende St.-Gangolfs-Kapelle befindet. Die schroffen Felsen des auch als »Oberburg« bezeichneten Gipfels fallen z.T. senkrecht ab. In den Spalten der mit Flechten und Moosen überzogenen Felsen gedeiht nur eine äußerst spärliche Vegetation mit Drahtschmiele (*Avenella flexuosa*), Rundblättriger Glockenblume (*Campanula rotundifolia*), Gemeinem Thymian (*Thymus pulegioides*) und Heidelbeere (*Vaccinium myrtillus*). Unterhalb des Felsmassivs befinden sich weitere Blockfelder mit Ebereschen- und Mehlbeeren-Gehölzen. Hier blüht vereinzelt auch die Pechnelke (*Lychnis viscaria*). Als weitere floristische Besonderheiten dieser Blockschuttmeere, die man jedoch während der Wanderung nicht zu sehen bekommt, gelten u.a. der Tannenbärlapp (*Huperzia selago*), die Pfingstnelke (*Dianthus gratianopolitanus*), der Sandthymian (*Thymus serpyllum*) sowie der extrem seltene Wimpernfarn (*Woodsia ilvensis*).

Bei klarer Sicht eröffnen sich dem Wanderer vom Gipfel der

Milseburg eindrucksvolle Ausblicke auf die umliegende Rhönlandschaft mit ihren zahlreichen Kuppen und Bergen, so daß man hier durchaus eine gewisse Zeit verbringen sollte, um die vielfältigen Landschaftseindrücke auf sich wirken zu lassen. Nach Südwesten blicken wir zunächst auf die benachbarte bewaldete Maulkuppe (706,3 m ü. NN), im Südosten auf die Wasserkuppe (950 m ü. NN), die durch ihre militärisch genutzte Radarstation sehr markant ist, und den benachbarten Pferdskopf (874,9 m ü. NN). Im Westen erstreckt sich das Fuldaer Becken. Sehr auffallend ist auch die weißgrau schimmernde Kalihalde bei Neuhof, südwestlich von Fulda. Noch weiter am westlichen Horizont läßt sich der im Vogelsberg gelegene Hoherodskopf mit seinem weithin sichtbaren Sendeturm ausmachen.

Wir treten nun den Abstieg an und bewegen uns zunächst auf demselben Weg zurück, den wir bereits zum Aufstieg genutzt haben. Unterhalb der Schutzhütte treffen wir, wie bereits erwähnt, nach wenigen Minuten auf eine Bank, an der ein Pfad nach rechts abzweigt und uns in mehreren Schlingen bergab führt. Der Wald ist hier von Berg- und Spitzahorn (*Acer pseudoplatanus, A. platanoides*) sowie einzelnen Bergulmen (*Ulmus glabra*) und Vogelkirschen

Der Gemeine Thymian (*Thymus pulegioides*) wächst in Felsspalten auf der Milseburgkuppe.

Die Pechnelke (*Lychnis viscaria*) auf der Kuppe der Milseburg

(*Prunus avium*) aufgebaut. In den Säumen wachsen u.a. Bergrispengras (*Poa chaixii*), Knotige Braunwurz (*Scrophularia nodosa*) und Fuchssches Greiskraut (*Senecio fuchsii*). Bergab eröffnen sich uns immer wieder großartige Ausblikke auf Felsformationen und Blockschuttflächen. Vorbei an einem Bildstock treffen wir nach kurzer Gehzeit auf eine Wegegabelung. Hier benutzen wir den rechten Abzweig, der uns durch einen Fichtenforst unterhalb eines großen Blockmeeres zum Waldrand leitet. Dort angekommen, biegen wir nach rechts auf einen Pfad ein, der uns unmittelbar unterhalb des Milseburgmassivs entlangführt. Der Weg wird nun gesäumt von Himbeergebüschen und Fluren des Schmalblättrigen Weidenröschens (*Epilobium angustifolium*). Linker Hand vorgelagert befinden sich magere untergrasreiche Weideflächen, die im wesentlichen von Rotschwingel (*Festuca rubra*) beherrscht werden. Lediglich das Harzer Labkraut (*Galium harcynicum*) bildet an einigen Stellen feine, weiße Blütenteppiche aus. In noch weiterer Entfernung läßt sich linker Hand ein mächtiger prähistorischer Steinwall erkennen. Unser Weg führt nach wenigen Minuten am Gänsborn vorbei, bei dem es sich wie bei allen übrigen Wasseraustritten am Bergmassiv der Milseburg um eine Schuttquelle handelt, die am Fuße des Geröllhanges auf undurchlässigen Schichten entspringt und in trockenen Zeiträumen versiegt. Der Quelltopf ist stark veralgt und lediglich randlich mit Beständen des Blaugrünen Schwadens (*Glyceria declinata*) bewachsen. Eine Informationstafel weist uns darauf hin, daß der Gänsborn bereits in prähistorischer Zeit von den Bewohnern der Milseburg zur Wasserentnahme genutzt wurde. Nach weiterer kurzer Gehzeit treffen wir auf eine Wegabzweigung. Hier folgen wir der Beschilderung Kleinsassen und behalten die Geradeausrichtung bei. Unser Pfad verläuft zunächst durch einen bereits stark zusammengebrochenen Fichtenforst. Rechts und links erstrecken sich Blockschuttfelder mit reichem Moosbewuchs. Auf den übererdeten, offenen Flächen dominiert die säurezeigende Drahtschmiele (*Avenella flexuosa*). Rechter Hand eröffnen sich uns wiederum imposante Blicke auf Blockschuttformationen. Der Pfad schlängelt sich nun in Kehren leicht bergab in einen Buchenwald. Ausgedehnte Farnbestände aus Gewöhnlichem und Breitblättrigem Wurmfarn (*Dryopteris filix-mas, D. dilatata*) säumen unsere Route. In der anfangs artenarmen Krautschicht des Buchenwaldes wachsen neben Drahtschmiele (*Avenella flexuosa*), Waldschwingel (*Festuca altissima*) und Weißer Hainsime (*Luzula luzuloides*) auch kleinere Bestände der Waldhainsimse (*Luzula sylvatica*). Im weiteren Verlauf wird die Bodenflora reichhaltiger, und es treten neben typischen montanen Arten wie Quirlblättriger Weißwurz (*Polygonatum verticillatum*), Zwiebelzahnwurz (*Dentaria bulbifera*) und Goldnessel (*Galeobdolon montanum*) auch Waldbingelkraut (*Mercurialis perennis*), Haselwurz (*Asarum europaeum*), Waldziest (*Stachys sylvatica*), Waldmeister (*Galium odoratum*), Waldsegge (*Carex sylvatica*), Waldhaargerste (*Hordelymus europaeus*) und Flattergras (*Milium effusum*) hinzu. Im Frühjahr findet sich am Wegesrand auch reichlich Moschuskraut (*Adoxa moschatellina*), das im Sommer hier in wenigen abgestorbenen Exemplaren noch zu finden ist. Im spitzen Winkel trifft unser Weg auf einen von links einmündenden Pfad. Wir behalten die Geradeausrichtung bei und erreichen Buchenwaldbestände, in denen das Einblütige Perlgras (*Melica uniflora*) vorherrscht. Nach kurzer Zeit passieren wir linker Hand einen im Wald gelegenen Blockschuttbereich, in dem der Gewöhnliche Tüpfelfarn (*Polypodium vulgare*) vorkommt. Unser Weg führt weiter höhenparallel fast ohne Steigung geradeaus, vorbei am Abzweig nach Kleinsassen und einer kleinen Schutzhütte aus Holz. Bestände der Ährigen Teufelskralle (*Phyteuma spica-*

tum) säumen den Wegrand, und wir queren einen quelligen, halboffenen kleinen Taleinschnitt mit Großer Brennessel (*Urtica dioica*) und Hainsternmiere (*Stellaria nemorum*). Entlang eines schmalen Quellgerinnes wächst hier das Wechselblättrige Milzkraut (*Chrysosplenium alternifolium*), dessen Blätter im Mittelalter, wie der Name bereits sagt, gegen Erkrankungen der Milz verwendet wurden, sowie einzelne Exemplare der Bachnelkenwurz (*Geum rivale*). Nach weiteren 5 bis 10 Minuten Gehzeit erreichen wir den Waldrand. Außerhalb des Waldes wird unser Weg kurze Zeit von Gehölzen begleitet. Hier nehmen wir den ersten nach rechts abzweigenden Weg, der uns leicht bergauf wieder zum Pkw-Parkplatz leitet. Der erste Teilabschnitt unserer Wanderung liegt nun hinter uns, und wem nach den Strapazen der Milseburgbesteigung nun die Kräfte ausgehen, kann hier abbrechen. Den konditionsstärkeren Wanderern möchten wir direkt im Anschluß noch die kürzere Rundtour um die Magerrasen der Oberbernhardser Höhe anraten. Zu diesem Zwecke begeben wir uns für gute 50 m auf die Kreisstraße nach Danzwiesen und biegen in den ersten, nach links führenden, unbefestigten Weg ein, der nach Oberbernhards führt. Vorbei an einer durch einzelne Rosen- und Weißdornbüsche reich strukturierten mageren Weidefläche mit reichlich Kammgras (*Cynosurus cristatus*) und Zittergras (*Briza media*), an die sich Wiesen und Äcker anschließen. Rechts des Weges erstreckt sich ein kleines Wäldchen aus Salweiden (*Salix caprea*) und Eschen (*Fraxinus excelsior*). Bereits von hier aus kann man unser Ziel, die Magerrasen auf der Oberbernhardser Höhe am gegenüberliegenden Hang, erkennen. In den Wegsäumen findet sich auch hier wieder reichlich Goldkälberkropf (*Chaerophyllum aureum*). Hinter den Ackerflächen, etwa in Höhe des Wäldchens führt ein unbefestigter Weg nach links Richtung Landstraße, dem wir jetzt folgen. Wir überqueren die Straße und behalten die Geradeausrichtung bei (Beschilderung Lothar-Mai-Haus). Der geschotterte Weg verläuft nun durch ausgedehnte Mähwiesen und lenkt uns nach etwa 300 m direkt zu den Magerrasen der Oberbernhardser Höhe. Geologisches Ausgangssubstrat der Anhöhe ist Muschelkalk, der sich geschützt von den umliegenden Basalt- und Phonolithkuppen hier erhalten hat. Dies drückt sich auch besonders deutlich in der Flora und Vegetation aus, die zahlreiche typische Kalkzeiger beherbergt. So fallen bereits von weitem die rotblühenden Säume von Saat-Esparsette (*Onobrychis viciifolia*) auf, einem Schmetterlingsblütler, dessen Heimat Südosteuropa ist und der seit dem 16. Jahrhundert bei uns zunächst als Futterpflanze und Bodenverbesserer angebaut wurde, dann zunehmend verwilderte und heute als eingebürgert angesehen werden muß. Unser Weg führt leicht ansteigend durch die Magerrasen, die vegetationskundlich als Enzian-Schillergrasrasen (Gentiano-Koelerietum) zu bezeichnen sind. Gleich zu Beginn werden wir durch ein Schild auf die Charakterpflanze der Rhön, die Golddistel (*Carlina acaulis*), hingewiesen, die in einigen Exemplaren am Hang vorkommt. Werfen wir nun einen Blick auf die schüttere Grasnarbe, so lassen sich eine ganze Reihe typischer Vertreter der Kalkhalbtrockenrasen und verwandter Lebensgemeinschaften ausmachen, so z.B. die rotviolett blühende Schopfige Kreuzblume (*Polygala comosa*), die ebenso wie die reichlich vertretene und durch ihre überhängenden schwarzen Ähren gekennzeichnete Blaugrüne Segge (*Carex flacca*) als typische Kalkpflanze zu bezeichnen ist. Des weiteren finden sich Skabiosenflockenblume (*Centaurea scabiosa*), Weichhaariger Frauenmantel (*Alchemilla glaucescens*), Trifthafer (*Avena pratensis*), Knolliger Hahnenfuß (*Ranunculus bulbosus*), Mausohr (*Hieracium pilosella*), Steinquendel (*Acinos arvensis*), Kleiner Wiesenknopf (*Sanguisorba minor*), Feldthymian (*Thymus pulegioides*), Pyramidenschillergras (*Koeleria pyramidata*), Mittlerer Wegerich (*Plantago media*), Zittergras (*Briza media*) und Nickendes Leimkraut (*Silene nutans*) unmittelbar links und rechts unserer Route. Auffällig ist auch der Orchideenreichtum der durch Wacholder, Rosenarten und Hartriegel sowie Mehlbeeren- und Eschenjungwuchs stellenweise stark verbuschten Magerrasenfläche. So lassen sich bequem vom Weg aus die häufig auftretenden Orchideenarten Mückenhändelwurz (*Gymnadenia conopsea*), Stattliches Knabenkraut (*Orchis mascula*) und Fliegenragwurz (*Ophrys insectifera*) beobachten und photographieren. Bei der zuletzt genannten Orchidee handelt es sich um eine »Insektentäuschblume«. So werden durch die Ähnlichkeit der Blütenlippe mit Grabwespenweibchen Männchen angelockt, die auf der Lippe Begattungsbewegungen ausführen, wobei die Pollinien übertragen werden. Wer im zeitigen Frühjahr die Oberbernhardser Höhe besucht, kann hier auch die Gewöhnliche Kuhschelle (*Pulsatilla vulgaris*) vorfinden.

Während uns der Weg in leichtem Bogen zum höchsten Punkt bringt, lassen sich auf dem buntblühenden Magerrasen immer wieder neue Pflanzenarten ausmachen, so z.B. die Stengellose Kratzdistel (*Cirsium acaule*), der Gewöhnliche Hornklee (*Lotus corniculatus*), der Wiesenlein (*Linum*

13

catharticum), der Kleine Klappertopf (*Rhinanthus minor*), die Großblütige Braunelle (*Prunella grandiflora*), die Ackerglockenblume (*Campanula rapunculoides*) sowie ein kleiner Bestand des Gemeinen Katzenpfötchens (*Antennaria dioica*). Hinter der Kuppe führt uns die Route in einen Wald. Links an den Weg grenzt eine kleine Fichtenschonung. Rechts befinden sich Mischwaldbereiche mit Esche, Vogelkirsche und einzelnen Kiefern. In deren lichtem Gebüschsaum mit Feldahorn (*Acer campestre*), Rosen- und Weißdornarten, fallen Exemplare einer weiteren Orchidee, des Großen Zweiblatts (*Listera ovata*),ins Auge, die hier u.a. zusammen mit Baldrian (*Valeriana officinalis* agg.), Haselwurz (*Asarum europaeum*), Christophskraut (*Actaea spicata*) und Schmalblättrigem Weidenröschen (*Epilobium angustifolium*) vorkommt. Auch junge Elsbeeren (*Sorbus torminalis*) treten in den Säumen auf.

Der Weg führt uns weiter bergab durch lichte Wälder mit Buche, Hasel, Salweide und Mehlbeere, bis wir einen größeren lichten Bereich erreichen, der von Goldkälberkropffluren eingenommen wird. Wir treffen hier auf einen Querweg, dem wir rechts weiter bergab folgen und der uns alsbald durch Laubwälder führt, deren Baumschicht von Rotbuche (*Fagus sylvatica*), vereinzelten Eschen (*Fraxinus excelsior*) und Bergulmen (*Ulmus glabra*) aufgebaut ist. In der Krautschicht herrschen mit Vielblütiger Weißwurz (*Polygonatum multiflorum*), Waldbingelkraut (*Mercurialis perennis*) und Waldmeister (*Galium odoratum*) typische Buchenwaldarten vor. Zusätzlich finden sich Ährige Teufelskralle (*Phyteuma spicatum*) und Haselwurz (*Asarum europaeum*). Im Wegsaumbereich gedeihen u.a. Bergweidenröschen (*Epilobium montanum*) und Echte Nelkenwurz (*Geum urbanum*). Kurz vor Erreichen des Waldrandes zweigen wir auf einen nach rechts führenden unbefestigten Weg ab, der und wiederum leicht bergauf führt. Rechter Hand befinden sich Laubmischwälder, links zum Offenland hin befindet sich zunächst eine junge Eschen- / Fichtendickung. Die Wegsäume werden wiederum von Halbtrockenrasenvertretern eingenommen. So finden sich hier u.a. Blaugrüne Segge (*Carex flacca*), Stattliches Knabenkraut (*Orchis mascula*), Kleiner Wiesenknopf (*Sanguisorba minor*), Gewöhnliches Sonnenröschen (*Helianthemum ovatum*), Fiederzwenke (*Brachypodium pinnatum)* neben Wiesenarten wie Kümmel (*Carum carvi*), Wiesenbocksbart (*Tragopogon pratensis*), Ackerwitwenblume (*Knautia arvensis*) und Kleinem Klappertopf (*Rhinanthus minor*). Wir verlassen den Wald und durchwandern Wiesenflächen. An einer langgestreckten Hecke vorbei führt uns der Weg leicht bergab bis zur Landstraße in Höhe der Abfahrt Oberbernhards. Von hier aus müssen wir nach rechts etwa 200 m an der Straße entlanglaufen, bis ein unbefestigter Weg links abzweigt, den wir bereits auf dem Hinweg benutzt haben. Wir gehen diesen Weg in umgekehrter Richtung und erreichen unseren Ausgangspunkt nach etwa 10 Minuten.

Länge der Wanderung: etwa 6 km (Milseburg 4 km, Oberbernhardser Höhe 2 km)
Einkehrmöglichkeiten: Schutzhütte des Rhönclubs auf dem Milseburggipfel, Gasthaus Steinhaus unterhalb der Milseburg
Verkehrsverbindungen: Mit dem öffentlichen Nahverkehr ist die Milseburg leider nicht zu erreichen.

TOUR 14

Spessart – Schachblumenwiesen im Sinntal

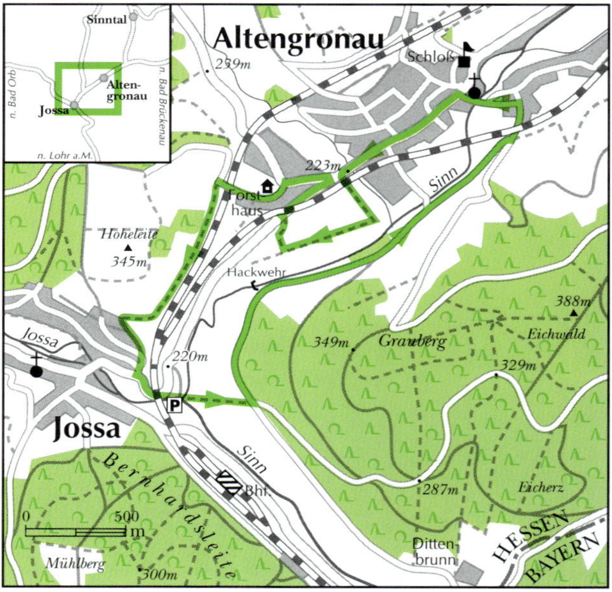

Diese Wanderung führt in das Wiesental der Sinn. Es liegt, eingerahmt von bewaldeten Höhen des Sandsteinspessarts, etwa 80 km östlich von Frankfurt/Main im Südosten von Hessen an der Grenze zum Freistaat Bayern. Nur auf einem etwa 10 km langen Teilabschnitt durchfließt die von Osten aus der Rhön kommende Sinn hessisches Gebiet. Sie bringt, wie auch die oberhalb unseres Wandergebietes einmündende Schmale Sinn, kalkhaltige Schotter mit, die zusammen mit basenarmen Sanden aus den umliegenden Spessarthöhen den Talboden ausfüllen. Diese kalkhaltigen Talsande schaffen besondere, von anderen Spessarttälern abweichende Standortverhältnisse, die sich auch in der Vegetation bemerkbar machen.

Die große botanische Attraktion dieser Wanderung ist die

Schachblume (*Fritillaria meleagris*). Das Sinntal beherbergt eine der wenigen größeren mitteleuropäischen Populationen dieses Knollengewächses, dessen purpurne, schachbrettartig gescheckte Blütenglocken in den ersten Maitagen millionenfach die Auenwiesen überziehen. Wegen der relativ kurzen und frühen Blüte der Schachblume sollte die Wanderung in der Zeit zwischen 25. April und 10. Mai unternommen werden.

Die Wanderung beginnt bei einem hohen, weithin sichtbaren Viadukt am östlichen Ortsrand des Dorfes Jossa. Die Schnellbahn Fulda-Würzburg überquert hier die Landstraße nach Altengronau und das Bachtal der Jossa, die von Westen in die Sinn einmündet. Unmittelbar östlich des Viadukts führt ein Fahrweg zu einer Kläranlage, an dessen Rand einige Personenkraftwagen abgestellt werden können. Bei der Kläranlage beginnt die Wanderung.

Zwischen Kläranlage und dem von Schwarzerle (*Alnus glutinosa*) und Bruchweide (*Salix fragilis*) gesäumten Bachlauf der Jossa verläuft ein Fußpfad zu einer Holzbrücke über die Sinn und durchquert anschließend den Talgrund. Unvermittelt stehen wir inmitten der Schachblumenwiesen. Rechts und links des Pfades entwickeln sich in der Zeit um den

Blühaspekt der Schachblumenwiesen im Sinntal Anfang Mai

1. Mai Blütenmeere aus Abertausenden von dunkelroten Schachblumenglocken. In dieser frühen Jahreszeit blühen erst wenige andere Kräuter. Die leuchtendgelben Köpfe des Gemeinen Löwenzahns (*Taraxacum officinale*) treten vor allem in den nährstoffreichen, früher stark mit Mineralstickstoff oder Flüssigmist gedüngten Bereichen östlich des Fußpfades hervor. Bei genauerem Hinsehen läßt sich erkennen, daß in den Wiesen mit reichlich Löwenzahn nicht so viele Schachblumen wachsen wie in den weniger fetten Wiesenbereichen, in deren Aspekt die pastellrosa Blüten des Wiesenschaumkrauts (*Cardamine pratensis*) hervortreten. Hier zeigen sich die negativen Auswirkungen intensiver Grünlandwirtschaft auf die Schachblume, die zwar einen nährstoffreichen Standort liebt, deren zarte Triebe aber der Konkurrenz schnellwüchsiger Gräser und Kräuter bei zu starker Düngung nicht gewachsen sind. Seit der Ausweisung der Sinnwiesen als Naturschutzgebiet Ende der 80er Jahre ist die Stickstoffdüngung untersagt, so daß die Gefährdungssituation nun etwas entschärft ist.

Das lokale Verbreitungsgebiet der Schachblume erstreckt sich über den gesamten hessischen Abschnitt des Sinntals und setzt sich oberhalb wie auch unterhalb der Landesgrenze nach Bayern fort. Außerhalb des Sinntals gibt es in der weiteren Umgebung nur sehr kleine und oft unbeständige Vorkommen.

Wahrscheinlich haben die früher übliche Bewässerung der Auenwiesen und die heute noch häufigen Überschwemmungen bei Hochwasser der Sinn die Schachblume gefördert. Im Frühjahr, wenn der Wiesenaufwuchs noch nicht hoch ist, läßt sich beim Blick über das Tal nach Westen ein feines Reliefmuster aus langgestreckten flachen Erhöhungen erkennen. Dies sind Reste von geschleiften Rückenwiesen, die zur Bewässerung des Auengrünlandes im 18. und 19. Jahrhundert angelegt wurden.

Die Vegetation der Sinnaue besteht aus Wiesenknopf-Glatthafer-Wiesen wechselfrischer Standorte (Arrhenatheretum elatioris sanguisorbetosum), in die kleinräumig in Flutmulden und flachen Senken Wassergreiskraut-Feuchtwiesen (Senecioni-Brometum-racemosi) eingeschaltet sind. Trotz der relativ niedrigen Lage des Sinntales um 220 m Seehöhe enthalten die Wiesen einige montane Florenelemente: den Schlangenknöterich (*Polygonum bistorta*), die Fadenbinse (*Juncus filiformis*), deren zarte Triebe im Frühjahr noch schwer auszumachen sind, und den ebenfalls erst später im Jahr gut zu beobachtenden Weichen Pippau (*Crepis mollis*). Weitere typische, auch in blütenlosem Zustand gut erkennbare Arten der Auwiesen sind Großer Wiesenknopf (*Sanguisorba officinalis*) und Gewöhnliches Mädesüß (*Filipendula ulmaria*) mit gefiederten Blättern, Teufelsabbiß (*Succisa pratensis*) mit Rosetten aus ungestielten, ovalen Blättern und Wiesenklee (*Trifolium pratense*) mit dreiteiligen Blättern. Auf den im Auenrelief etwas erhöht gelegenen, mageren Standorten blüht schon im April die Feldhainsimse (*Luzula campestris*) in großer Zahl.

Nach Durchquerung der Aue endet der Fußpfad an einem Asphaltweg, in den wir nach links, dem Schild »Altengronau« folgend, einbiegen. Der Weg führt am südlichen Talrand entlang; von ihm aus eröffnen sich immer wieder Blicke auf die Sinn, die in weiten Schlingen das Tal durchfließt, und die Auenwiesen, die mal stärker, mal weniger auffällig von den purpurnen Blüten der Schachblume getupft sind. Rechter Hand erstreckt sich auf steilem Buntsandstein-Hang ein Eichen-Hainbuchen-Wald; im Waldsaum entfalten als erste Kräuter Hainsternmiere (*Stellaria holostea*) und Knoblauchsrauke (*Alliaria petiolata*) ihre weißen Blüten, und das gelbblühende Scharbockskraut (*Ranunculus ficaria*) bildet kleine Teppiche aus rundlichen Blättern. Mit etwas Glück läßt sich im April auch der Wald-Goldstern (*Gagea lutea*) finden. Rechts des Weges wächst die rasenbildende, in den Tälern des Sandsteinspessarts sehr verbreitete Zittergras-Segge (*Carex brizoides*), die ebenfalls schon im April kleine strohgelbe, im Sonnenlicht silbern schimmernde Ähren schiebt.

Nach etwa 1000 m auf dem Asphaltweg fließt die Sinn linker Hand ganz nah vorbei; am Bach sind noch die Grundmauern des verfallenen Hackwehres zu erkennen, von dem aus die bachabwärts liegenden Auenwiesen bewässert wurden. Am Bachufer sind oftmals Sandbänke zu erkennen, die bei Frühjahrshochwässern freigespült wurden. Während des Sommers werden Herden stickstoffliebender Stauden, vor allem Brennessel (*Urtica dioica*) und Rohrglanzgras (*Phalaris arundinacea*), die bloßliegenden Uferpartien wieder bewachsen.

Rechter Hand weicht der Waldrand zurück, und es eröffnet sich der Blick auf einen mit vielen Hecken durchsetzten Grünlandhang. Weithin leuchten bereits Ende April die weißen Blüten der Schlehe (*Prunus spinosa*), auch Schwarzdorn genannt, und die weiß-rosa überlaufenen der Vogelkirsche (*Prunus avium*). Einige der Grünlandflächen tragen junge Nadelholzkulturen, ein für die heutige Kulturlandschaft des Spessarts typisches Bild. Die landwirtschaftliche Nutzung der ertragsarmen und oft weit von den Gehöften entfernten

14

Hangstandorte lohnt kaum noch, so daß viele Flächen aufgeforstet werden. Die ohnehin waldreiche Spessartlandschaft droht bei dieser Entwicklung viel von ihrer Vielfalt und ihrem Erholungswert zu verlieren.

Der Weg führt nun einige Meter oberhalb des Talgrundes über einen Prallhang, auf dem ein artenreiches Gehölz aus Hainbuche (*Carpinus betulus*), Stieleiche (*Quercus robur*), Hasel (*Corylus avellana*), Schwarzem Holunder (*Sambucus nigra*) und Schwarzerle stockt. Solange deren Blattwerk noch nicht voll entfaltet ist, blühen am Boden in großer Zahl Buschwindröschen (*Anemone nemorosa*) und Wald-Sauerklee (*Oxalis acetosella*). Dazwischen erscheinen die noch zusammengerollten Wedel verschiedener Waldfarne, vor allem die des Frauenfarns (*Athryrium filix-femina*). Wer die Mühe nicht scheut, kann den Hang ein Stück abwärts klettern und am Hangfuß zwei seltenere, anspruchsvolle Frühjahrsgeophyten entdecken: den Gefingerten Lerchensporn (*Corydalis solida*) und das Gelbe Windröschen (*Anemone ranunculoides*). Später im Jahr werden nährstoffliebende Stauden, vor allem Giersch (*Aegopodium podagraria*) und Waldsternmiere (*Stellaria nemorum*), aufwachsen und die Krautschicht beherrschen.

Etwas weiter schließt sich auf dem Prallhang ein mittelalter Nadelforst aus Fichte (*Picea abies*) mit Beimischung von Europäischer Lärche (*Larix decidua*) und Douglasie (*Pseudotsuga menziesii*) an. Oberhalb des Weges befindet sich an dieser Stelle, etwas verdeckt durch ein Vorwaldgehölz aus Hängebirke (*Betula pendula*), Salweide (*Salix caprea*) und Waldkiefer (*Pinus sylvestris*), ein aufgelassener Steinbruch, dessen Steilwand bereits stark zugewachsen ist. Hier und da schimmern aber noch Bänke des anstehenden rötlichen Buntsandsteins hervor.

Nachdem wir den Steinbruch, den Fichten-Forst und eine Gartenanlage passiert haben, wird der Blick wieder frei auf die Sinnaue. In einer Koppelweide am Hang unterhalb des Weges öffnet Anfang Mai der Knöllchensteinbrech (*Saxifraga granulata*) gerade seine ersten Blüten. An der grasigen Böschung oberhalb des Weges wächst der Besenginster (*Cytisus scoparius*), ein atlantisch verbreiteter Rutenstrauch. Seine sattgelben Schmetterlingsblüten entfalten sich im Jahresverlauf etwas später als die Schachblume, etwa Mitte Mai, und bringen dann die Spessarthänge weithin zum Leuchten.

Blick vom Wanderweg auf die Sinn

Der Weg führt nun leicht bergab in die Sinnaue. Nach rechts zweigt ein Weg über eine Brücke zu dem Gelände der Marmorwerke von Altengronau ab; unser Weg führt noch etwa 500 m weiter geradeaus an der von Schwarzerle und Bruchweide gesäumten Sinn entlang. Rechts des Weges zeigen sich bei einer kleinen, wassergefüllten Rinne die Kätzchen zweier weiterer Weiden-Sippen: die der Fahlweide (*Salix rubens*), von der ein altes Exemplar mit ausladenden Ästen am Wegrand steht, und die der Mandelweide (*Salix triandra*), eines breiten, eher niedrigen Strauches mit auffällig rotbrauner Rinde.
Der Weg stößt wenig später auf eine Bahntrasse. Linker Hand kommen die Häuser und Gärten von Altengronau in Sicht, denen wir uns, nachdem die Bahnschienen überquert sind, auf einem Asphaltweg nähern. Das Grünland in Ortsnähe besteht überwiegend aus intensiv genutzten Schaf- oder Rinderweiden, in denen die Schachblume uns ab und zu, wenn auch nur in geringer Stückzahl, wiederbegegnet. Nach Erreichen der ersten Häuser biegen wir nochmals nach links in Richtung auf den Kirchturm von Altengronau ein, passieren die Sinn über eine alte, aus rosa Sandsteinblöcken gemauerte Brücke und erreichen kurz danach den in den 80er Jahren neugestalteten Dorfplatz mit Brunnen, Kirche und Sitzbänken. Hier mündet der Weg in die durch das Dorf führende Landstraße. Wenig weiter rechts liegt oberhalb der Straße das weißgetünchte Altengronauer Schloß. Unser weiterer Weg führt nach links auf der Hauptstraße durch das Dorf, in dem mehrere Gasthäuser zur Einkehr einladen. An einigen alten Häusern lassen sich schöne rosa Sandstein-Sockel oder die traditionelle Fassadenverkleidung mit Holzschindeln beobachten.
Am westlichen Ortsausgang biegen wir, kurz hinter dem Marmorwerk und einer kleinen Bachbrücke, wiederum links in einen Feldweg ein, der noch einmal in die Aue hinabführt. Der Weg verläuft zunächst auf die Sinn zu, biegt aber bald in westliche Richtung um und führt an einem mit Schwarzerle bestandenen Graben entlang. Wir befinden uns hier im Elmgrund, dem Talabschnitt mit den dichtesten Schachblumenvorkommen auf hessischem Gebiet, und können noch einmal den Anblick Tausender purpurner, im Wind schaukelnder Blütenglocken genießen. Am Grabenrand ist die Sumpfdotterblume (*Caltha palustris*) schon erblüht. Nach weiteren etwa 500 m treffen wir bei einem Naturschutzgebietsschild auf einen Abzweig nach rechts, dem wir hangaufwärts bis zur Landstraße folgen.
Eilige können nun auf der mäßig befahrenen Landstraße in

westlicher Richtung zum Ausgangspunkt zurückkehren. Besonders bei sonnigem Wetter lohnt sich wegen der schönen Aussicht der nun beschriebene Rückweg über den nördlichen Talhang der Sinn.
Zunächst geht es ein kleines Stück die Landstraße in östlicher Richtung zurück auf Altengronau zu, dann bei der Tankstelle scharf nach links hangaufwärts durch Neubausiedlungen und am Forsthaus vorbei, das rechter Hand etwas zurückgesetzt liegt. Bald darauf überquert der Weg die Bahn, hinter der wir nach links in einen Schotterweg einbiegen. Der Weg verläuft oberhalb der Bahnböschung, die mit Salweiden-Birken-Gehölz bestanden ist. Bei einer Gabelung müssen wir den rechten Weg auf gleicher Höhe einschlagen. Am Wegrand sind weitere Frühjahrsblüher zu beobachten: unter anderen Walderdbeere (*Fragaria vesca*), Hainveilchen (*Viola riviniana*), Zypressenwolfsmilch (*Euphorbia cyparissias*) und Knollenhahnenfuß (*Ranunculus bulbosus*), der an seinen herabgeschlagenen Kelchblättern zu erkennen ist. An steinigen Stellen erscheint ein kleiner Kreuzblütler mit langen, dünnen Schotenfrüchten, die Ackerschmalwand (*Arabidopsis thaliana*).
Nach etwa einem Kilometer Wegstrecke ab Altengronau biegt der Weg nach rechts von der Bahnlinie fort; unvermittelt wird der Blick nach Süden auf das Sinntal und die umliegenden bewaldeten Spessarthöhen frei. Vor uns liegt im Joßgrund das Dorf Jossa. Sitzbänke laden zu einer kleinen Rast ein. Nach einem kurzen Stück geradeaus steigen wir nun nach Jossa ab. Vor den ersten Häusern geht es links auf einem Schotterweg, der sich bald zu einem in Sandstein eingeschnittenen Hohlweg vertieft, hangabwärts. Dieser mündet in eine Siedlungsstraße, der wir weiter bergab folgen, bis die Landstraße erreicht ist. Wir stehen nun auf der westlichen Seite des großen Viadukts. Um zum Ausgangspunkt zurückzukehren, überqueren wir die Landstraße, schlagen einen Fußpfad ein, der an Gärten und Koppelweiden vorbeiführt, und sehen nach etwa 200 m die Kläranlage vor uns, den Ausgangspunkt unserer Wanderung.

14

Länge der Wanderung: 7 km
Einkehrmöglichkeiten: Gasthäuser und Privatunterkünfte in Jossa und Altengronau
Verkehrsverbindungen: mit dem Zug von Fulda oder Würzburg; Bahnbusse

TOUR 15

Rheingau-Wanderung von Lorch nach Kaub

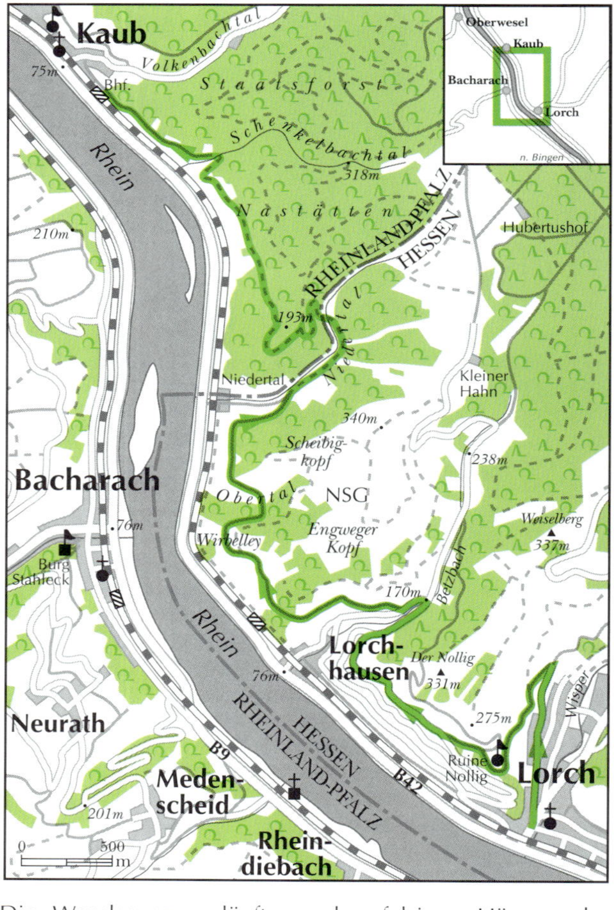

Die Wanderung verläuft an den felsigen Hängen des Mittelrheintals von dem Winzerstädtchen Lorch bis zu dem schon auf rheinland-pfälzischem Gebiet gelegenen Kaub.

Für den Rückweg kann einer der häufig verkehrenden Nahverkehrszüge benutzt werden. Der Wanderweg führt durch einen für den Rheingau typischen Landschaftsausschnitt, in dem bewirtschaftete und aufgelassene Weinberge, Felsfluren, Trockengebüsche und wärmeliebende Wälder einander abwechseln.

Die Wanderung beginnt am Stadttor des Winzerortes Lorch, das an der Einmündung des Flüßchens Wisper in den Rhein liegt. Der mittelalterliche Stadtkern ist zum Rhein hin von einer hohen Stadtmauer begrenzt. Neben dem Stadttor, bei der die Wisper in den Rhein einmündet, ragt ein wuchtiger Turm mit quadratischem Grundriß aus der Stadtmauer empor. An der Nordseite der Brücke über die Wisper führt ein mit einem grünen N auf rotem Pfeil markierter Fahrweg durch eine neuere Wohnsiedlung das Wispertal hinauf. Wir folgen diesem Weg und schlagen bei der nächsten Gabelung den linken, hangaufwärts führenden »Weiselweg« ein. An alten Schiefermauern, die bei den letzten Häusern den Weg begleiten, erscheinen schon im April viele Therophyten: Kleine weiße Blüten bilden Ackerschmalwand (*Arabidopsis thaliana*), Frühlingshungerblümchen (*Erophila verna*). Doldenspurre (*Holosteum umbellatum*) und Mauerfelsenblümchen (*Draba muralis*) aus; dazu treten die kleinen, blaßblauen Blüten des Efeublättrigen Ehrenpreises (*Veronica hederifolia*), die himmelblauen des Acker-Ehrenpreises (*Veronica arvensis*) und des Rauhen Vergißmeinnichts (*Myosotis ramosissima*). Auch die unscheinbaren Blütenknäuel des Gemeinen Rapünzelchens (*Valerianella locusta*) entwickeln sich bereits zeitig im Jahr. Etwas später, ab Mitte April, erscheint das kleinwüchsige Bleiche Hornkraut (*Cerastium pallens*), dessen Stengel und Blätter sich von vielen Drüsen klebrig anfühlen, im Juni die leuchtend gelben Blüten der Felsenfetthenne (*Sedum rupestre*).

Hinter den letzten Häusern von Lorch führt der Wanderweg durch aufgelassene Weinberge und Obstwiesen, die im Lauf der Sukzession mehr und mehr von Gehölzen erobert werden. Im April überziehen die weißen Blüten der Schlehe (*Prunus spinosa*) die brachliegenden Hänge. Die Schlehe wird begleitet von Sträuchern, die warmtrockene Standorte bevorzugen, vor allem Eingriffligem Weißdorn (*Crataegus monogyna*), Hundsrose (*Rosa canina*), Rotem Hartriegel (*Cornus sanguinea*) und Brombeer-(*Rubus*-)Arten, die im Mai und Juni ihre weißen und zartrosa Blüten entfalten.

Unser nächstes Ziel ist die Ruine Nollig, ein mittelalterlicher Wachtturm, der hoch über den Tälern von Rhein und Wisper auf einem Felssporn gelegen ist. Zu der Ruine zwei-

15

gen von unserem Weg zwei Seitenwege ab, von denen wir den zweiten nehmen, der etwa 100 m nach dem ersten in einer engen Kehre bergauf führt. Der Weg führt durch aufgelassene, stark verbuschte Reb- und Obsthänge. Hier und da wachsen an offenen Stellen zwischen Gebüschen Pflanzen der Halbtrockenrasen, so die im Sommer blühende Goldaster (*Aster linosyris*), der Feldmannstreu (*Eryngium campestre*), die Skabiosenflockenblume (*Centaurea scabiosa*) und die Bunte Kronwicke (*Coronilla varia*). Überall auf den Terrassenmauern blüht im Frühjahr der Färberwaid (*Isatis tinctoria*), eine typische Begleitpflanze der Weinberge. Die Früchte dieses gelbblühenden Kreuzblütengewächses sind auffällig löffelähnlich geformt. Etwas später, im Mai und Juni, entwickeln sich längs des Weges farbenprächtige Staudensäume aus wärme- und trockenheitsliebenden Arten: Natternkopf (*Echium vulgare*), Aufrechtem Fingerkraut (*Potentilla recta*), Wegwarte (*Cichorium intybus*), Weißem Steinklee (*Melilotus albus*), Blauem Milchlattich (*Lactuca perennis*), Ackerwachtelweizen (*Melampyrum arvense*), Rapunzelglockenblume (*Campanula rapunculus*), Färberhundskamille (*Anthemis tinctoria*) und anderen mehr. Eher an schattigen Stellen treten die hochwüchsigen Stauden Kanadische Goldrute (*Solidago canadensis*), Gewöhnlicher Beifuß (*Artemisia campestris*), Rainfarn (*Tanacetum vulgare*) oder der für Waldinnensäume typische Taumelkälberkropf (*Chaerophyllum temulum*) auf.

Im Frühjahr blüht die Stinkende Nieswurz (*Helleborus foetidus*) in Wäldern und Gebüschen.

Nach Durchquerung eines Hainbuchen-Wäldchens, in dem zwei Frühjahrsblüher, die Frühlingsschlüsselblume (*Primula veris*) und die Stinkende Nieswurz (*Helleborus foetidus*), auffallen, sehen wir bald die Ruine Nollig vor uns. Linker Hand eröffnet sich ein schöner Ausblick auf Lorch, den Rhein mit einer langgestreckten Insel, dem Lorcher Werth, und die Wälder und Weinberge auf der linken Rheinseite. Rechts erhebt sich der Felssporn, auf dem der im 14. Jahrhundert zum Schutz des Städtchens Lorch erbaute Wachtturm Nollig steht. Wenn wir zu der Turmruine hinaufschauen, können wir in Felsspalten und auf Felssimsen die Fruchtstände des Wimperperlgrases (*Melica ciliata*) sehen, dessen lange Grannen im Sonnenlicht silbrig schimmern. Weitere typische Felspflanzen sind der Weiße Mauerpfeffer (*Sedum album*), dessen dickliche, oft rötlich überlaufene Blätter in Teppichen den Fels überziehen, und der Feldbeifuß (*Artemisia campestris*).
Hier und an den vielen Felsabhängen, die wir im weiteren Verlauf des Weges passieren, können wir Trockengebüsche beobachten, die sich aus wärmeliebenden Bäumen und Sträuchern des Verbandes Berberidion zusammensetzen. Hierzu gehören die Weichselkirsche (*Prunus mahaleb*) mit lang gestielten, rundlich-zugespitzten Blättchen, die dornenbewehrte, hellgelb blühende Berberitze (*Berberis vulgaris*) und der Kreuzdorn (*Rhamnus catharticus*), der an seinen gegenständigen Blättern zu erkennen ist. Besonders typisch für die Felshänge des Rheintales ist der Französische Ahorn (*Acer monspessulanum*), ein kleiner Baum mit tief dreiteilig eingekerbten Blättern, die sich im Herbst zu einem auffälligen Orangerot verfärben. Der Französische Ahorn besitzt in Hessen nur ein kleines Areal, das sich auf das Mittelrheintal und das untere Lahntal beschränkt. In Spalten und Ritzen blanken Felses, wo sonst kein Baum oder Strauch mehr Wurzeln fassen kann, siedeln noch zwei kleinwüchsige Spezialisten: die Felsenbirne (*Amelanchier ovalis*) mit ovalen, leicht gekerbten, bläulichen Blättchen und die Zwergmispel (*Cotoneaster integerrimus*), deren Blätter ganzrandig und unterseits filzig behaart sind. Im Saum der Trockengebüsche entfaltet im Mai und Juni der Blutrote Storchschnabel (*Geranium sanguineum*) tiefrosa Blüten in großer Zahl.
Hinter der Ruine Nollig setzt sich der Weg in nördlicher Richtung fort. Wir passieren ein Wildschutztor und gehen nun auf halber Hanghöhe längs des Rheintals. Seit der Flurbereinigung in den 80er Jahren dieses Jahrhunderts liegen die Flächen oberhalb unseres Weges brach, während sich

unterhalb bewirtschaftete Weinberge anschließen. Die typische Wildflora der Rebhänge ist nur noch sporadisch zu finden, da viele Winzer das Hacken der Weinberge aufgegeben haben und statt dessen zwischen den Rebzeilen eine Rasendecke aufwachsen lassen, die durch Mähen kurzgehalten wird. Von den Wildkräutern sind Stengelumfassende Taubnessel (*Lamium amplexicaule*), Mäusegerste (*Hordeum murinum*), Kleine Malve (*Malva neglecta*) und Einjähriges Bingelkraut (*Mercurialis annua*) recht häufig anzutreffen.
Nach etwa 500 m von der Ruine Nollig aus gabelt sich der Weg; hier nehmen wir den unteren Hangweg, der zunächst auf gleicher Höhe, später leicht abwärts führt und dann nach rechts in ein Seitentälchen des Rheins einbiegt. Der Felsvorsprung an dieser Wegbiegung ist Standort einer kleinen Felsheide mit Besenheide (*Calluna vulgaris*), Flügelginster (*Genista sagittalis*) und Heideginster (*Genista pilosa*). Tief unter uns liegt im Rheintal das Weinbauerndorf Lorchhausen; vor uns, auf der anderen Seite des Tälchens, erstreckt sich der Südhang des Engweger Kopfes, der mit vielen Felsnasen und zahllosen Terrassen durchsetzt ist. Er zeigt noch die kleinteilige Nutzungs- und Biotopstruktur der traditionellen Weinbaulandschaft am Mittelrhein. In krassem Gegensatz dazu stehen die großflächigen flurbereinigten Rebhänge, wie sie beispielsweise beim Blick auf die linke Rheinseite in der Gemarkung Bacharach zu sehen sind.
Der Weg führt an dem schattigen Nordhang des engen Tälchens bergab. Wir gehen durch Eichen-Wäldchen und aufgelassene oder in Privatgärten umgewandelte Obstwiesen, bis wir im Talgrund auf einen geteerten Weg treffen. Diesem folgen wir wenige Meter talabwärts und schlagen dann den mit einem Weinkelch markierten Riesling-Wanderweg ein, der nach links abzweigt und den Hang des Engweger Kopfes hinaufführt.
Auf geschottertem Grund geht es wieder durch verbuschende Weinbergsbrachen. Am Wegrand fallen weitere Ruderalpflanzen auf: die Große Kugeldistel (*Echinops sphaerocephalus*) und der Wermuth (*Artemisia absinthium*) mit bläulichweiß getönten Trieben. An Mauerfüßen rechts des Weges wächst ein eigenartiger Neubürger der mittelrheinischen Flora: die Großblütige Leimsaat (*Collomia grandiflora*) aus der Familie der Himmelsleitergewächse, die im Hochsommer einen Schopf aus vielen gelborangefarbenen Blüten bildet. Über die Terrassenmauern, die den Weg begleiten, ranken die Zweige der Hundsrose (*Rosa canina*)

Das Rheintal bei Lorch mit der Rheininsel Lorcher Werth

und der Filzbrombeere (*Rubus canescens*), die an ihren beiderseits samtig behaarten Blättern und an ihren cremegelben Blüten leicht kenntlich ist.
Am Ende des Anstieges erreichen wir einen Aussichtspunkt mit Sitzbank, Gedenkstein und Fahnenstange. Oberhalb des Weges befindet sich an dieser Stelle eine Tonschiefer-Grube mit dünnen, grauschimmernden Platten des Hunsrück-Schiefers. Derartige Schutthalden geben ideale Standorte für den Schildampfer (*Rumex scutatus*) ab, der an seinen rundlich-pfeilförmigen Blättern leicht kenntlich ist. Gleich neben der Schutthalde läuft eine Felsrippe den Hang hinab, auf der ein Trockenwäldchen aus niedrigen, krüppelwüchsigen Traubeneichen (*Quercus petraea*) stockt. In seinem Unterwuchs blühen schon im zeitigen Frühjahr zwei Geophyten, der Wiesengoldstern (*Gagea pratensis*) und der Hohle Lerchensporn (*Corydalis solida*).
Nur einige Schritte weiter, an der nächsten leichten Krümmung des Weges, erhebt sich rechts eine kleine Felswand, auf deren Vorsprüngen mit dem Brillenschötchen (*Biscutella laevigata*) eine weitere Besonderheit der Mittelrheinflora wächst. Dieser bereits im April gelb blühende Kreuzblütler verdankt seinen Namen den in der Mitte tief eingeschnürten Früchten, deren Aussehen an eine Brille erinnert. Ganz in der Nähe wächst unter einem Felsüberhang der seltene, auf schattig-feuchte Felsstandorte spezialisierte Schwarzstielige Streifenfarn (*Asplenium adiantum-nigrum*). Auf dem Weg begegnen uns an Gehölzrändern typische Arten der wärmeliebenden Saumgesellschaften des Verbandes Geranion sanguinei. Neben dem Blutroten Storchschnabel sind es die Doldenblütler Echter Haarstrang (*Peucedanum officinale*) und Hirschhaarstrang (*Peucedanum cervaria*), der dunkelrot blühende Voralpenklee (*Trifolium alpestre*) und die niedrigwüchsige Bibernellrose (*Rosa pimpinellifolia*), die mit ihren Ausläufern dichte Herden bildet.
Bald erreicht der Wanderweg einen flacheren Hangbereich, der länger als die meisten bisher passierten Flächen für die Rebkultur genutzt worden ist und deshalb einen recht offenen, noch gehölzarmen Charakter hat. Junge, grasreiche Auflassungsstadien der Weinbergsbrachen mit vielen Ruderalpflanzen trockener Standorte nehmen das Gelände ein, stellenweise machen sich aber bereits Brombeere und Hundsrose breit. Unterhalb des Weges wächst der Große Knorpellattich (*Chondrilla juncea*). Kurz hinter einer Linkskurve gabelt sich der Weg. Wir nehmen den linken, mit dem Hinweisschild »Kaub« gekennzeichneten Weg und folgen diesem etwa 100 m weit, bis wiederum nach links ein be-

schilderter Fußpfad zur »Wirbelley« abzweigt. Diesem Pfad folgend, erreichen wir eine kleine Plattform über einem Felsabhang mit schönem Blick auf das Rheintal, das Städtchen Bacharach und seine Umgebung auf der linken Rheinseite. Längs des Fußpfades sind kleine, mit Arten der Saumgesellschaften durchsetzte Bestände des Glanzlieschgras-Halbtrockenrasens (Verband Koelerio-Phleion) entwickelt. Typische Pflanzen dieses sehr selten gewordenen Magerrasentyps sind Kugellauch (*Allium sphaerocephalon*), der im Frühsommer purpurne Blütenstände hervorbringt, Aufrechter Ziest (*Stachys recta*), Hügelmeister (*Asperula cynanchica*), Gemeines Sonnenröschen (*Helianthemum nummularium*) und Glanzlieschgras (*Phleum phleoides*).

Nach dem Abstecher auf den Wirbelley beschreibt der Weg eine weite Kehre um das Obertal, dessen Nordseite mit Eichen-Hainbuchen-Niederwald bestanden ist. Am Südhang folgen wiederum mehr oder weniger stark verbuschte Weinbergsbrachen, bis der Weg nach rechts in das Niedertal einbiegt. Auch der Nordhang dieses Tälchens ist waldbestanden. Es handelt sich um Eichen-Hainbuchen-Wälder des Verbandes Carpinion, in deren Krautschicht lichtliebende Kräuter und Gräser den Ton angeben. Typische Arten sind Große Sternmiere (*Stellaria holostea*), Waldlabkraut (*Galium sylvaticum*), Einblütiges Perlgras (*Melica uniflora*) und Hainrispengras (*Poa nemoralis*). Über dem basenarmen Hundsrück-Tonschiefer überwiegen in der Waldflora Arten mit geringen Ansprüchen an die Nährstoffversorgung wie Buschwindröschen (*Anemone nemorosa*), Schmalblättrige Hainsimse (*Luzula luzuloides*) oder Maiglöckchen (*Convallaria majalis*). An den Waldrändern und an felsigen Stellen, die von den Baumkronen nur locker überschirmt werden, treten seltenere, wärmeliebende Arten hinzu, so Ebensträußige Margerite (*Tanacetum corymbosum*), Salomonssiegel (*Polygonatum odoratum*), Pfirsichblättrige Glockenblume (*Campanula persicifolia*) und Langblättriges Hasenohr (*Bupleurum longifolium*). An solchen Standorten wächst am Engweger Kopf auch der Diptam (*Dictamnus albus*), der allerdings vom Wanderweg aus nicht zu beobachten ist.

Im Niedertal angelangt, das die Landesgrenze zwischen Hessen und Rheinland-Pfalz bildet, folgen wir dem Weinkelch-Hinweisschild talaufwärts. Es geht weiter durch Eichen-Hainbuchen-Wald, bis wir kurz hinter einer isoliert liegenden Gartenhütte eine kleine Lichtung erreichen. Die Wiesen, die diesen Abschnitt des Tälchens einnehmen, liegen schon seit langem brach und sind mit Wildem Dost (*Origanum vulgare*) und anderen Saumarten durchsetzt,

weisen aber noch einige interessante Arten wechseltrockener Magerwiesen auf. Hier wachsen Gewöhnliche Akelei (*Aquilegia vulgaris*), Kleines Mädesüß (*Filipendula vulgaris*), Langblättriger Ehrenpreis (*Veronica longifolia*) und Silau (*Silaum silaus*).
Hinter der Lichtung führt der Weg noch ein kurzes Stück im Tal durch Eichen-Wald. Nach etwa 100 Metern weist ein Hinweisschild nach links; eine Holzbrücke überquert den kleinen Bach, und anschließend schlängelt sich ein Fußpfad den bewaldeten Hang hinauf. Wir folgen diesem Pfad, bis er schließlich bei einer Sitzbank in einen breiteren Weg einmündet, dem wir nach links folgen. Der Weg führt nun leicht bergab durch bodensauren Traubeneichen-Wald mit Mehlbeere (*Sorbus aria*), Elsbeere (*Sorbus torminalis*) und Hasel-(*Corylus avellana*-)Sträuchern, in dessen Krautschicht anspruchslose Gräser und Kräuter wie Wiesenwachtelweizen (*Melampyrum pratense*), Echter Ehrenpreis (*Veronica officinalis*), verschiedene Habichtskraut-(*Hieracium*-)Sippen und Drahtschmiele (*Avenella flexuosa*) wachsen.
Das letzte Stück des Wanderweges führt schließlich wieder durch altes Kulturland mit teils aufgelassenen, teils noch bewirtschafteten Weinbergen. Auf den Simsen von Terrassen, die den Weg begleiten, lassen sich die schon bekannten ruderalen Stauden, stellenweise aber auch lückige Ephemerenfluren beobachten, die sich aus den Fetthennen-Arten *Sedum rupestre* und *Sedum acre* und kleinwüchsigen Therophyten zusammensetzen. Neben den bereits anfangs erwähnten Arten kommen hier zwei Filzkraut-Arten vor: das Zwerg-Filzkraut (*Filago minima*) und das Acker-Filzkraut (*Filago arvensis*), von denen das letztere deutlich stärker seidig-filzig behaart ist. Auffällig sind die lang begrannten Fruchtstände des Mäuseschwanzfederschwingels (*Vulpia myuros*), unscheinbar ist dagegen das winzige Aufrechte Mastkraut (*Sagina micropetala*).
Der Wanderweg stößt schließlich auf einen breiteren Fahrweg, dem wir ein kleines Stück weit in nördlicher Richtung folgen, bis der Bahnhof Kaub erreicht ist.

Länge der Wanderung: 9,5 km
Einkehrmöglichkeiten: Gasthäuser und Pensionen in Lorch und Kaub
Verkehrsverbindungen: Gute Zugverbindungen von Frankfurt, Wiesbaden und Koblenz

Liebe Leserin, lieber Leser,

wir möchten Ihre Interessen kennenlernen, um sie noch besser berücksichtigen zu können.
Deshalb bitten wir Sie um folgende Informationen:

Diese Karte entnahm ich dem Buch: ______________________

Auf dieses Buch wurde ich aufmerksam durch:

☐ Anzeige in ______________________

☐ Rezension in ______________________

☐ Verlagsprospekt

☐ Versandkatalog

☐ Geschenk

☐ Empfehlung des Buchhändlers

☐ Schaufensterauslage

☐ andere Hinweise

Ich hätte gern noch weitere Informationen über Ihre Neuerscheinungen in den Themengebieten:

☐ Natur

☐ Freizeit und Hobby

☐ Geschichte und Kultur

Unter den Einsendern dieser Karte verlosen wir am Jahresende 30 wertvolle Bücher.

Mit herzlichem Dank für Ihre Unterstützung

Ihr
Urania-Verlagsgesellschaft mbH

Absender:

Name

Straße

Ort

Meine Meinung zu diesem Buch:

Postkarte

Bitte freimachen

Urania-Verlagsgesellschaft
c/o E.A.Seemann Kunstverlag
Postfach 846
04008 Leipzig

Untermainebene – Schwanheimer Düne und Schwanheimer Wald

Im Westen Frankfurts hat der Main im Eiszeitalter mächtige Schotter- und Sandablagerungen hinterlassen und eine Terrassenebene geschaffen, in der er mehrfach seinen Lauf verlagerte. Seit langem schon prägen Industrie und Handel die Landschaft am Untermain; Industrie, Verkehrsanlagen und Wohnsiedlungen nehmen großen Raum ein. Trotz des immensen Flächenbedarfs des Menschen blieben große Waldflächen erhalten, die den Siedlungsraum am Main nach Süden und Osten abschließen; nur das Gelände des Frankfurter Flughafens hat eine große Lücke in diesen Waldgürtel gerissen. Der Wald im Süden Frankfurts stockt größtenteils auf nährstoffarmen Terrassenschottern und ist für die Landwirtschaft nur schlecht nutzbar. Daß er in diesem Umfang über die Jahrhunderte in dem stetig wachsenden Ballungsraum Rhein-Main erhalten blieb, ist aber auch seiner besonderen Geschichte zu verdanken; im Mittelalter war er Jagdrevier der fränkischen Könige und durfte deshalb nicht gerodet werden. Ein Teil dieses Waldgebietes ist der Schwanheimer Wald, der ein bedeutendes Naherholungsgebiet für die Städter geworden ist.

Nördlich des Schwanheimer Waldes liegt, eingeschlossen von den Anlagen der Chemiewerke Höchst, Schnellstraßen und Wohnsiedlungen, das Schwanheimer Feld. Viele alteingesessene Bürger des alten Dorfes Schwanheim besitzen hier ein Obststück oder einen Garten, aus dem sie Gemüse und Obst, vor allem Äpfel für die Herstellung des »Stöffche«, des eigenen Apfelweins, ernten. Inmitten dieses Restes bäuerlicher Landschaft befinden sich die Schwanheimer Dünen, deren Sandmagerrasen wir auf unserer Wanderung zunächst besuchen.

Die Wanderung beginnt in der Geisenheimer Straße am westlichen Ortsrand von Schwanheim. Von der Geisenheimer Straße zweigt nach Westen der Griesheimer Weg ab, der über eine Brücke die Schnellstraße zwischen Flughafen und Höchst am nördlichen Mainufer überquert. Von der Brücke aus lassen sich die kleinparzellierten Obstwiesen, Äcker und Gärten des Schwanheimer Feldes überblicken. Nach Nordwesten schauend, sind in der Ferne die bewaldeten Bergrücken des Taunus zu erkennen, während sich nach Südwesten die Industrielandschaft am Untermain mit Fabrikgebäuden, Raffinerien und Überlandleitungen anschließt.

Der Griesheimer Weg verläuft zunächst durch schmal parzellierte Ackerflächen, zwischen denen Obstbaumzeilen und kleine Hecken stehen. An den Feldrainen sind grasreiche Ruderalfluren mit Gemeiner Quecke (*Agropyron repens*), Glatthafer (*Arrhenatherum elatius*), Tauber Trespe (*Bromus sterilis*) und Ackerwinde (*Convolvulus arvensis*) entwickelt. Zwei Rauken-Arten lassen sich hier dicht beieinander beobachten: die allgemein verbreitete Wegrauke (*Sisymbrium officinale*) und die seltenere Ungarische Rauke (*Sisymbrium altissimum*) mit dünnen, überhängenden Fruchtschoten.

Wir biegen in den nächsten Querweg nach rechts ein, der als »Bohnenweg« ausgeschildert ist, und gehen bei der bald darauf folgenden Weggabelung wiederum rechts auf einem Grasweg weiter. In den nicht sehr intensiv bewirtschafteten

Gebräuchliche Ochsenzunge (*Anchusa officinalis*) und Klatschmohn (*Papaver rhoeas*) am Rand eines Getreideackers im Schwanheimer Feld

Getreideäckern entwickelt sich im Frühsommer eine recht artenreiche Segetalvegetation mit typischen Arten kalkarmer, sandiger Äcker. Zu beobachten sind beispielsweise die Echte Kamille (*Chamomilla recutita*), der hellblau blühende Ackerkrummhals (*Anchusa arvensis*), die Schmalblättrige Wicke (*Vicia angustifolia*) und die Viersamige Wikke (*Vicia tetrasperma*), die an Getreidehalmen hochranken. Im Juni leuchten die roten Blüten des Klatschmohns (*Papaver rhoeas*) und des Saatmohns (*Papaver dubium*) sowie die blauvioletten der Ochsenzunge (*Anchusa officinalis*) im Sonnenlicht.

Im Schatten von Brombeer- und Schlehen-Gebüschen, die streckenweise den Weg begleiten, wachsen stickstoffliebende ruderale Stauden, so die Zweihäusige Zaunrübe (*Bryonia dioica*), die Gemeine Brennessel (*Urtica dioica*), das Kleblabkraut (*Galium aparine*), die Kanadische Goldrute (*Solidago canadensis*), der Rainfarn (*Tanacetum vulgare*), die Echte Hundszunge (*Cynoglossum officinale*), das Schöllkraut (*Chelidonium majus*), der Gemeine Klettenkerbel (*Torilis japonica*) und die Echte Nelkenwurz (*Geum urbanum*). In Obstwiesen, die zwischen den Ackerflächen eingestreut liegen, finden wir typische Kräuter der Glatthafer-Fettwiesen: Wiesenbocksbart (*Tragopogon pratensis*), Wiesenlabkraut (*Galium album*) und Pastinak (*Pastinaca sativa*).

Der Weg verläuft schräg auf die Schnellstraße zu. Kurz bevor wir diese erreichen, biegen wir nach links in einen Schotterweg ein, der nach Westen zunächst an Kleingärten und Gebüschen vorbei führt. Bald aber gelangen wir auf brachliegendes, mit einzelnen Büschen und Bäumen durchsetztes offenens Gelände. Auf den ehemaligen Äckern und Wiesen haben sich hochgrasreiche, wiesenähnliche Vegetationsbestände, aber auch niedrige Rasen aus Rotem Straußgras (*Agrostis capillaris*) und Schafschwingel (*Festuca ovina* agg., *Festuca trachyphylla*) eingestellt. Nicht nur der sommerliche Wassermangel, der vielen ausdauernden Pflanzenarten auf den Sandböden zu schaffen macht, sondern auch die Wühltätigkeit vieler Kaninchen trägt dazu bei, daß diese Rasen lückig bleiben und Lebensraum für kleinwüchsige Therophyten bieten, die schon im zeitigen Frühjahr erscheinen. Dann entfalten sich die kleinen weißen Blüten des Frühlingshungerblümchens (*Erophila verna*), des Bauernsenfs (*Teesdalia nudicaulis*) und des Sandhornkrauts (*Cerastium semidecandrum*), die blauen des Sandvergißmeinnichts (*Myosotis stricta*), des Rauhen Vergißmeinnichts (*Myosotis ramosissima*) und des Ackerehrenpreises (*Veronica arvensis*). Nicht selten ist der im April blühende Heidelöwenzahn (*Taraxacum laevigatum* agg.) anzutreffen, der sich anhand der Schwielen an seinen Hüllblättern von dem Gemeinen Löwenzahn (*Taraxacum officinale*) unterscheiden läßt. Ebenfalls im Frühjahr blühen zwei kleine Pflanzen aus der Familie der Schmetterlingsblütler, die Platterbsenwicke (*Vicia lathyroides*) mit blaulila und der Vogelfuß (*Ornithopus perpusillus*) mit blaßgelben Blüten. Sehr häufig sind außerdem Kleiner Sauerampfer (*Rumex acetosella*), Kleines Habichtskraut (*Hieracium pilosella*), Frühlingsfingerkraut (*Potentilla neumanniana*), Echtes Labkraut (*Galium verum*), Zypressenwolfsmilch (*Euphorbia cyparissias*), Feldmannstreu (*Eryngium campestre*), Heidenelke (*Dianthus deltoides*) und Bergsandglöckchen (*Jasione montana*) zu finden, um nur einige der häufigeren Arten zu nennen. Besonders typisch für die Sandrasen der Untermainebene sind aber das Zierliche Schillergras (*Koeleria macrantha*) und die Sandgrasnelke (*Armeria maritima* ssp. *elonganta*), deren rosa Blütenköpfe in den Schwanheimer Dünen während des Frühsommers massenhaft erscheinen; sie kennzeichnen die Assoziation des Grasnelken-Magerrasens (Armerio-Festucetum-trachyphyllae).

Die Schwanheimer Dünen sind in ihrem Kernbereich von lückigen Silbergraswiesen bewachsen.

Auf kleinen Sandhügeln und an Böschungen lassen sich hier und da die silbergrünen Horste des Silbergrases (*Corynephorus canescens*) ausmachen, das mit tiefreichenden Wurzeln offenliegende, humusarme Sandflächen zu besiedeln vermag. Meist zusammen mit dem Silbergras treten zwei seltene Pionierpflanzen auf: die Sandstrohblume (*Helichrysum arenarium*) und der Frühlingsspark (*Spergula morisonii*), dessen weiße Blüten bereits im April erscheinen. Noch zeitiger im Jahr blüht das winzige Zwerggras (*Mibora minima*), das in einem kleinen Bestand rechts des Weges vorkommt. Es lohnt sich, hier ein paar Schritte in den Magerrasen umherzugehen und ihre Pflanzenwelt eingehend zu betrachten, bevor das Naturschutzgebiet erreicht ist, das den engeren Bereich der »Schwanheimer Dünen« umfaßt, denn dort dürfen die Wege nicht verlassen werden.
Auf das Naturschutzgebiet weisen eine hölzerne Absperrung und ein Schild hin, das an der nächsten Wegkreuzung steht. Das nun folgende Wegstück umrundet den nördlichen Teil des Schutzgebietes. Wir wenden uns zunächst nach rechts und biegen an der nächsten Kreuzung nach links in einen befestigten Weg ein. Zunächst geht es durch Brachflächen, in denen einzelne verwilderte Obstbäume und

16

Hundsrosen (*Rosa canina*) stehen. Am Wegrand wachsen auch einige Exemplare der Weinrose (*Rosa rubiginosa*), deren unterseits dicht bedrüste Blättchen einen zarten Duft verströmen. Dann folgt auf der linken Wegseite ein Gebüsch aus Schwarzem Holunder (*Sambucus nigra*), und hinter diesem öffnet sich der Blick auf die offene Dünenfläche im Kernbereich des Naturschutzgebietes. Nach alten Berichten war diese Fläche im letzten Jahrhundert mit Obstbäumen bepflanzt, bis diese nach mehreren trockenen Jahren abstarben. Nach ihrer Rodung geriet der entblößte Sandboden erneut in Bewegung; Winderosion formte das heutige flachwellige Relief der Binnendüne aus. Ihre Vegetation besteht aus schütteren, moos- und flechtenreichen Silbergrasrasen, in denen als einzige Gehölze krüppelwüchsige Waldkiefern (*Pinus sylvestris*) gedeihen.
Direkt hinter der offenen Dünenfläche biegen wir links in einen mit einer Schranke abgesperrten Lehmweg ein, der zunächst an einem umzäunten Baggersee vorbeiführt. An der linken Wegseite begleiten uns Magerrasenbrachen; Dachtrespe (*Bromus tectorum*), Natternkopf (*Echium vulgare*), Kleines Filzkraut (*Filago minima*) und Nachtkerze (*Oenothera biennis* agg.) zeigen eine gewisse Eutrophierung des Standortes an. In diesem Bereich sind auch kleine Herden des Sandstraußgrases (*Agrostis vienalis*) zu finden, das im Sommer an seinen zusammengezogenen Blütenrispen zu erkennen ist.
Der Weg verengt sich bald zu einem Fußpfad, biegt bei einer Kieferngruppe nach links, quert dann die offene Dünenfläche und stößt nach etwa 200 Metern auf einen breiteren Feldweg, der die Ostgrenze des Naturschutzgebietes bildet. Möglicherweise wird dieser Weg aus Naturschutzgründen bald für Besucher gesperrt; dann wird es nötig sein, auf dem gleichen Weg bis zum Ostrand des Schutzgebietes zurückzugehen oder aber bei der Wegschranke weiter geradeaus zu laufen und den Baggersee zu umrunden.
Auf dem Schotter des Feldweges läßt sich bei genauem Hinsehen das winzige Aufrechte Mastkraut (*Sagina micropetala*) finden, das im Gegensatz zu dem häufigeren Liegenden Mastkraut (*Sagina procumbens*) aufrecht wächst. Es siedelt auf kiesigem Sand und Wegschotter in niedrigen Trittrasen zusammen mit der rosa blühenden Schuppenmiere (*Spergularia rubra*) und dem Mäuseschwanzfederschwingel (*Vulpia myuros*). Wir folgen dem Weg etwa 200 Meter weit nach rechts und wenden uns dann bei einem Naturschutzgebietsschild nach links, um einen Fußpfad einzuschlagen, der auf einem schmalen Fahrweg endet. Hier geht es noch-

mals links durch brachliegende Obstwiesen, bis wir auf den geteerten Kelsterbacher Weg stoßen, der die Fortsetzung des am Anfang der Wanderung eingeschlagenen Griesheimer Weges bildet. Wer die Wanderung jetzt abbrechen möchte, erreicht über den Kelsterbacher Weg alsbald die Brücke über die Schnellstraße am Ortsrand von Schwanheim, bei der die Wanderung begonnen hat. Um zum Schwanheimer Wald zu kommen, überquert man den Kelsterbacher Weg und geht geradeaus auf eine andere Brücke zu. Gleich hinter dieser Überführung beginnt der Schwanheimer Wald. Wir folgen dem Weg geradeaus, bis wir das offene Gelände der Schwanheimer Wiesen erreichen, und biegen dann nach rechts in die Riedwiesenschneise ein, die am Waldrand westwärts führt.

Der Schwanheimer Wald stellt sich als artenreicher, mehrschichtiger Laubmischwald dar. In dem Bereich unseres Wanderweges wächst er auf Hochflutablagerungen des Mains. Auf diesen nährstoffreichen, grundwasserbeeinflußten Standorten gedeihen anspruchsvolle Waldpflanzen wie Aronstab (*Arum maculatum*), Breitblättrige Sitter (*Epipactis helleborine*) und Vielblütige Weißwurz (*Polygonatum multiflorum*). Im Bestand fallen viele alte, hochwüchsige Stieleichen (*Quercus robur*) ins Auge, deren ausladende Kronen eine niedrigere zweite Baumschicht aus Hainbuche (*Carpinus betulus*), Vogelkirsche (*Prunus avium*), Bergahorn (*Acer pseudoplatanus*), Feldahorn (*Acer campestre*) und Esche (*Fraxinus excelsior*) überschirmen. Die Strauchschicht besteht überwiegend aus Hasel (*Corylus avellana*), Schwarzem Holunder (*Sambucus nigra*) und einer Weißdorn- (*Crataegus-*) Sippe. Am Waldrand wurden mancherlei exotische Bäume gepflanzt, darunter der Tulpenbaum (*Liliodendron tulipifera*), die Eßkastanie (*Castanea sativa*) und die Roßkastanie (*Aesculus hippocastanum*). Sitzbänke am Waldrand laden bei schönem Wetter zu einer Rast ein. 16

Nach etwa einem knappen Kilometer Wegstrecke durch den Wald erreichen wir am Ende des Wiesenareals einen quer verlaufenden Forstweg, in den wir rechts einbiegen, um wenig später nach links auf dem Rodseeweg weiterzugehen. Alte Bergahorn-Exemplare und Sommerlinden (*Tilia platyphyllos*) begleiten diesen Weg. Wir laufen nun am Rand des Rodsees entlang, der einen Altlauf des Mains beschreibt.

Der Rodsee wird von einem Bruchwald aus locker auf Stelzwurzeln stehenden Schwarzerlen (*Alnus glutinosa*) eingenommen. Wenn die Senke im Frühjahr überschwemmt wird, schwimmen auf der Wasseroberfläche massenhaft die

Der Rodsee im Schwanheimer Wald ist Standort eines Erlenbruchwaldes, der bei Frühjahrshochwasser überschwemmt wird.

Blättchen der Kleinen Wasserlinse (*Lemna minor*), und aus dem Wasser ragen die Blätter der Sumpfsegge (*Carex acutiformis*) und der Wasserschwertlilie (*Iris pseudacorus*) heraus. Früher ist auch die Wasserfeder (*Hottonia palustris*) im Rodsee vorgekommen.

Nachdem wir ein Stück an dem Erlenbruchwald entlanggegangen sind, erreichen wir in einer Linksbiegung des Weges die Riedwiese. Dieses schon seit langem nicht mehr bewirtschaftete Feuchtgebiet besteht aus Röhrichten des Rohrglanzgrases (*Phalaris arundinacea*), des Schilfs (*Phragmites australis*), des Großen Wasserschwadens (*Glyceria maxima*), der Blasensegge (*Carex vesicaria*) und der Schlanksegge (*Carex gracilis*). Während des Frühsommers erblühen dort verschiedene Stauden, die in Naßwiesen und Sümpfen beheimatet sind: Sumpfhornklee (*Lotus uliginosus*), Blutweiderich (*Lythrum salicaria*), Sumpfhelmkraut (*Scutellaria galericulata*), Sumpfziest (*Stachys sylvatica*), Gemeiner Wolfstrapp (*Lycopus europaeus*) und andere mehr. Am Waldrand beginnt das Drüsige Springkraut (*Impatiens glandulifera*) sich auszubreiten, ein aus Asien stammender Neubürger der mitteleuropäischen Flora.

Hinter der Riedwiese führt der Wanderweg wieder durch Wald. Wir schlagen einen bald nach links abzweigenden Forstweg ein und erreichen schließlich wieder die Schwanheimer Wiesen. Der Rückweg führt am Südrand des Wiesenareals entlang. Seine Vegetation besteht überwiegend aus Glatthafer-Wiesen (Arrhenatheretum elatioris), die auf dem nährstoffreichen, wechselfeuchten Auenboden eine hohe natürliche Produktivität besitzen. Hochwüchsige Gräser, vor allem Glatthafer (*Arrhenatherum elatius*), Wiesenfuchsschwanz (*Alopecurus pratensis*) und Wiesenschwingel (*Festuca pratensis*), herrschen in den Beständen vor. Längs des Wanderweges begegnen uns artenarme, offenbar gedüngte Wiesen ebenso wie solche, die sich durch Blütenreichtum auszeichnen. Mit Knollenhahnenfuß (*Ranunculus bulbosus*), Wiesensalbei (*Salvia pratensis*), Wiesenmargerite (*Leucanthemum vulgare*) und Wiesenflockenblume (*Centaurea jacea*) seien nur einige der Kräuter genannt, die den Schwanheimer Wiesen im Frühsommer einen bunten Aspekt verleihen. Erst nach dem ersten Wiesenschnitt erscheinen die Blüten zweier Stauden, die frische Ausbildungen der Glatthafer-Wiese charakterisieren: die blaßgelben Dolden des Silaus (*Silaum silaus*) und die dunkelroten Köpfe des Großen Wiesenknopfs (*Sanguisorba officinalis*).
Etwa 200 Meter nachdem wir auf dem Weg durch das Wiesengelände drei große Fahl-Weiden (*Salix* x *rubens*) passiert haben, biegen wir nach links in einen Grasweg ein, der zunächst die Wiesen quert, dann ein kleines Stück weit durch Eichen-Hainbuchen-Wald verläuft und schließlich auf die schon bekannte Schnellstraße stößt. Der Weg biegt hier nach rechts um und verläuft noch ein kleines Stück zwischen Wald und südlichem Ortsrand von Schwanheim. Wer diesem Weg weiter folgt, erreicht die Endhaltestelle der Straßenbahn. Um zum Ausgangspunkt der Wanderung zurückzukehren, können wir eine der nach links abzweigenden Straßen hinunterlaufen, die durch Wohnsiedlungen und Grünanlagen zur Geisenheimer Straße zurückführen.

Länge der Wanderung: 4 oder 7 km (Abstecher zum Schwanheimer Wald)
Einkehrmöglichkeiten: in Schwanheim
Verkehrsverbindungen: mit dem Auto oder von Frankfurt-Hauptbahnhof mit Straßenbahnlinie 21, dann mit Bus 70

TOUR 17

Oberrheinebene – Auwälder in der Knoblochsaue

Die Talaue des Rheins bildete sich am Ende der letzten Eiszeit vor ca. 10000 Jahren. Bis zu Anfang des 19. Jahrhunderts hatte der Fluß kein festes Bett, sondern floß träge in weiten Schlingen durch die oberrheinische Tiefebene und veränderte in seiner jahrtausendealten Geschichte öfters seinen Lauf. Er bildete neue Schlingen und verlängerte seinen Lauf, er schuf Durchbrüche und verkürzte ihn wieder. Historische Karten zeigen sehr deutlich die verschiedene Lage der Rheinschlingen, die zahlreichen Durchbrüche und überhaupt die Veränderlichkeit des ganzen Stromsystems. Die nachfolgend beschriebene Wanderung führt uns in das wegen seiner reichhaltigen biologischen Ausstattung weit über Hessens Grenzen hinaus bekannte Gebiet »Kühkopf/Knoblochsaue«. Die Begradigung des Rheines erfolgte hier in den Jahren 1828/29, durch die die Halbinsel des Kühkopfes zur Insel wurde. Nach dem Durchstich verengte sich der Altrhein durch Auflandung beträchtlich. Große Teile des früheren Flußbettes trennten sich vom Strom ab und stellen heute die Nebengewässer mit ihren Verlandungsgebieten dar. Von der ursprünglichen Auenlandschaft mit ihren typischen Lebensgemeinschaften blieben nur kleine Reste zurück, die heute durch Unterschutzstellung und Pflegemaßnahmen gesichert und entwickelt werden. Mit rund 2370 ha bildet der Bereich »Kühkopf/Knoblochsaue« heute das größte hessische Naturschutzgebiet. 1983 wurde dem Feuchtgebiet aufgrund seiner ornithologischen Bedeutung vom Internationalen Rat für Vogelschutz die Anerkennung als Europareservat ausgesprochen.
Unsere Wanderung führt durch den nördlich gelegenen Gebietsteil »Knoblochsaue«, benannt nach seinen ehemaligen Besitzern Ende des 15. Jahrhunderts, der Familie von Knobloch. Ausgangspunkt ist der Parkplatz »Schusterwörth«, den man über einen zunächst asphaltierten, später geschotterten Weg erreicht, der von der Straße Leeheim – Erfelden in einer scharfen Linkskurve nach rechts abzweigt. Ihm folgt man zunächst entlang des Deiches, vorbei an den »Bruderlöchern«. Etwa in Höhe einer Fischereianlage queren wir den Rheindamm und erblicken rechter Hand das

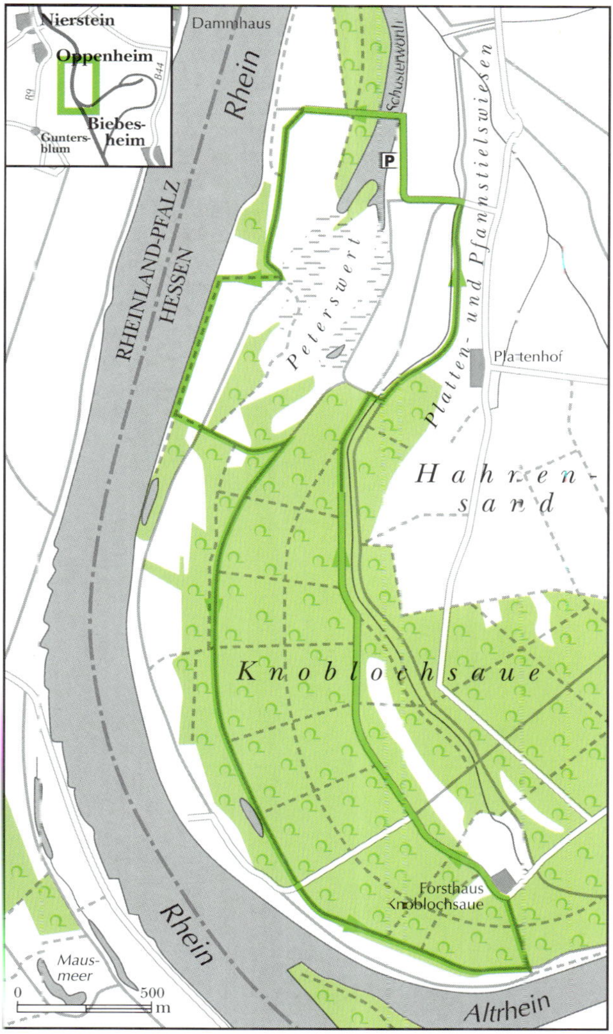

Neujahrsloch, ein kreisrundes Stillgewässer. Kurz vor Erreichen des Forsthauses Knoblochsaue biegen wir in einen nach rechts abzweigenden Weg Richtung Norden ab, passieren nach kurzer Zeit den Plattenhof und folgen ca. 500 m hinter diesem der Parkplatzausschilderung nach links.

17

Blick in einen typischen Silberweiden-Weichholz-Auwald

Vom Parkplatz »Schusterwörth« führt unsere Wanderstrecke zunächst in nördlicher Richtung. Da unsere Route weitgehend dem ausgeschilderten »Schwarzspechtweg« (Kennzeichnung S) entspricht, kann man sich sehr gut an der Beschilderung orientieren. Nach wenigen Schritten passieren wir eine am linken Wegrand stehende, alte Schwarzpappel (*Populus nigra*) mit auffallenden, mehr oder weniger horizontalen Korkwülsten am Stamm. Die Schwarzpappel gilt als Charakterart des Silberweiden-Auwaldes (Salicetum albae), wo sie vorwiegend die Übergangsbereiche von der Silberweiden-Weichholzaue zur Eichen-Ulmen-Hartholzaue besiedelt. Da die natürlichen Auwälder in Mitteleuropa großflächig durch Bastard-Pappelforste ersetzt wurden, sind die Bestände der Schwarzpappel sehr stark zurückgegangen. Sie muß heute als vom Aussterben bedroht angesehen werden, wobei ihre Restbestände vor allem durch Einhybridisierung benachbarter Bastard-Pappeln, aber auch durch Pilzerkrankungen gefährdet sind.
Wir erreichen die Brücke über den Schusterwörther Altrhein, der heute nur noch weiter im Norden eine Verbindung zum Rhein hat. Von hier aus eröffnen sich uns interessante Einblicke auf die Vegetation der offenen Wasserfläche

und die Pflanzenbestände der Ufer. Im nährstoffreichen Wasser des Schusterwörther Altrheins gedeihen Massenbestände der sehr seltenen Wassernuß (*Trapa natans*). Die Schwimmblattpflanze besitzt an ihren Blattunterseiten und Stengeln säureabscheidende Drüsen, die als Fraßschutz gegen Wassertiere gedeutet werden. Die stärkereichen Samen der Wassernuß wurden in der Vergangenheit als Nahrungsmittel genutzt. Man aß sie sowohl roh als auch gekocht und verarbeitete die Samen zu Brotmehl. Diese Nutzung läßt sich bis in die Jungsteinzeit zurückverfolgen. Ihre gerbstoffreichen Früchte wurden noch bis zu Beginn des 20. Jahrhunderts auf Märkten angeboten und dienten zudem der Tintenherstellung. Ebenfalls von der Brücke auszumachen ist ein kleinerer Bestand der Seekanne (*Nymphoides peltata*), deren lang gestielte, gelbe »Trichterblüten« bis zu 7 cm über die Wasseroberfläche ragen. Die Schwimmblattpflanzen sind hier meist mit dem untergetauchten Rauhen Hornblatt (*Ceratophyllum demersum*) vergesellschaftet. Weitere unterwasserlebende Pflanzen (Laichkraut- und Nixkraut-Arten), die früher im Gebiet des Kühkopfes und der Knoblochsaue beobachtet wurden, sind infolge Wasserverschmutzung stark zurückgegangen oder ganz verschwunden. Besonders im Spätsommer findet man im Altwassersystem des Schusterwörther Altrheins auch Decken des Algenfarns (*Azolla filicaulis*), der hier zusammen mit verschiedenen Wasserlinsenarten (*Lemna minor, Lemna trisulca, Lemna gibba, Spirodela polyrhiza*) massenhaft auftritt. In den angrenzenden, teils von dichtem Brombeergestrüpp, Silberweiden und Hybridpappeln eingenommenen Uferzonen fallen besonders die gelben Blütenköpfe des Sumpfgreiskrautes (*Senecio paludosus*) ins Auge. 17

Nach Überquerung der Brücke führt uns der Weg zunächst durch einen Hybridpappelbestand sowie einen stark ruderalisierten Rest eines Silberweidenauwaldes, dessen Unterwuchs von Brennessel (*Urtica dioica*) und Kleinblütigem Springkraut (*Impatiens parviflora*) beherrscht wird. Die geheimnisvoll wirkenden, knorrigen Silberweiden (*Salix alba*) mit ihren teilweise stelzartigen Wurzeln wurden früher im Kopfholzbetrieb alle 5 bis 7 Jahre genutzt (Brennholz), z.T. auch jährlich geschnitten und zur Korbflechterei verwandt. Heute ist eine derartige Bewirtschaftsform kaum noch gefragt und wird nur vereinzelt im Rahmen von Pflegemaßnahmen imitiert. Wesentlich eindrucksvollere Silberweidenbestände werden uns noch später auf unserer Route begegnen.

Im Anschluß an den Wald öffnet sich die Rheinaue, und wir

durchwandern Wiesen und Grünlandbrachen mit darin eingeschlossenen Streuobstbereichen. Die artenarmen, von Gräsern beherrschten Wiesen vermitteln eher einen monotonen Eindruck. Lediglich in den Sommermonaten sind sie stellenweise durchsetzt mit den blaßgelben Doldenköpfen der Wiesenraute (*Thalictrum flavum*) und den aufrechten, reich verzeigten rötlichen Blütenständen des Rispensauerampfers (*Rumex thyrsiflorus*). Die brachliegenden Grünlandteile fallen durch ein hellviolettes Blütenmeer aus Ackerkratzdistel (*Cirsium arvense*) auf. Innerhalb des Grünlandes lassen sich tieferliegende Mulden erkennen, die meist von Rohrglanzgrasröhrichten eingenommen werden.
Unser Wegsaum wird von stickstoffliebenden Hochstauden wie Brennessel (*Urtica dioica*) und Knolligem Kälberkropf (*Chaerophyllum bulbosum*) beherrscht. Stellenweise tritt auch das Schilf (*Phragmites australis*) hinzu. Bereits im Wegsaum treffen wir auf einzelne Exemplare des Kantigen Lauchs (*Allium angulosum*), einer typischen Röhricht- und Naßwiesenart, die im Oberrheingebiet ihren hessischen Verbreitungsschwerpunkt hat.
Kurz vor Erreichen des Rheinufers zweigt unser Weg an einem Walnußbaum nach links ab, und wir bewegen uns in südlicher Richtung etwa in einer Entfernung von 50 m parallel zum nahegelegenen Rheinufer, an dem sich Hybridpappeln entlangziehen. Die Bäume in diesem Bereich sind teilweise sehr stark mit Hopfen (*Humulus lupulus*) überrankt. Vorbei an Kälberkropf-, Brennessel- und Goldrutenfluren führt unsere Route anschließend durch einen kleinen Hybridpappelbestand. Bei der wissenschaftlichen Bezeichnung *Populus* x *canadensis* handelt es sich um einen Sammelnamen für den Hybridschwarm von *Populus nigra* (Schwarzpappel) und der nordamerikanischen *Populus deltoides* bzw. seltener auch *Populus angulata* und deren Rückkreuzungen mit den Stammarten. Wegen ihrer besseren Wuchsleistung wird für forstliche Zwecke fast immer die Hybridpappel gegenüber ihren Eltern bevorzugt.
Innerhalb des Pappelwäldchens, das übrigens nach Hochwasserereignissen noch längere Zeit überflutet und ohne wasserdichtes Schuhwerk dann kaum passierbar ist, knickt unser Weg nach rechts, Richtung Rheinufer ab, das hier aus einer meterhohen Steinschüttung besteht. Im Ufersaum finden sich mit der Gefleckten (*Lamium maculatum*) und Weißen Taubnessel (*Lamium album*) sowie dem Gemeinen Wasserdarm (*Myosoton aquaticum*) wiederum typische Stickstoffzeiger. Aber auch der Färberweid (*Isatis tinctoria*), eine alte Kulturpflanze, die in Deutschland seit dem 9. Jahr-

hundert angebaut wurde und bis ins 16. Jahrhundert zur Herstellung des blauen Farbstoffes Indigo eine große Rolle spielte, ist hier sehr vereinzelt anzutreffen. Als Vertreter trockener bis frischer Ruderalfluren sind Gemeines Leinkraut (*Linaria vulgaris*), Schmalblättriger Doppelsame (*Diplotaxis tenuifolia*), Rainfarn (*Tanacetum vulgare*), Beifuß (*Artemisia vulgaris*), Wegrauke (*Sisymbrium officinale*), Spargel (*Asparagus officinalis*) und Rispensauerampfer (*Rumex thyrsiflorus*) zu finden. Dazwischen lassen sich immer wieder Exemplare des Kantenlauchs (*Allium angulosum*) beobachten. An feuchteren Standorten wie z.B. am Fuß der Steinschüttung findet man noch Bittersüßen Nachtschatten (*Solanum dulcamara*) und Österreichische Sumpfkresse (*Rorippa austriaca*). Das Rheinufer ist auch in diesem Abschnitt von einer Pappelreihe gesäumt. Das sich landwärts anschließende Mähgrünland ist sehr artenarm und vorwiegend von Obergräsern wie Glatthafer (*Arrhenatherum elatius*) und Wiesenfuchsschwanz (*Alopecurus pratensis*) beherrscht. Hinzu treten Störzeiger wie Rohrschwingel (*Festuca arundinacea*), Quecke (*Elymus repens*) und Ackerkratzdistel (*Cirsium arvense*).

Wir folgen unserem Weg weiter entlang dem Rheinufer. Nach kurzer Zeit erreichen wir erneut ein Pappelwäldchen mit einer kleinen Schutzhütte. Hier verläßt unser Weg das Rheinufer und quert ausgedehnte Hochstaudenfluren mit Brennessel (*Urtica dioica*), Knolligem Kälberkropf (*Chaerophyllum bulbosum*) und Riesengoldrute (*Solidago gigantea*). Wenige Schritte hinter der Hütte und einer Schranke verlassen wir nun in einer Rechtskurve den befestigten Weg und folgen der Beschilderung S (für Schwarzspechtweg) auf einem schmalen, wenig begangenen Pfad, der zunächst an einer Wiesenbrache mit Quecke (*Elymus repens*) und Beinwell (*Symphytum officinalis*) entlangführt und uns sehr bald in die sogenannte Silberweiden-Weichholzaue leitet. Die Wegführung ist hier schwer auszumachen. Zwar befindet sich an einem Holzpfosten die Wegmarkierung des Schwarzspechtweges, der Pfosten ist jedoch sehr stark mit Brennesseln überwachsen.

Die Silberweiden-Auwaldgesellschaft ist die typische Lebensgemeinschaft der tiefstgelegenen Überschwemmungsgebiete und wird in erster Linie von schmalblättrigen Weidenarten (vor allem der namengebenden Silberweide *Salix alba*) beherrscht. Die Zugfestigkeit und Elastizität ihrer Äste verhindern, daß ihre Ruten durch den Strömungsdruck brechen. Dies ist zudem ein wesentlicher Grund für ihre Verwendung in der Korbflechterei. Ihre schmalen Blätter passen sich in hervorragender Weise den Stromlinien des Wassers an, so daß lediglich dessen Zug- und nur geringe Scherkräfte wirken. Die entlang unserer Wegstrecke zu beobachtenden Exemplare der Silberweide (*Salix alba*) besitzen ein z.T. beträchtliches Alter und sind durch knorrige, oftmals bereits hohle Stämme ausgezeichnet. Die Stämme stehen oftmals auf Stelzwurzeln, die bei der häufigen Überschwemmung als Adventivbildungen am Stamm entstanden sind und, wenn sie vor eintretender Trockenheit den Boden erreichen, erhalten bleiben. Den Unterwuchs der Weichholzaue entlang unserer Wegstrecke bilden nährstoffliebende Kräuter und Gräser. Zu nennen sind hier u.a. Sumpfziest (*Stachys palustris*), Echte Nelkenwurz (*Geum urbanum*), Stinkender Storchschnabel (*Geranium robertianum*), Gemeiner Wasserdarm (*Myosoton aquaticum*), Knoblauchsrauke (*Alliaria petiolata*), Großes Hexenkraut (*Circaea lutetiana*), Blutampfer (*Rumex sanguineus*), Rohrglanzgras (*Phalaris arundinacea*) und Kleinblütiges Springkraut (*Impatiens parviflora*). Neben dem zuletzt genannten Kleinblütigen Springkraut lassen sich aber auch Exemplare des Drüsigen Springkrautes (*Impatiens glandulifera*) beobachten, einer aus dem Himalaya bzw. Ostindien stammenden, unangenehm süßlich riechenden Gartenzierpflanze, die sich in jüngster Vergangenheit massiv in den Uferbereichen unserer Gewässer ausbreiten konnte und unsere heimische Flora in zunehmendem Maße verdrängt. Die Bekämpfung dieser karmin- bis blaßrot blühenden Pflanze, die oft von Naturschützern gefordert wird, ist so gut wie hoffnungslos, da die einjährige Art Tausende von Samen produziert, die zudem bis zu sechs Jahren keimfähig bleiben.

An den Silberweidenauwald schließt sich nach kurzer Zeit die sogenannte Hartholzaue an, die nur noch episodisch überflutet wird. Hier herrschen Baumarten wie *Quercus robur* (Stieleiche), *Fraxinus excelsior* (Esche), *Acer pseudoplatanus* (Bergahorn) und *Tilia cordata* (Sommerlinde) vor. Die ebenfalls für derartige Wälder typische Feldulme (*Ulmus minor*) ist auf unserer Route nur in wenigen Exemplaren auszumachen und meist an den korkigen Zweigen zu erkennen. Nach kurzer Gehzeit erreichen wir einen befestigten Weg, auf den wir nach rechts abbiegen. Er führt entlang des Rheindeiches, in dessen Verlauf sich immer wieder eindrucksvolle Einblicke in Weich- und Hartholzauwälder eröffnen. Gleich zu Beginn lassen sich rechts des Weges einige sehr alte, knorrige Schwarzpappeln und Stieleichen ausmachen. Im Wegsaum finden sich u.a. Blutampfer (*Rumex sanguineus*), Japanischer Klettenkerbel (*Torilis*

Im Frühling sind die Wälder in der Knoblochsaue vielerorts vom Zweiblättrigen Blaustern (*Scilla bifolia*) blau gefärbt.

japonica), Waldziest (*Stachys sylvatica*), Knotenbraunwurz (*Scrophularia nodosa*) und Steife Wolfsmilch (*Euphorbia serrulata*). Wegbegleitende Sträucher sind Weißdorn-Arten und Blutroter Hartriegel (*Cornus sanguineus*), welche oftmals von Hopfen (*Humulus lupulus*) regelrecht überwuchert werden. Auch der Efeu (*Hedera helix*) ist in diesem Routenabschnitt an Bäumen zu beobachten. Seine sproßbürtigen Luftwurzeln dienen ihm als Haftung. Obwohl der immergrüne Efeu im strengen Sinne kein Schmarotzer ist, kann er doch seinen Wirt durch Lichtkonkurrenz schädigen und zuweilen nach Absterben des Trägerbaumes selber als Baum weiterwachsen. Etwa in Höhe der Einmündung der Rheinstrich-Schneise erstreckt sich rechts des Deiches ein kleines langgezogenes Altwasser, das vom Weg aus nur schwer einsehbar ist. Hier wachsen neben Rohrglanzgrasröhrichten Bestände der Sumpfschwertlilie (*Iris pseudacorus*) und des Wasserfenchels (*Oenanthe aquatica*). Wir folgen dem ufernahen Weg weiter bis zum Parkplatz Mistweg, von wo aus wir nun unseren Rückweg zum Ausgangspunkt einschlagen. Wer in den Frühjahrsmonaten in die Knoblochsaue kommt, kann übrigens in der Umgebung dieses Parkplatzes großflächige, eindrucksvolle Vorkommen des Zweiblättrigen Blausterns (*Scilla bifolia*) beobachten. Am Parkplatz verlassen wir nun den Uferweg und biegen nach links ab. Wir überqueren zunächst den Parkplatz und wandern in Richtung des Forsthauses Knoblochsaue. Das Forsthaus lassen wir rechter Hand liegen und bewegen uns weiter geradeaus auf einem Weg, der uns wiederum durch die Hartholzaue führt. Die Wegsäume werden hier wieder von nährstoffliebenden Kräutern und Hochstauden eingenommen. Neben den dominierenden, bereits häufiger genannten Arten lassen sich hier die Wilde Karde (*Dipsacus sylvestris*), deren gegenständige Blätter unten scheidig verwachsen sind und ein Wassersammelbecken bilden, sowie die für Hochstaudenfluren entlang großer Ströme typische Echte Engelwurz (*Angelica archangelica*) ausmachen. Die sich links und rechts des Weges erstreckenden Waldbestände werden von Stieleiche (*Quercus robur*), Esche (*Fraxinus excelsior*), Bergahorn (*Acer pseudoplatanus*), Hybrid-Pappeln (*Populus* x *canadensis*) und vereinzelten Sommerlinden (*Tilia cordata*) und Feldulmen (*Ulmus minor*) aufgebaut. Der Strauchunterwuchs weist u.a. Schneeball (*Viburnum opulus*), Hasel (*Corylus avellana*) und Blutroten Hartriegel (*Cornus sanguineus*) auf. Nach gut 2 km Wegstrecke mündet von links die Karlswerk-Schneise auf unseren Weg. Wir behalten die Geradeausrichtung bei, passieren eine Schranke und befinden uns nun auf einem nur wenig begangenen Weg, der stellenweise stark eingewachsen ist. Kurz hinter der Schranke beginnt ein Grabengewässer unseren Weg rechter Hand zu begleiten. Die offene Wasserfläche wird von dichten Wasserlinsendecken (vorwiegend *Lemna minor*) eingenommen, im Röhrichtgürtel wachsen Sumpfschwertlilie (*Iris pseudacorus*) und Rohrglanzgras (*Phalaris arundinacea*). Nach einiger Zeit treffen wir auf einen Querweg, in den wir nach rechts einbiegen. Wir überqueren den Graben, der sich nun links unseres Weges entlangzieht, und erreichen nach wenigen Schritten das Offenland. Vom Waldrand aus hat man rechter Hand einen guten Blick auf ausgedehnte Frischwiesen und den dahinter gelegenen Plattenhof. Benachbart zu den Gebäuden wachsen mehrere einzelstehende Silberweiden, in deren Kronen sich Exemplare der Laubholzmistel (*Viscum album*) beobachten lassen, einem Halbschmarotzer, der den Ästen aufsitzt und aus deren Holzteil Wasser und darin gelöste Nährsalze entzieht. Unser Weg verläuft nachfolgend weiter entlang des Grabens, dessen Uferbereich von Schilfröhrichten (*Phragmites australis*), Brennesselfluren und einzelnen Gehölzen gesäumt wird. Unser Pfad trifft nach kurzer Gehzeit auf einen geschotterten Fahrweg, dem wir nach links folgen. Rechter Hand ergeben sich Blicke auf offene Grünlandbereiche mit Obstbäumen, wie zu Anfang der Wanderung. Die darin eingelagerten, feuchten Senken beherbergen Rohrglanzgrasröhrichte. Auch hier erinnern in den eher monoton wirkenden und von Gräsern dominierten Wiesen lediglich im Hochsommer noch die roten Blütenstände des Rispensauerampfers (*Rumex thyrsiflorus*), die hellgelben Dolden der Wiesenraute (*Thalictrum flavum*) sowie die blauen Blütenähren des Langblättrigen Ehrenpreises (*Veronica longifolia*) an die ehemals hier verbreiteten buntblühenden Stromtalwiesen. Kurz vor Erreichen unseres Ausgangspunktes macht unser Weg eine Rechtskurve. Hier wächst im Saum eine typische Art flußbegleitender Staudenfluren, die Sumpfwolfsmilch (*Euphorbia palustris*), die bis zu 1,50 m hoch werden kann und insbesondere an ihren warzigen Früchten zu erkennen ist. Unser Ausgangspunkt, der Parkplatz Schusterwörth, ist nun nur noch wenige Schritte entfernt.

Länge der Wanderung: etwa 9 km
Einkehrmöglichkeiten: Gaststätte Forsthaus Kühkopf
Verkehrsverbindungen: Mit dem öffentlichen Nahverkehr ist die Knoblochsaue nicht zu erreichen.

TOUR 18

Zu den Waldwiesen im Kranichsteiner Jagdforst

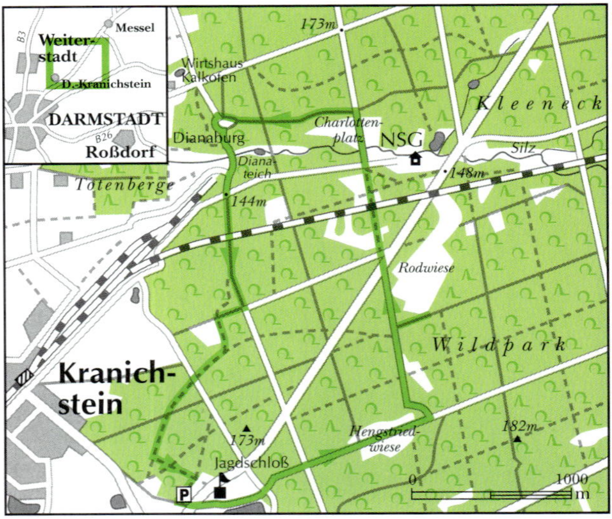

Im Norden von Darmstadt, der alten Residenz der hessischen Landgrafen, liegt an der Landstraße nach Messel das Jagdschloß Kranichstein. Naturräumlich gehört das Gebiet zum Messeler Hügelland, einer vorwiegend aus Ablagerungen des Rotliegenden aufgebauten, sehr flachhügeligen Landschaft, die sich nur wenig über das Niveau der Rhein-Main-Tiefebene erhebt. Das Messeler Hügelland ist relativ dünn besiedelt und weist einen hohen Waldanteil auf, was mit der überwiegend schlechten Nutzbarkeit seiner Böden zusammenhängt.

Das Jagdschloß Kranichstein wurde im 16. Jahrhundert unter der Regierung des hessischen Landgrafen Georg im Renaissancestil erbaut und in den folgenden Jahrhunderten mehrfach umgebaut. Heute ist es im Besitz des Landes Hessen, dient als Jagdmuseum und bietet Räumlichkeiten für kulturelle Veranstaltungen.

Gleichzeitig mit dem Schloßbau wurden die umliegenden

Waldungen für die beim Adel damals beliebte Parforcejagd hergerichtet. Ein regelmäßiges Wegenetz mit sternförmigen Kreuzungen an markanten Punkten wurde angelegt, etwa ein Zehntel des Waldes wurde gerodet und in Wiesen umgewandelt, Wege durch die feuchten Wiesen auf Dämme gelegt und mit Fruchtbäumen, vor allem Eichen, Roßkastanien und Obstbäumen, bepflanzt. Durch das Waldgebiet östlich des Schlosses führt heute ein jagdhistorischer Lehrpfad, dem unser Wanderweg teilweise folgt; auf vielen Schrifttafeln wird über die Geschichte des Forstes und das Jagdwesen berichtet. Floristisch besonders interessant und bei Botanikern seit langem bekannt sind jedoch die im Kranichsteiner Forst verstreut liegenden Waldwiesen. Da sie primär zu Jagdzwecken angelegt und gepflegt wurden, sind sie niemals intensiv bewirtschaftet oder entwässert worden, so daß sich dort eine magere, artenreiche Wiesenvegetation erhalten hat, die selten gewordene Pflanzenarten in großer Zahl beherbergt. Leider ist interessierten Wanderern nur ein Teil der seltenen Flora zugänglich, da das Betreten der meisten Wiesen aus Gründen des Wildschutzes untersagt ist.
Die Wanderung beginnt vor dem Jagdschloß Kranichstein. An der Südseite der Parkanlage vor dem Schloß führt ein Pflasterweg auf das Eingangsportal zu. Alte Sandsteinmauern, in deren Ritzen Mauerraute (*Asplenium ruta-muraria*), Schöllkraut (*Chelidonium majus*) und Efeu (*Hedera helix*) wurzeln, begleiten den Weg zu beiden Seiten. Vor dem Portal gehen wir rechts durch eine Steinpforte und erreichen nach wenigen Schritten einen Weiher, auf dessen Wasserfläche die ovalen Blätter der Seerose (*Nymphaea alba*) schwimmen. Dies ist der im 16. Jahrhundert zur Fischzucht angelegte Backhausteich. Vor dem Teich wenden wir uns nach links und laufen unter den Kronen von rot und weiß blühenden Roßkastanien, die am Teichufer gepflanzt wurden, weiter. Linker Hand begleitet den Weg eine Mauer, die den Schloßpark umgibt. Am Mauerfuß begegnen uns nitrophile Stauden: Große Brennessel (*Urtica dioica*), Zaunwinde (*Calystegia sepium*), Kleinblütiges Springkraut (*Impatiens parviflora*), Stinkender Storchschnabel (*Geranium robertianum*), Echte Nelkenwurz (*Geum urbanum*), Waldsternmiere (*Stellaria nemorum*), Gundermann (*Glechoma hederacea*), Große Klette (*Arctium lappa*) und andere mehr.
Am Ende der Schloßmauer kreuzen wir einen Forstweg und biegen wenig später halbrechts in die »Kernschneise« ein, einen geschotterten Weg, der sich schnurgerade durch den Wald zieht. Die Waldbestände längs des Weges sind deut-

18

Kastanienalleen führen durch die Waldwiesen des Kranichsteiner Jagdforstes.

lich forstlich geprägt; zwischen den heimischen Baumarten Stieleiche (*Quercus robur*), Rotbuche (*Fagus sylvatica*), Hainbuche (*Carpinus betulus*) und Waldkiefer (*Pinus sylvestris*) finden sich immer wieder Kulturen der Europäischen Lärche (*Larix decidua*) und der aus Amerika stammenden Roteiche (*Quercus rubra*). Nachdem wir ein hölzernes Tor passiert haben, erreichen wir auf unserem Weg bald die Hengstriedwiese. Linker Hand steht, einige Meter zurückgesetzt vom Weg, ein Jagdschirm in Gestalt einer halbrunden, mit Schießscharten versehenen Mauer.

Nach seinem Austritt aus dem Wald verläuft der Weg etwas erhöht durch den Feuchtwiesenkomplex aus Kohldistel- und Wassergreiskraut-Wiesen (Angelico-Cirsietum-oleracei, Bromo-Senecionetum-aquatici); zu beiden Seiten wird er von alten Eichen und Gräben gesäumt. Im Mai blühen in den Wiesen rechts des Weges zahlreiche Exemplare des Breitblättrigen Knabenkrautes (*Dactylorhiza majalis*). Der Frühjahrsaspekt ist geprägt von weißen Blüten des Wiesenschaumkrautes (*Cardamine pratensis*), den gelben des Scharfen Hahnenfußes (*Ranunculus acris*), den rosafarbenen der Kuckuckslichtnelke (*Lychnis flos-cuculi*) und den hellblauen des Hain-Vergißmeinnichts (*Myosotis nemoro-*

sa). Im Hochsommer fallen zahlreiche sattgelbe Blüten des Wassergreiskrautes (*Senecio aquaticus*) ins Auge; dunkelgrün glänzende Herden der Spitzblütigen Binse (*Juncus acutiflorus*) kennzeichnen die feuchtesten Wiesenbereiche. Am Wegrand lassen sich Pflanzen magerer Säume ausmachen: Blaugrüne Segge (*Carex flacca*), Fiederzwenke (*Brachypodium pinnatum*), Zickzackklee (*Trifolium medium*), Odermennig (*Agrimonia eupatoria*) und andere mehr. In den Gräben beiderseits des Weges finden wir Breitblättrigen Rohrkolben (*Typha latifolia*), Bittersüßen Nachtschatten (*Solanum dulcamara*), Kohlkratzdistel (*Cirsium oleraceum*), Blutweiderich (*Lythrum salicaria*), Gewöhnliches Mädesüß (*Filipendula ulmaria*) und Schmalblättrigen Merk (*Berula erecta*). Im Hochsommer erscheinen nahe der Gräben die goldgelben Blüten des Großen Flohkrauts (*Pulicaria dysenterica*).

Hinter der Wiese durchwandern wir noch ein kleines Stück Wald und biegen dann nach links ab. Der Weg führt zunächst durch mesophytische Eichen-Hainbuchen-Wälder (Stellario-Carpinetum), an deren Bestandsaufbau Stieleiche, Hainbuche und Buche beteiligt sind. In der Krautschicht blühen im Frühjahr Waldmeister (*Galium odoratum*), Zwiebelzahnwurz (*Dentaria bulbifera*), Scharbockskraut (*Ranunculus ficaria*) und Große Sternmiere (*Stellaria holostea*). Frauenfarn (*Athyrium filix-femina*) und Gewöhnliches Hexenkraut (*Circaea lutetiana*) zeigen betont frische Standortverhältnisse an. Rechter Hand öffnet sich der Wald zu einer weiteren kleinen Wiese, der Stadtförsterwiese, an deren Rand eine mächtige, absterbende Eiche steht. Im Anschluß an diese Wiese stockt auf einer kleinen, sandigen Anhöhe ein bodensaurer Buchen-Wald (Luzulo-Fagetum), in dessen Krautschicht die anspruchslosen Gräser Schmalblättrige Hainsimse (*Luzula luzuloides*) und Drahtschmiele (*Avenella flexuosa*) sowie der Wiesenwachtelweizen (*Melampyrum pratense*) vorherrschen. Diese Vegetationsabfolge aus bodensaurem Buchen-Wald auf den sandüberdeckten Kuppen und mesophytischem Eichen-Hainbuchen-Wald in den staunassen Mulden wird uns auf der Wanderung durch den Kranichsteiner Forst noch mehrfach begegnen.

Bald darauf zweigt bei einer großen Buche ein Weg nach rechts ab, dem wir ein Stück weit folgen, um einen Blick auf die Rottwiese zu werfen. Nach etwa 150 Metern führt ein Fußpfad nach links zu einem Beobachtungsstand, von dem sich ein schöner Blick über die Rottwiese eröffnet. Ihre Vegetation besteht aus einem Mosaik magerer Grünlandgesellschaften: Die ständig nassen Böden werden von binsen-

Das Wassergreiskraut (*Senecio aquaticus*) blüht im Hochsommer in den nassen Wiesenbereichen.

und kleinseggenreichen Feuchtwiesen, die wechselfeuchten Bereiche dagegen von Pfeifengras-Wiesen eingenommen, die große Flächen bedecken. Auf flachen Erhöhungen sind Glatthafer-Wiesen, kleinflächig auch Borstgras-Rasen, entwickelt. Die Rottwiese zeichnet sich durch zahlreiche seltene Pflanzenarten aus, darunter Sibirische Schwertlilie (*Iris sibirica*), Färberscharte (*Serratula tinctoria*), Breitblättriges Wollgras (*Eriophorum latifolium*), Davallsegge (*Carex davalliana*), Prachtnelke (*Dianthus superbus*), Natternzunge (*Ophioglossum vulgatum*) und Lungenenzian (*Gentiana pneumonanthe*), um nur einige zu nennen. Leider kann der Wanderer die ganze floristische Vielfalt der Rottwiese nicht von nahem in Augenschein nehmen; auch für die Rottwiese herrscht ein Betretungsverbot.
Wir gehen zu dem letzten Wegabzweig zurück und dann nach links, passieren zwei Holztore und erreichen dann die Landstraße von Darmstadt nach Messel. Am Wegrand blühen im Frühsommer Süße Wolfsmilch (*Euphorbia dulcis*), Schwarze Teufelskralle (*Phyteuma nigrum*), Nesselblättrige Glockenblume (*Campanula trachelium*), Waldplatterbse (*Lathyrus sylvestris*) und Sitter (*Epipactis helleborine*).
Wir überqueren die Landstraße, gehen geradeaus an einem

Holzlagerplatz vorbei und erreichen bald eine zweigleisige Bahnlinie, die wir ebenfalls (mit Vorsicht!) überqueren. Auf Bahnschotter seitlich der Schienen blüht im April und Mai massenhaft das Frühlingsgreiskraut (*Senecio vernalis*). Der Weg setzt sich als Kastanienallee fort, die durch einen weiteren Wiesenkomplex führt. Bald stoßen wir auf einen kleinen, mit Hängebirken (*Betula pendula*) bestandenen Fußpfad, von dem aus wir das Vegetationsmosaik und die Artenausstattung der Wiese gut betrachten können. Auf den leicht erhöht gelegenen, trockeneren Flächen blühen im Frühjahr Frühlingssegge (*Carex praecox*), Körnchensteinbrech (*Saxifraga granulata*), Bergplatterbse (*Lathyrus linifolius*), Knolliger Hahnenfuß (*Ranunculus bulbosus*), Hundsveilchen (*Viola canina*) und Frühlingsschlüsselblume (*Primula veris*). Für die wechselfeuchten Standorte, die von Pfeifengras-Wiesen eingenommen werden, sind Heilziest (*Betonica officinalis*), Großer Wiesenknopf (*Sanguisorba officinalis*), Kleines Mädesüß (*Filipendula vulgaris*), Silau (*Silaum silaus*), Teufelsabbiß (*Succisa pratensis*), Nordisches Labkraut (*Galium boreale*), Färberginster (*Genista tinctoria*) und Kümmelsilge (*Selinum carvifolia*) charakteristisch. Die ständig feuchten Partien werden von Naßwiesen eingenommen, die wir schon in der Hengstriedwiese beobachtet haben, nur mit dem Unterschied, daß hier auf nährstoffarmem Standort sich viele Kleinseggen, vor allem Hirsesegge (*Carex panicea*) und Wiesensegge (*Carex nigra*), am Bestandsaufbau beteiligen.

Durch Laubwälder mit zwischengepflanzten Lärchen und Roteichen geht es weiter geradeaus. Bei der nächsten Wegkreuzung beginnt das Naturschutzgebiet »Silzwiesen«. Eine kleine Brücke führt über den kleinen Bachlauf der Silz; beiderseits des Weges stehen wiederum alte Roßkastanien. Hinter der Brücke erstreckt sich im Tälchen ein Feuchtwiesenkomplex, in dem sich stellenweise das Schilf (*Phragmites australis*) stark ausgebreitet hat. Vom Wegrand kann man von der Schönheit und Artenvielfalt dieser Wiesen nur einen kleinen Eindruck gewinnen; zu erkennen ist beispielsweise die Knollenkratzdistel (*Cirsium tuberosum*), eine Charakterart der Pfeifengras-Wiesen im Rhein-Main-Tiefland. 18

Nachdem wir die Silzwiesen hinter uns gelassen haben, steigt der Weg zum Talrand hin leicht an. An der nächsten Wegkreuzung folgen wir dem Schild »Dianaburg« nach links und wandern nun durch einen alten Laubwald aus Eichen, Buchen und Hainbuchen. Teilweise stehen die alten Bäume so locker, daß der Lichteinfall ausreicht, um den Adlerfarn (*Pteridium aquilinum*) aufkommen zu lassen, der

dann dichte, hochwüchsige Herden bildet. Nach etwa einem Kilometer auf diesem Weg erreichen wir die Dianaburg, einen eher unscheinbaren, weißgetünchten achteckigen Pavillon, der auf einem künstlichen Hügel inmitten einer sternförmigen Wegkreuzung steht. In dem Rondell wurden allerlei exotische Nadelgehölze angepflanzt.
Nicht weit von der Dianaburg entfernt liegt das Ausflugslokal »Am Kalkofen«. Wer dort eine Rast einlegen möchte, wendet sich nordwärts nach rechts. Der Wanderweg führt weiter südwärts, kreuzt nochmals das mit Schwarzerle (*Alnus glutinosa*) bestandene, sumpfige Tälchen der Silz, bald darauf einen breiten Forstweg und schließlich die Bahn. Hinter der Bahn gehen wir durch alte bodensaure Eichen-Buchen-Wälder bis zur nächsten Wegkreuzung, wo wir rechts in die Rottwiesen-Schneise einbiegen. Bald darauf zweigt kurz vor einer Waldwiese, die teilweise zu einem Wildacker umgebrochen wurde, ein Grasweg nach links ab. Diesem folgend, erreichen wir einen kleinen Erlen-Sumpfwald, der eine kleine Senke links des Weges einnimmt. In seinem krautreichen Unterwuchs lassen sich Sumpfsegge (*Carex acutiformis*), Wilder Hopfen (*Humulus lupulus*), Echte Schlüsselblume (*Primula elatior*), Sumpfpippau (*Crepis paludosa*), Wasserschwertlilie (*Iris pseudacorus*), Gemeiner Gilbweiderich (*Lysimachia vulgaris*) und viele andere Stauden feuchter Standorte finden.
Nachdem wir den Erlen-Sumpfwald hinter uns gelassen haben, ist der Grasweg ziemlich zugewachsen; er stößt jedoch bald auf einen größeren, geschotterten Weg, dem wir nach rechts auf einer Strecke von etwa einem Kilometer folgen, wobei mehrere Forstwege gekreuzt werden. Er führt meist durch junge, dichtwüchsige Eichen- und Buchen-Bestände und endet schließlich vor dem Gelände eines Reiterhofes. Wir können hier am Reiterhof vorbei oder kurz vor dem Waldende über einen nach links abzweigenden Weg zu der Landstraße gelangen, auf deren anderer Seite das Jagdschloß Kranichstein steht.

Länge der Wanderung: 7 km
Einkehrmöglichkeiten: Gartenwirtschaft Kalkofen (wochentags nur im Sommer geöffnet), Reiterhof Kranichstein
Verkehrsverbindungen: mit dem Zug nach Darmstadt, von dort mit Bus Richtung Urberach (Linie U), Haltestelle Kranichsteiner Schloß

TOUR 19

Hessische Rheinebene – Sand- und Saumvegetation im Eberstädter Becken

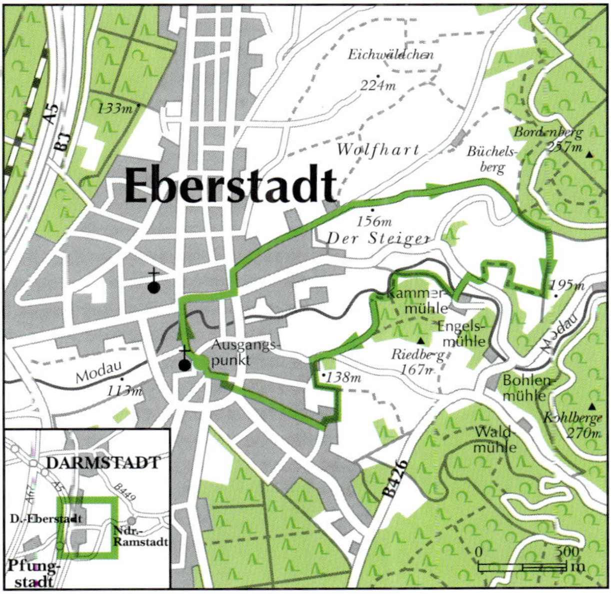

Ziel dieser Wanderung sind die Sandgebiete und ersten Odenwaldhügel südlich von Darmstadt. Naturräumlich gehört das Wandergebiet zum Eberstädter Becken, das am Ostrand der Rheinebene gelegen ist. Hier wurde am Ende der letzten Eiszeit Sand aus der Schotterebene des Rheins zu etliche Meter hohen Dünen angeweht, die vor den Bergketten des Odenwaldes Halt machten, während feinere Bodenpartikel weitertransportiert wurden und sich als Löß an den Hängen des Odenwaldes ablagerten. Die Dünensande des Eberstädter Gebietes sind – anders als die der Untermainebene – oft kalkhaltig. Dieser Umstand und das milde Tieflandsklima haben eine besondere Sandvegetation mit vielen wärmeliebenden, submediterranen oder kontinentalen Florenelementen hervorgebracht. Durch Straßenbau

Acker, Obstwiesen und Hecken kennzeichnen die hügelige Kulturlandschaft am Odenwaldrand.

und großflächige Siedlungserweiterungen ist die Sandvegetation des Eberstädter Beckens in den letzten Jahrzehnten stark dezimiert worden. Einige floristisch besonders interessante Bereiche wurden zwar als Naturschutzgebiete ausgewiesen, sind jedoch trotzdem in dem Ballungsraum Rhein-Main mancherlei Beeinträchtigungen ausgesetzt: Schadstoffeintrag durch Verkehr, Industrie, Müll und aus der Luft, aber auch natürliche Prozesse der Nährstoffanreicherung und Sukzession, die langfristig wirksam werden, wenn die frühere extensive Landnutzung ausbleibt, gefährden die auf offene, humusarme Sandstandorte spezialisierte Lebensgemeinschaft.

Um einen Überblick über die Naturaustattung und Landschaft am Rand der Rheinebene zu erhalten, führt der Weg den Wanderer zunächst ostwärts zu der ersten Hügelkette des Odenwaldes. Ausgangsort der Wanderung ist Eberstadt, eine trotz der für die Landwirtschaft ungünstigen Bodenverhältnisse sehr alte Ortschaft.

Die Wanderung beginnt vor der Kirche in der Ortsmitte von Eberstadt (Bus- und Straßenbahnhaltestelle). Vom Kirchplatz aus wenden wir uns nach Norden und gehen etwa 200 m die Hauptverkehrsstraße (Heidelberger Landstraße) entlang, überqueren den von Osten aus dem Odenwald kommenden Bach Modau und biegen rechts in die Oberstraße ein. Diese stößt nach etwa 300 m auf die Heinrich-Delp-Straße, der wir nach links folgen, um einige Meter weiter wiederum rechts in den Steigertsweg einzubiegen. Wir laufen am nordöstlichen Ortsrand von Eberstadt entlang; links liegt eine kleine Fabrik, hinter der die offene Feldflur beginnt. Sie besteht aus schmalen, als Äcker, Obstgärten oder Wiesen genutzten Parzellen und zeigt das typische kleinteilige Nutzungsmuster südhessischer Dörfer, in denen es Brauch war, den Grundbesitz an alle Erben zu verteilen. Geradeaus kommen die ersten, mit Wald und Obstwiesen bestandenen Hügelketten des Odenwaldes in Sicht.

Am Wegrand und auf kleinen brachliegenden Grundstükken entwickeln sich im Sommer bunt blühende Ruderalfluren, in denen die leuchtend gelben Rispen der Kanadischen Goldrute (*Solidago canadensis*) besonders hervorstechen. Zu den allgemein verbreiteten Arten Gemeiner Beifuß (*Artemisia vulgaris*), Brennessel (*Urtica dioica*) und Schwarznessel (*Ballota nigra*) gesellen sich Ruderalpflanzen, die für trockene Sand- und Kiesböden charakteristisch sind: die Graukresse (*Berteroa incana*) mit rundlichen Schötchen, das Seifenkraut (*Saponaria officinalis*) mit großen weißen Blüten und der gelbblühende Doppelsame (*Diplotaxis tenuifolia*), ein Kreuzblütengewächs, dessen Blätter auffällig nach Schweinebraten riechen.

Nachdem wir die letzten Häuser an der rechten Wegseite hinter uns gelassen haben, steigt der Weg leicht an. Kurz nachdem wir zwei isoliert gelegene Häuser an der linken Wegseite passiert haben, zweigen von dem Hauptweg zwei Teerwege in die Feldflur ab. Von diesen nehmen wir den rechten, der leicht geschwungen den flachen Hang hinaufführt. Wir befinden uns auf der Weinstraße, einem alten Fuhrweg, die vom Rhein östlich bis nach Dieburg führte. Rechts schließt der Weg mit einer Böschung ab, auf der ein artenreiches Feldgehölz aus Hasel (*Corylus avellana*), Schlehe (*Prunus spinosa*), Vogelkirsche (*Prunus avium*), Rotem Hartriegel (*Cornus sanguinea*), Pfaffenhütchen (*Euonymus europaeus*), Feldahorn (*Acer campestre*) und Schwarzem Holunder (*Sambucus nigra*) stockt. Aus der Strauchschicht ragen alte Stieleichen (*Quercus robur*) und Traubeneichen (*Quercus petraea*) hervor, deren Kronen den Wanderweg überschirmen. Im Schatten der Gehölze wachsen an der Böschung stickstoffliebende Arten der Waldinnensäume (Verband Geo-Alliarion): Hainrispengras (*Poa nemoralis*) mit dünnen, aufwärts gerichteten Blättern, Zaunwicke (*Vicia sepium*) mit schmutzigvioletten Blütentrauben, Echte Nelkenwurz (*Geum urbanum*) mit gelbrötlichen Blütenglocken, Kratzbeere (*Rubus caesius*), die an ihren bläulich bereiften Trieben und Früchten zu erkennen ist, und Hekken-Windenknöterich (*Fallopia dumetorum*).

Bei der nächsten Gabelung schlagen wir den rechten Weg ein und laufen weiter bergauf. Der Wanderweg ist nun beiderseits von Hecken gesäumt; je mehr wir an Höhe gewinnen, desto öfter treten zwei licht- und wärmebedürftige Sträucher, der Liguster (*Ligustrum vulgare*) und der Eingrifflige Weißdorn (*Crataegus monogyna*), zu den bereits genannten Gehölzen. Nach einem Stück Wegs erreichen wir die Anhöhe des Büchelsberges; rechts wird der Blick frei auf offenes Ackerland, während an der besonnten, nur lokker von alten Stieleichen überschirmten Böschung links des Weges unvermittelt Pflanzen der Magerrasen und thermophilen Saumgesellschaften erscheinen: Karthäusernelke (*Dianthus carthusianorum*), Graue Skabiose (*Scabiosa canescens*), Glanzlieschgras (*Phleum phleoides*), Wald-Witwenblume (*Knautia sylvatica*), Schmalblättrige Wicke (*Vicia tenuifolia*), Skabiosenflockenblume (*Centaurea scabiosa*), Dunkles Sonnenröschen (*Helianthemum obscurum*) und andere mehr.

Der Weg erreicht bald den Rand des Waldes, der die Kuppe des Büchelsberges bedeckt. An dieser Stelle liegt, etwas zurückgesetzt im Wald, ein hölzerner Pavillon, der sogenannte Mathildentempel; vor diesem blühen im Frühsommer die Goldgelbe Wicke (*Vicia lutea*), eine seltene Pflanze warmtrockener Säume, und die Schwarze Platterbse (*Lathyrus niger*), die ihren Namen den bei der Reife schwarz werdenden Früchten verdankt. Im weiteren Verlauf des Weges sind am Waldrand weitere Stauden zu beobachten, die typisch für lichte Wälder und Waldsäume sind: Blutroter Storchschnabel (*Geranium sanguineum*), Rotes Waldvöglein (*Cephalanthera rubra*), Heilziest (*Betonica officinalis*), Bergjohanniskraut (*Hypericum montanum*), Voralpenklee (*Trifolium alpestre*), Zickzackklee (*Trifolium medium*) sowie die im August blühenden Habichtskrautarten *Hieracium umbellatum* und *Hieracium sabaudum*.

Nach etwa 200 m Wegstrecke vom Mathildentempel aus verlassen wir den Waldrand des Büchelsberges und biegen nach rechts in einen Schotterweg ein, der über eine sanfte Kuppe durch offene Feldflur führt. Bei klarem Wetter hat man auf die Rheinebene und Eberstadt einen weiten Blick. Der Weg führt durch Mais- und Getreideäcker. An Acker-

Karthäusernelke (*Dianthus carthusianorum*) im Waldsaum des Büchelsberges

rändern und in Feldrainen treten Wildkräuter und Ruderalpflanzen auf, die auf den Sandböden des Rheingebietes weit verbreitet sind: Rauhhaariger Fuchsschwanz (*Amaranthus retroflexus*), Ackerkrummhals (*Anchusa arvensis*), Echte Hundszunge (*Cynoglossum officinale*), Russische Hundskamille (*Anthemis ruthenica*), Grüne Borstenhirse (*Setaria viridis*) und andere mehr.
Bei einer kleinen Hecke biegt der Wanderweg nach rechts ab und führt in Kurven zum Tal der Modau hinab. Auf einem kurzen Abschnitt in einer Biegung vertieft er sich zum Hohlweg, dessen Seitenflanken unter dem Schirm alter Eichen mit Efeu (*Hedera helix*) und Waldrebe (*Clematis vitalba*) berankt sind. Später führt der Weg wieder durch offenes Gelände und wird von Feldrainen begleitet, an denen sich im Sommer bunt blühende Staudensäume mit Rapunzelglockenblume (*Campanula rapunculus*), Zottelwicke (*Vicia villosa*), Bastardluzerne (*Medicago varia*), Gemeiner Lichtnelke (*Silene vulgaris*) und Feldbeifuß (*Artemisia campestris*) entwickeln.
Im Modautal angelangt, überquert man die am Talrand verlaufende Landstraße und schlägt einen etwas weiter rechts abzweigenden Fahrweg ein, der zu der Alten Kammermühle an der Modau führt. Kurz vor den Gebäuden der alten Mühle überqueren wir den Bach und biegen nach rechts in einen Schotterweg ein. Zunächst geht es durch beweidetes Auengrünland; bald aber verengt sich das Tal, und der bewaldete Nordhang des Riedberges tritt bis an den Weg her-

an. Im Unterwuchs des Laubmischwaldes, der den steilen Hang bedeckt, tauchen anspruchsvolle, wärmeliebende Arten auf: Persische Glockenblume (*Campanula persicifolia*), Schwalbenwurz (*Vincetoxicum hirundinaria*), Märzveilchen (*Viola odorata*) und Fingersegge (*Carex digitata*).
Der Weg führt auf eine Brücke über die Modau zu, vor der wir links in einen Fußpfad einbiegen, der am Bachufer entlangführt. Im Ufersaum wechseln Gehölze aus Schwarzerle (*Alnus glutinosa*) und Weiden (*Salix viminalis, Salix multinervis*) mit nitrophytischen Staudenfluren aus Großer Brennessel (*Urtica dioica*), Giersch (*Aegopodium podagraria*), Drüsigem Springkraut (*Impatiens glandulifera*) und Pestwurz (*Petasites hybridus*). In Einzelexemplaren wächst dort das Herzgespann (*Leonurus cardiaca*); diese alte Arzneipflanze ist früher in Bauerngärten kultiviert worden.
Links des Weges steigt der Riedberg steil an; die Erosionskraft des Baches hat einen steilen Prallhang herauspräpariert, an dem das harte kristalline Gestein des Odenwaldes hervortritt. Wir bleiben auf dem Fußpfad, bis nach links ein mit Steinschwellen befestigter Weg abzweigt. Über diese Treppen erreichen wir nach einigen Schritten das Eberstädter Naturfreundehaus. Weiter geht es auf schmalem Asphaltweg durch einen forstlich geprägten Mischwald aus Waldkiefer (*Pinus sylvestris*), Robinie (*Robinia pseudacacia*), Winterlinde (*Tilia cordata*) und Bergahorn (*Acer pseudoplatanus*), später dann durch Ackerland auf den Ortsrand von Eberstadt zu. Hinter einem Gehölz aus verwilderten Zwetschenbäumen (*Prunus domestica*) an der linken Wegseite erreichen wir eine Gabelung. Rechts geht es in den Ort hinein; wir nehmen den linken Weg und biegen bei der nächsten Kreuzung nochmals nach links auf einen Schotterweg ein, der durch die Sandflächen im Osten von Eberstadt führt.
Wir befinden uns in einem leicht nach Norden und Osten ansteigenden Dünengelände, das von brachliegenden Obstwiesen und Äckern eingenommen wird. In der Folge hat sich ein buntes Mosaik aus grasreichen Wiesenbrachen, ruderalen Staudengesellschaften und Sandmagerrasen eingestellt, das mit vielen Obstbäumen und kleinen Gehölzen durchsetzt ist. Floristisch besonders interessant sind hängige und windexponierte Stellen, wo das sandige Substrat immer wieder abrutscht oder ausgeblasen wird. Auf solche bewegten Sande haben sich zwei xerophile Gräser spezialisiert, die sich mit ausgeprägtem, tief in den Boden reichendem Wurzelwerk der sommerlichen Trockenheit und Bodenerosion entgegenstellen: Das Silbergras (*Corynephorus ca-*

Auf offenen Sandflächen des Lerchenberges östlich Eberstadt wächst die Sandstrohblume (*Helichrysum arenarium*).

nescens) und das Blaugrüne Schillergras (*Koeleria glauca*). Zwischen ihren Horsten erscheinen im Frühjahr kurzlebige, kleinwüchsige Therophyten: Früher Ehrenpreis (*Veronica praecox*), Sandvergißmeinnicht (*Myosotis stricta*) und viele andere. Im Juni, wenn diese längst verblüht sind, prägen die gelben Blüten des Scharfen Mauerpfeffers (*Sedum acre*) den Aspekt. Im Hochsommer erblühen die Sandstrohblume (*Helichrysum arenarium*), das Bergsteinkraut (*Alyssum montanum* ssp. *gmelinii*) und die seltene Sandradmelde (*Kochia laniflora*), ein unscheinbares Gänsefußgewächs; diese drei Arten gehören zu den Florenelementen der kontinentalen Steppenrasen. Sehr häufig finden sich in diesen Sandpionierrasen, die dem pflanzensoziologischen Verband der Blauschillergrasfluren (Koelerion glaucae) angehören, Kleiner Hopfenklee (*Medicago minima*), dessen bestachelte, schneckenförmige Früchte noch im Hochsommer auffallen, Sprossendes Nelkenköpfchen (*Petrorhagia prolifera*) mit zartlila Kronblättern und Hasenklee (*Trifolium arvense*) mit lang begrannten Blütenkelchen.

Wo der Sand humusreicher und weniger der Erosion ausgesetzt ist, entwickeln sich zuweilen dichte Moosrasen, in denen *Rhacomitrium canescens*, dessen Blättchen mit Glas-

haaren bespitzt sind, besonders auffällt. An solchen Stellen treten auch viele Pflanzen der Trockenrasen hinzu: die blaßgelb blühende Ohrlöffelnelke (*Silene otites*), die Steppenwolfsmilch (*Euphorbia seguieriana*) und der Kugellauch (*Allium sphaerocephalon*), um nur die auffälligsten Vertreter dieser Artengruppe zu nennen. Gern im Halbschatten am Rand von Gehölzen wachsen die beiden großen Doldenblütler Berghaarstrang (*Peucedanum oreoselinum*) und Heilwurz (*Seseli libanotis*).
Um die Sandmagerrasen näher in Augenschein zu nehmen, schlägt man am besten einen Fußpfad ein, der unmittelbar unterhalb einer aufgelassenen, gebüschbewachsenen Sandgrube nach rechts vom Weg abzweigt. Er führt an der Oberkante der Sandgrube entlang, an teils gut ausgeprägten Sandrasen, teils aber auch ruderalisierten Beständen vorbei, in denen sich die Hochgräser Glatthafer (*Arrhenatherum elatius*) und Landreitgras (*Calamagrostis epigejos*), die Kanadische Goldrute und andere Stauden zunehmend ausbreiten. Auch der Aufwuchs von Gehölzen gefährdet langfristig die seltene Sandvegetation. Da das Gebiet östlich Eberstadt zur Ausweisung als Naturschutzgebiet vorgesehen ist, besteht aber Aussicht, daß diesen negativen Entwicklungen mit Pflegemaßnahmen Einhalt geboten wird.
Unser Fußpfad stößt nach etwa 200 Metern auf einen anderen schmalen Weg, in den wir nach rechts einbiegen und bald darauf die ersten Häuser von Eberstadt erreichen. Nachdem wir der hier endenden Wohngebietsstraße ein kleines Stück gefolgt sind, wenden wir uns nach rechts und laufen den Strohweg hinunter. Er führt zunächst durch eine neuere Wohnsiedlung, später dann am Rand des alten Ortskerns auf den weithin sichtbaren, weiß getünchten Kirchturm von Eberstadt zu, bei dem die Wanderung begonnen hatte.

Länge der Wanderung: 6,5 km
Einkehrmöglichkeiten: Gaststätten und Cafes in Eberstadt
Verkehrsverbindungen: mit dem Zug nach Darmstadt, von dort mit Bus 5504 oder Straßenbahnlinie 1 nach Eberstadt (Haltestelle Kirchplatz)

TOUR 20

Bergstraße – Halbtrockenrasen und Saumgesellschaften am Hemsberg

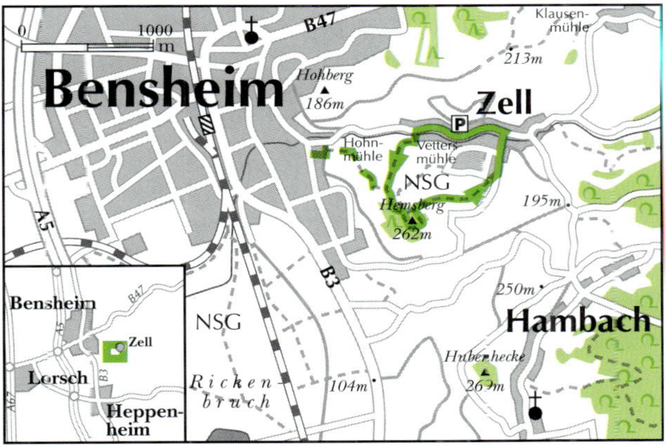

Zwischen Main und Neckar erstreckt sich an der Ostseite des Oberrheintales die Bergstraße. Dieser Naturraum bezeichnet die ersten, unvermittelt aus der weiten Rheinebene hervortretenden Hügel- und Bergketten des Odenwaldes, an deren Fuß von alters her wichtige Nord-Süd-Verkehrswege verliefen. Die Bergstraße zeichnet sich durch ein besonders mildes und zugleich feuchtes Klima aus. Die geringe Höhenlage von 100 bis 300 m, hohe Sonneneinstrahlung an den überwiegend süd- bis westexponierten Hängen und Frostarmut kennzeichnen den Temperaturhaushalt, der gepaart ist mit relativ hoher Feuchtigkeit, bedingt durch die Lage an der Regenseite des Odenwaldes, der bei den vorherrschenden West-Wetterlagen die regenbringenden Wolken abfängt. Die hohe Wärmegunst erlaubt den Anbau von anspruchsvollen Kulturpflanzen. An den Süd- und Westhängen erstrecken sich ausgedehnte Weinberge und Obstkulturen. Die hessische Bergstraße bildet eine eigene Weinbauregion. Auf der vorgelagerten pleistozänen Niederterrasse des Rheins werden Gemüse, vor allem Spargel, und Tabak kultiviert. Die Kleinstädte Bensheim, Heppenheim, Zwingenberg, Jugenheim und Seeheim, die sich am Fuß der

20

Blick vom Hemsberg nach Süden mit der Starkenburg im Hintergrund

ersten Odenwaldkette aneinanderreihen, verfügen über mittelalterliche Klöster, Burgen, Befestigungsanlagen und Ortskerne, haben sich aber im Lauf unseres Jahrhunderts mit Wohnsiedlungen und Industriegebieten stark ausgedehnt.
Die kleine Wanderung führt auf den 262 m hohen Hemsberg, eine Bergkuppe aus dem basenreichen Tiefengestein Diorit. Seine zum Rhein abfallenden Süd- und Westhänge tragen Rebkulturen, während die dem Rhein abgewandten, weniger wärmebegünstigten Nord- und Osthänge von Obstwiesen und Gehölzen eingenommen werden. Besonders reizvoll ist die Landschaft an der Bergstraße zur Kirsch- und Apfelbaumblüte Anfang Mai. Floristisch interessant sind vor allem die Magerrasen und thermophilen Saumgesellschaften auf der Kuppe des Hemsberges, die seit einigen Jahren unter Naturschutz steht. Derartige Vegetationskomplexe warm-trockener Standorte sind wie überall in Deutschland auch an der Bergstraße selten geworden, weil die Bewirtschaftung ertragsarmer, steiler Wiesenhänge mit Maschinen kaum zu bewältigen ist und Sensenmahd nicht mehr lohnt.
Der Spaziergang beginnt im Unterdorf von Zell, einem langgestreckten, mit dem größeren Bensheim fast zusammenge-

wachsenen Weinbauerndorf, dessen Häuser sich im engen Tal des Hemsbaches aneinanderreihen. Parkmöglichkeiten bestehen auf dem Dorfplatz in der Ortsmitte, von dem aus wir die Hauptstraße etwa 200 m bis zum Ausflugslokal Vettersmühle hinablaufen.
Etwa 50 m westlich der Vettersmühle biegt der Hemsbergweg von der Hauptstraße ab, der mit einer kleinen Brücke den Dorfbach überquert und an einigen mit Efeu (*Hedera helix*) und Blauregen (*Wisteria*) üppig berankten Bauernhäusern und Scheunen vorbei südwärts in die Feldgemarkung führt. Der Wanderweg ist im weiteren Verlauf – allerdings nicht immer gut sichtbar – mit der gelben Zahl 2 markiert.
Bald hinter dem Ort gabelt sich der Weg; hier gehen wir nach rechts weiter hangaufwärts auf einem Feldweg, an dessen Rand alte Birn- und Kirschbäume, Hasel (*Corylus avellana*) und Schwarzer Holunder (*Sambucus nigra*) lockere Gehölze bilden. Den Weg begleiten bunt blühende Staudensäume, deren Artenzusammensetzung je nach Lichteinfall variiert: Im Halbschatten unter dem Schirm der wegbegleitenden Gehölze wachsen die stickstoffliebenden Stauden Giersch (*Aegopodium podagraria*), Große Brennessel (*Urtica dioica*), Weiße und Gefleckte Taubnessel (*Lamium album, Lamium maculatum*), zwischen denen im Frühsommer die rosa Blüten der Roten Lichtnelke (*Silene dioica*) und des Stinkenden Storchschnabels (*Geranium robertianum*) sowie die gelben des Schöllkrautes (*Chelidonium majus*) in großer Zahl erscheinen. An offenen Stellen mit direkter Sonneneinstrahlung treten an den Wegrändern grasreiche, wiesenähnliche Säume mit dem hochwüchsigen Glatthafer (*Arrhenatherum elatius*), dem Wiesensalbei (*Salvia pratensis*), dem Wiesenpippau (*Crepis biennis*) und der Gemeinen Schafgarbe (*Achillea millefolium*) auf. Diesen Arten, die in der Kulturlandschaft ihren Verbreitungsschwerpunkt in den Glatthafer-Wiesen (Arrhenatheretum elatioris) haben, sind Wildkräuter und Ruderalpflanzen trockener Standorte wie Ackervergißmeinnicht (*Myosotis arvensis*), Ackerhornkraut (*Cerastium arvense*) und Taube Trespe (*Bromus sterilis*) beigemischt. Dicht beieinander kommen am Wegrand zwei Storchschnabel-Arten mit rundlichen Blättern vor, die sich in blütenlosem Zustand ähneln: der Zwergstorchschnabel (*Geranium pusillum*) mit kleinen, trüblila und der Weiche Storchschnabel (*Geranium molle*) mit deutlich größeren, pinkfarbenen Blüten.
Der Weg führt weiter bergauf; beim Blick zurück kommen die Weinberge am gegenüberliegenden Hang und in der

Ferne die runde Kuppe des Melibocus in Sicht, auf der eine Fernsendeanlage steht.
Weiter geht es bergauf durch Obstwiesen, die heute überwiegend als Pferdekoppeln genutzt werden. An der Bergstraße und im Odenwald hat sich, begünstigt durch die Nachbarschaft zum Rhein-Main-Ballungsraum, die Pferdehaltung als Freizeitvergnügen fest etabliert. Viele der traditionellen Heuwiesen sind jetzt ständig mit Pferden besetzt. Die Lebensgemeinschaft Wiese leidet freilich unter dieser Entwicklung; artenreiche, bunt blühende Salbei-Glatthafer-Wiesen werden durch kurzrasiges Weidegrünland aus trittunempfindlichen Arten wie Weidelgras (*Lolium perenne*) und Gänseblümchen (*Bellis perennis*) ersetzt, und oft mangelt es an sachgerechter Pflege, so daß die Grasnarbe manchmal vollkommen zertreten ist oder Stauden wie die Große Brennessel, die vom Vieh verschmäht werden, sich breitmachen.
Etwa auf halber Hanghöhe steigt der nunmehr unbefestigte Feldweg steiler an. Alte, schattenspendende Walnußbäume stehen am Wegrand. Nun tauchen mehr und mehr Pflanzen trocken-magerer Standorte auf. Als erste blühen im zeitigen Frühjahr am Wegrand die Frühlings-Schlüsselblume (*Primula veris*) und das Märzveilchen (*Viola odorata*), etwas später die Zypressenwolfsmilch (*Euphorbia cyparissias*), der Hopfenklee (*Medicago lupulina*) und die Wiesenmargerite (*Leucanthemum vulgare*). Ende Mai entfalten das zarte Zittergras (*Briza media*) und die horstwüchsige Aufrechte Trespe (*Bromus erectus*) ihre Rispen. Erst im Sommer öffnen sich die kleinen rosa Blüten des Gemeinen Thymians (*Thymus pulegioides*).
Bald verschmälert sich der Feldweg zu einem Fußpfad, und der Rand des auf der Kuppe stockenden Waldes wird erreicht. Auf dem Fußpfad treten wir in ein Wäldchen aus Robinie (*Robinia pseudacacia*) ein. Die in Nordamerika heimische Robinie wurde vielerorts an der Bergstraße angepflanzt. Ihre großen, cremegelben Blütentrauben bilden Ende Mai einen sehr auffälligen Aspekt an den Trockenhängen. Die Robinie vermag sich aus Samen und über Wurzelausläufer zu vermehren und hat sich auf vielen Standorten als sehr konkurrenzstark gegenüber den heimischen Gehölzen erwiesen. Wie die meisten Arten aus der Gattung der Schmetterlingsblütler lebt sie in Symbiose mit stickstoffsammelnden Knöllchenbakterien und vermag so Stickstoff pflanzenverfügbar zu machen, der mit der Laubstreu dem Nährstoffkreislauf zuführt wird. Auf diese Weise findet eine Stickstoffanreicherung im Boden statt, die sich

auf die gesamte Lebensgemeinschaft auswirkt. Unter dem lichten Kronenschirm der Robinien entwickelt sich ein sehr charakteristischer Unterwuchs aus stickstoffliebenden Halbschattpflanzen der Waldinnensäume (Verband Geo-Alliarion). Viele von diesen Arten sind uns schon im Unterwuchs der wegbegleitenden Gehölze begegnet. Außer diesen sind der Taumelkälberkropf (*Chaerophyllum temulum*) und die Knoblauchsrauke (*Alliaria petiolata*) typische Kräuter der Robinien-Haine. Zur charakteristischen Artenkombination gehören daneben Pflanzen lichter Wälder, so das in großen Teppichen wachsende Kleinblütige Springkraut (*Impatiens noli-tangere*), das schon im April blühende Buschwindröschen (*Anemone nemorosa*), die Hainsternmiere (*Stellaria holostea*), das Hainrispengras (*Poa nemoralis*) und das Einblütige Perlgras (*Melica uniflora*).

Nach etwa 200 m trifft innerhalb des Robinien-Hains von rechts ein anderer Fußpfad auf unseren Wanderweg. Dieser führt durch Weinberge am Westhang auf den Hemsberg hinauf. Wer ihm ein Stück weit folgt, kann bei klarem Wetter weit auf die Kulturlandschaft der Rheinebene mit ihren Siedlungen, Wäldern und Verkehrswegen ausblicken. Der Pfad kann alternativ für den Aufstieg von Bensheim aus benutzt werden (siehe Karte); er ist ab dem westlichen Ortsrand des Städtchens mit der weißen Nummer 14 markiert.

Nach der Einmündung des von Bensheim heraufführenden Pfades geht es links weiter durch den Robinienhain. Kurz darauf gabelt sich der Pfad; wir nehmen den links bergauf führenden Weg und erreichen bald die Anhöhe, die von artenreichem Mischwald aus Buche (*Fagus sylvatica*), Vogelkirsche (*Prunus avium*), Feldahorn (*Acer campestre*), Bergahorn (*Acer pseudoplatanus*), Stieleiche (*Quercus robur*) und kultivierter Roteiche (*Quercus rubra*) bedeckt ist. In diesem Bereich zweigen mehrere Pfade von dem Weg ab; wir gehen immer geradeaus auf dem Bergrücken, bis wir den Hemsberg-Turm erreichen, einen leider meist verschlossen gehaltenen Aussichtsturm mit kleinem Anbau und Wehrmauer, in deren Fugen reichlich Mauerraute (*Asplenium ruta-muraria*) wächst. Das Gelände um den Hemsberg-Turm wurde mit Blockhütten, Spielplatz und vielen Sitzbänken für die Naherholung hergerichtet und bietet sich an heißen Sommertagen zu einer Rast an.

Wir schlagen nun den zwischen Schutzhütte und Turm beginnenden schmalen Fahrweg ein, der nach Zell hinabführt. Der Weg verläuft über den nach Nordosten ausgezogenen Rücken des Hemsberges und verliert anfänglich nur ganz allmählich an Höhe. Es geht zunächst wieder durch Robin-

Das Helmknabenkraut (*Orchis militaris*), eine charakteristische Orchidee des Halbtrockenrasens

en-Haine, dann durch Pferdeweiden und wieder ein kleines Stück durch Robinien-Bestände, bis wir unvermittelt vor der Blütenpracht der unter Naturschutz gestellten Magerwiesen stehen. Es ist nicht erlaubt und auch nicht nötig, die Wiesen des Naturschutzgebietes zu betreten; die meisten Arten sind von dem Wanderweg aus gut zu beobachten.
Ende Mai sieht der aufmerksame Wanderer schon beim Austreten aus dem Wald wenige Meter rechts des Weges die weißrosa Blütenstände des Helmknabenkrautes (*Orchis militaris*). Pflanzensoziologisch lassen sich die Magerwiesen des Hemsberges dem Trespen-Halbtrockenrasen (Mesobrometum) zurechnen; an frischeren und etwas nährstoffreicheren Standorten wird sie von der Salbei-Glatthafer-Wiese abgelöst.
Typische Arten des Trespen-Halbtrockenrasens sind Wundklee (*Anthyllis vulneraria*), Hufeisenklee (*Hippocrepis comosa*), Karthäusernelke (*Dianthus carthusianorum*), Aufrechter Ziest (*Stachys recta*), Bergklee (*Trifolium montanum*) und Dunkles Sonnenröschen (*Helianthemum nummularium* ssp. *obscurum*). Bereits Anfang Mai blühen kleine, unscheinbare Seggenarten: Vogelfußsegge (*Carex ornithopoda*) mit krallenförmig gekrümmten Fruchtständen und

Frühlingssegge (*Carex caryophyllea*). Später im Jahr, ab Juni, kommen Bunte Kronwicke (*Coronilla varia*), Taubenskabiose (*Scabiosa columbaria*) und Skabiosenflockenblume (*Centaurea scabiosa*) zur Blüte. An weiteren Orchideen treten das Stattliche Knabenkraut (*Orchis mascula*) und das Große Zweiblatt (*Listera ovata*) auf. Über der bunten Krautschicht breiten sich die Rispen der Aufrechten Trespe (*Bromus erectus*), des Glatthafers (*Arrhenatherum elatius*) und des Großen Schillergrases (*Koeleria pyramidata*) aus.
Der Trespen-Halbtrockenrasen an der Bergstraße unterscheidet sich von den in Osthessen verbreiteten Kalkmagerrasen durch eine Reihe von Arten mit submediterranem Verbreitungsbild, die in Hessen nur längs des Rheintales auftreten, darunter Steppenfenchel (*Seseli annuum*) und Blaugrünes Labkraut (*Galium glaucum*).
Vorwiegend am Wegrand und an sonnigen Waldrändern häufen sich Arten thermophiler Säume: Blutroter Storchschnabel (*Geranium sanguineum*), Gemeiner Dost (*Origanum vulgare*), Sichelklee (*Medicago falcata*), Voralpenklee (*Trifolium alpestre*) und Zickzackklee (*Trifolium medium*).
An steinigen und felsigen Stellen am Wegrand kommen Arten felsiger Standorte hinzu. Die auffälligsten Vertreter dieser Gruppe sind die Felsenfetthenne (*Sedum rupestre*) mit im Frühsommer auffallenden zitronengelben Blütendolden, der Deutsche Ginster (*Genista germanica*), der im Mai eine goldgelbe Blütenpracht enfaltet, das Silberfingerkraut (*Po-*

An Waldsäumen und Wegrainen blüht im Frühsommer der Blutrote Storchschnabel (*Geranium sanguineum*).

20

tentilla argentea) mit dicht weißfilzigen Blattunterseiten und der Kleine Sauerampfer (*Rumex acetosella*).
Ebenfalls an den Wegrändern wachsen Ruderalpflanzen trockenwarmer Standorte, so der Färberwaid (*Isatis tinctoria*) mit seinen eigenartigen, spatelförmigen Früchten, die im Hochsommer blühende Wegwarte (*Cichorium intybus*), der Gemeine Rainfarn (*Tanacetum vulgare*) und andere mehr.
Links des Weges, kurz bevor zwei Hasel-Sträucher torartig über dem Weg zusammenschließen, kann man in einer Obstwiese noch einmal das Helm-Knabenkraut beobachten. Unter dem Hasel-Strauch rechts des Weges wächst die schon im April blühende Traubenhyazinthe (*Muscari racemosum*). Dieses Zwiebelgewächs ist eigentlich ein altes Weinbergs-Unkraut. Es findet bei der modernen Bewirtschaftung der Rebhänge, vor allem infolge des Einsatzes von Pflanzengiften, dort kaum noch geeignete Lebensbedingungen, kann sich aber lückig bewachsene Raine und Böschungen als Ersatzlebensraum zunutze machen.
Das letzte Wegstück wird auf einem alten, gepflasterten Hohlweg zurückgelegt, dessen rechte Böschung mit Rotem Hartriegel (*Cornus sanguinea*), Gemeiner Esche (*Fraxinus excelsior*), Liguster (*Ligustrum vulgare*), Schwarzem Holunder, Hasel und Obstbäumen locker bestanden ist. Wir erreichen bald die ersten Häuser von Zell und wenden uns bei der Einmündung des Weges in die Hauptstraße nach links, um zum Ausgangspunkt der Wanderung in der Ortsmitte zurückzukehren.

Länge der Wanderung: 3 km
Einkehrmöglichkeiten: Ausflugslokale in Zell, Gasthäuser in Bensheim
Verkehrsverbindungen: mit dem Zug bis Bahnhof Bensheim; Ruftaxi von und nach Zell

Literatur

a) Allgemeine Literatur

Beier, E. & C. Peppler (1988): Die Pflanzenwelt des Altkreises Witzenhausen mit Meißner und Kaufunger Wald. Eine erste Flora des Gebietes. – Schriften des Werratalvereins Witzenhausen, Heft 18, Witzenhausen

Bergmeier ,E. & B. Nowak (1988): Rote Liste der Pflanzengesellschaften der Wiesen und Weiden Hessens. – Vogel und Umwelt 5:23-33, Wiesbaden

Bohn, U. (1981): Vegetationskarte der Bundesrepublik Deutschland 1 : 200 000 – Potentielle natürliche Vegetation – Blatt CC 5518 Fulda. – Schriftenreihe für Vegetationskunde 15, 330 S., Bonn-Bad Godesberg

Born, M. (1972): Siedlungsgang und Siedlungsformen in Hessen. – Hessisches Jahrbuch für Landesgeschichte 22:1-90, Wiesbaden

Botanische Vereinigung für Naturschutz in Hessen und Naturschutzzentrum Hessen (Hrsg.) (1993): Lebensraum Magerrasen – Biotop des Jahres 1991 – 104 S., Wetzlar

Bürgener, M. (1963): Die naturräumlichen Einheiten auf Blatt 111 Arolsen, Bad Godesberg

Düll, R. & H. Kutzelnigg (1992): Botanisch-ökologisches Exkursionstaschenbuch. 4. Aufl., Heidelberg, Wiesbaden

Haeupler, H. & P. Schönfelder (Hrsg.) (1988): Atlas der Farn- und Blütenpflanzen der Bundesrepublik Deutschland. Stuttgart

Harms Landeskunde Bd. 1 Hessen, München, 1961

Hillesheim-Kimmel, U. et al. (1978): Die Naturschutzgebiete in Hessen. Schriftenreihe des Instituts für Naturschutz Darmstadt 9(3), 2. Auflage, Darmstadt

Hövermann, J. (1963): Die naturräumlichen Einheiten auf Blatt 99 Göttingen. Bad Godesberg

Klausing, O. (1988): Die Naturräume Hessens. – Umweltplanung, Arbeits- und Umweltschutz Heft 67, 2. Aufl., Wiesbaden

Klausing, O. (1967): Die naturräumlichen Einheiten auf Blatt 151 Darmstadt. Bad Godesberg

Klink, H.-J. (1969): Die naturräumlichen Einheiten auf Blatt 112 Kassel. Bad Godesberg

Knapp, R. (1967): Die Vegetation des Landes Hessen. Bericht der Oberhessischen Gesellschaft für Natur- und Heilkunde zu Gießen, N.F., Naturwissenschaftliche Abteilung 35: 90-148, Gießen

Knapp, R. & H. Ackermann (1952): Die natürliche Vegetation an der nördlichen Bergstraße. – Schriftenreihe der Naturschutzstelle Darmstadt-Stadt 1, Heft 1, 43 S., Darmstadt

Knappe, R. (1995): Mittelalterliche Burgen in Hessen. 2. Auflage, Gudensberg

Nowak, B. (Hrsg.) (1990): Beiträge zur Kenntnis hessischer Pflanzengesellschaften. – Botanik und Naturschutz in Hessen Beiheft 2, 207 S. + Anhang, Frankfurt am Main

Oberdorfer, E. (1990): Pflanzensoziologische Exkursionsflora. 6. Aufl., Stuttgart

Oberdorfer, E. (1978): Süddeutsche Pflanzengesellschaften. Teil II: Sand- und Trockenrasen, Heide- und Borstgrasgesellschaften, alpine Magerrasen, Saumgesellschaften. 2. Auflage, Stuttgart, New York

Oberdorfer, E. (1992): Süddeutsche Pflanzengesellschaften. Teil IV: Wälder und Gebüsche. Jena, Stuttgart, New York

Oberdorfer, E. (1993): Süddeutsche Pflanzengesellschaften. Teil III: Wirtschaftswiesen und Unkrautgesellschaften. 3. Auflage, Jena, Stuttgart, New York

Pletsch, A. (1989): Hessen. – Wissenschaftliche Länderkunden Band 8: Bundesrepublik Deutschland und Berlin (West), Teil III, Darmstadt

Röll, W. (1969): Die naturräumlichen Einheiten auf Blatt 126 Fulda. Bad Godesberg

Sandner, G. (1960): Die naturräumlichen Einheiten auf Blatt 125 Marburg. Bad Godesberg

Schönhals, E. (1954): Die Böden Hessens und ihre Nutzung. – Abhandlungen des Hessischen Landesamtes für Bodenforschung Band 2, Wiesbaden

Schulze, W. & H. Uhlig (Hrsg.) (1982): Gießener Geographischer Exkursionsführer. 3 Bände, Gießen

Schwenzer, B. (1967): Die naturräumlichen Einheiten auf Blatt 139 Frankfurt am Main. Bad Godesberg

b) Literatur zu den einzelnen Wanderrouten

TOUR 1: REINHARDSWALD

Flörcke, E. (1967): Vegetation und Wild bei der Sababurg im Reinhardswald in Vergangenheit und Gegenwart. – Geobotanische Mitteilungen Heft 48, Gießen

TOUR 2: WALDECKER UPLAND

Nieschalk, A. & C. NIESCHALK (1983): Der Osterkopf bei Usseln, eine Hochheide des Waldecker Uplandes. – Naturschutz in Nordhessen 6:49-55, Grebenstein

Nieschalk, A. & C. NIESCHALK (1983): Hochheiden im Waldecker Upland und angrenzenden westfälischen Sauerland. – Philippia 5(2):127-150, Kassel

TOUR 3 HABICHTSWALD

Braunewell, R. (1986): Bewirtschaftung des Dörnbergs mit Schafen und Ziegen. Diplomarbeit Gesamthochschule Kassel, Fachbereich Stadtplanung/Landschaftsplanung. 150 S., Kassel

Glavac, V. , A. Schlage & R. Schlage (1979): Das Gentiano-Koelerietum Knapp 1942 am Kleinen Dörnberg bei Zierenberg (Kreis Kassel). – Mitteilungen der Floristisch-soziologischen Arbeitsgemeinschaft N.F. 21:105-109, Göttingen

Wiedemann, H. (1978): Trockenrasen, Felsfluren und Felsspalten-Gesellschaften im Dörnberggebiet. – Jahrbuch Landkreis Kassel 1978, 131-133. Kassel

TOUR 4: KELLERWALD

Floristisch-soziologische Arbeitsgemeinschaft e.V. 1986 (Hrsg.): Jahrestagung in Wetzlar 25.-29.7.1986. Exkursionsführer. 72 S., Gießen

TOUR 5: HOHER MEISSNER

Bassendowski, A. (1986): Die Vegetationseinheiten des Hohen Meißners (Nordhessen) und pflanzensoziologische Untersuchungen ausgesuchter Feuchtstandorte. – Berliner Geographische Abhandlungen 41: 201-215, Berlin

Hotzler, F. (1982): Wanderführer Meißner. Herausgegeben vom Zweckverband Naturpark Meißner-Kaufunger Wald. 3. Auflage, Darmstadt

Pfalzgraf, H. (1934): Die Vegetation des Meißners und seine Waldgeschichte. – Repertorium spec. nov. reg vegetabilis 75: 1-80, Berlin

Sonderheft Braunkohlenbergbau und Landschaftspflege auf dem Hohen Meißner – Stand 1975. – Hessische Heimat 26/1976, Heft 3

TOUR 6: HIELÖCHER

Bruelheide, H. (1992): Kartierung der Kalkmagerrasen im östlichen und westlichen Meißner-Vorland. – S. 85-100 in: Magerrasenschutz. Botanik und Naturschutz in Hessen Beiheft 4, Frankfurt am Main

Callauch, R. (1984): Das Feldflora-Reservat »Hielöcher« im östlichen Meißner-Vorland. – Naturschutz in Nordhessen 7: 43-51, Grebenstein

Günther, H. & T. van Elsen (1993): Ackerwildkraut-Gesellschaften im östlichen Meißner-Vorland/Nordhessen und Veränderungen im Auftreten bemerkenswerter Ackerwildkräuter nach 15 Jahren. – Tuexenia N.S. 13: 467-501, Göttingen

Kothe-Heinrich, G. (1991): Das Ackerwildflora-Reservat Hielöcher in Nordhessen: Entwicklung von 1984 bis 1990. – S. 22-33 in: 25. Hessischer Floristentag – Tagungsbeiträge. Schriftenreihe des Umweltamts der Stadt Darmstadt, Schriftenreihe 8(2), Darmstadt

TOUR 7: PLESSE

Fröhlich, E. (1939): Die Flora des mittleren Werratales in pflanzengeographischen Bildern. Eschwege

Knapp, R. (1971): Beiträge zur Vegetationskunde in Hessen IV: Felsfluren im Bereich des Werra-Tales. – Oberhessische Naturwissenschaftliche Zeitschrift 38: 111-118, Gießen

TOUR 8: HOHER WESTERWALD

Floristisch-soziologische Arbeitsgemeinschaft e.V. 1986 (Hrsg.): Jahrestagung in Wetzlar 25.-29.7.1986. Exkursionsführer. 72 S., Gießen

Häbel, H.-J. (1980): Die Kulturlandschaft auf der Basalthochfläche des Westerwaldes vom 16. bis 19. Jahrhundert. – Veröffentlichungen der Historischen Kommission Nassau 27, 475 S., Nassau

Löber, K. o.J. (um 1940): Grundlagen der Heimatarbeit im Dillkreis. 73 S., Dillenburg

Löber, K. (1954): Beiträge zur Flora des Dillkreises. – Jahrbücher des nassauischen Vereins für Naturkunde 88:49-69, Hanau

Sabel, K.J. & E. Fischer (1987): Boden- und vegetationsgeographische Untersuchungen im Westerwald. –

Frankfurter Geowissenschaftliche Arbeiten Serie D Physische Geographie, Band 7, 268, Frankfurt am Main

TOUR 9: LAHN-DILL-BERGLAND

Floristisch-soziologische Arbeitsgemeinschaft e.V. 1986 (Hrsg.): Jahrestagung in Wetzlar 25.-29.7.1986. Exkursionsführer. 72 S., Gießen

Löber, K. o.J. (um 1940): Grundlagen der Heimatarbeit im Dillkreis. 73 S., Dillenburg

Nowak, B. & C. Wedra (1988): Beiträge zur Kenntnis der Vegetation des Gladenbacher Berglandes I. – Philippia 6(1): 36-80, Kassel

Nowak, B. (1988): Die extensive Landwirtschaft im Lahn-Dill-Bergland. Historische Hintergründe, landschaftsökologische Auswirkungen, Bedeutung für den Naturschutz. – Oberhessische Naturwissenschaftliche Zeitschrift 50: 49-74, Gießen

Nowak, B. (1992): Beiträge zur Kenntnis der Vegetation des Gladenbacher Berglandes II. – Botanik und Naturschutz in Hessen 6: 5-71. Frankfurt am Main

TOUR 10: RUNKEL

Kalheber, H. (1973): Zur Verbreitung von *Melica ciliata* L. und *Melica transsilvanica* SCHUR im mittleren Lahngebiet. – Hessische Floristische Briefe 22(1): 253-255, Darmstadt

Stillger, E. (1972): *Scilla bifolia* L. in Hangwäldern des Unteren Lahntals. – Hessische Floristische Briefe 21(3): 247-249, Darmstadt

TOUR 11: MÜNZENBERG

Hess, K. (1976): Bedrohte oberhessische Salzpflanzen. – Natur und Museum, 106(2): 33-44, Frankfurt am Main

Hess, K. & H. Nagel (1978): Das Salzgebiet zwischen Münzenberg, Eberstadt und Oberhörgern im Jahre 1976. – Jahresberichte der Wetterauischen Gesellschaft für die gesamte Naturkunde 129/130: 45-64, Hanau

Kümmerle ,E. (1981): Erläuterungen zur Geologischen Karte von Hessen 1:25000, Blatt Nr. 5518 Butzbach, Wiesbaden

Schmitt, T. & P. Schmidt (1992): Zur Entwicklung von Magerrasenstandorten der nördlichen Wetterau seit 1955. – Naturschutz und Landschaftsplanung 24(3): 100-111, Stuttgart

Schnedler, W. (1984): Botanische Kleinode in der Wetterau (5). »In der Metz« westlich Münzenberg. – Beiträge zur Naturkunde der Wetterau 4(1):61-63, Friedberg

TOUR 12: HOHER VOGELSBERG

Bohn, U. (1981): Vegetationskarte der Bundesrepublik Deutschland 1 : 200 000 – Potentielle natürliche Vegetation – Blatt CC 5518 Fulda. – Schriftenreihe für Vegetationskunde 15, 330 S., Bonn-Bad Godesberg

Floristisch-soziologische Arbeitsgemeinschaft e.V. 1986 (Hrsg.): Jahrestagung in Wetzlar 25.-29.7.1986. Exkursionsführer. 72 S., Gießen

TOUR 13: VORDER- UND KUPPENRHÖN

Bohn, U. (1981): Vegetationskarte der Bundesrepublik Deutschland 1 : 200 000 – Potentielle natürliche Vegetation – Blatt CC 5518 Fulda. – Schriftenreihe für Vegetationskunde 15, 330 S., Bonn-Bad Godesberg

Botanische Vereinigung für Naturschutz in Hessen und Naturschutzzentrum Hessen (Hrsg.) 1993: Lebensraum Magerrasen – Biotop des Jahres 1991 – 104 S., Wetzlar

Gronemeyer, K. (1975): Zur Geologie der Milseburg in der Rhön und ihrer näheren Umgebung. Beiträge zur Naturkunde in Osthessen 9/10, S. 87-112. Fulda

Knapp, R. (1971): Die Pflanzenwelt der Rhön unter besonderer Berücksichtigung der Naturpark-Gebiete. Lehre

TOUR 14: SANDSTEINSPESSART

Nowak, B. (1985): Die Schachblumenwiesen im bayerisch-hessischen Sinntal. – Hoppea, Denkschrift der Regensburgischen Botanischen Gesellschaft 44:325-344, Regensburg

Tripp, H. (1978): Über das Vorkommen der Schachblume (*Fritillaria meleagris*) im Sinntal, Gemarkung Altengronau. – Berichte der Ökologischen Außenstelle Schlüchtern 1:133-136, Bamberg

TOUR 15: RHEINGAU

Korneck, D. (1974): Xerothermvegetation in Rheinland-Pfalz und Nachbargebieten. – Schriftenreihe für Vegetationskunde 7, 196 S. + Anhang, Bonn-Bad Godesberg

Korneck, D. (1984): Floristische Beobachtungen im Rhein-Main-Gebiet, 1. und 3. Folge.- Hessische

Floristische Briefe 33(1):2-6 und 33(3):34-42, Darmstadt

TOUR 16: UNTERMAINEBENE

Botanische Vereinigung für Naturschutz in Hessen und Naturschutzzentrum Hessen (Hrg.) 1993: Lebensraum Magerrasen – Biotop des Jahres 1991 – 104 S., Wetzlar

Kossler, G. P. (1991): Wald im Süden Frankfurts: Stadtwald, Gravenbruch, Mönchbruch. Mit Beiträgen von M. Peukert, G. Flechtner, H.P. Reck und J. Neubecker. 114 S., Frankfurt am Main

TOUR 17: OBERRHEINEBENE

Dister, E. (1980): Geobotanische Untersuchungen in der hessischen Rheinaue als Grundlage für die Naturschutzarbeit.

Hessisches Ministerium für Landesentwicklung, Wohnen, Landwirtschaft, Forsten und Naturschutz (Hrsg.) 1991: Wanderführer Naturschutzgebiet Kühkopf-Knoblochsaue. Wiesbaden

Pfeifer, S. (Hrsg.) (1952): Das Naturschutzgebiet Kühkopf-Knoblochsaue. Wiesbaden

TOUR 18: MESSELER HüGELLAND

Göbel, W. (1990): Die Rottwiese bei Darmstadt in ihrer floristischen Vielfalt früher und heute. – Botanik und Naturschutz in Hessen 4:55-63, Frankfurt am Main

Jung, K. D. (1992): Flora des Stadtgebietes von Darmstadt. – Berichte des Naturwissenschaftlichen Vereins Darmstadt, Sonderband, 572 S., Darmstadt

Trentepohl, M. (1965): Die Vegetation schutzwürdiger Wiesen im Staatsforst Kranichstein ostwärts Darmstadt. – Schriftenreihe des Instituts für Naturschutz Darmstadt Band 8 Heft 1, 158 S., Darmstadt

TOUR 19: EBERSTÄDTER BECKEN

Ackermann, H. (1954); Die Vegetationsverhältnisse im Flugsandgebiet der nördlichen Bergstraße. – Schriftenreihe der Naturschutzstelle Darmstadt Band 2, 134 S., Darmstadt

Botanische Vereinigung für Naturschutz in Hessen und Naturschutzzentrum Hessen (Hrg.) 1993: Lebensraum Magerrasen – Biotop des Jahres 1991 – 104 S., Wetzlar

Breyer, G. (1986): Der Lerchenberg, eine schützenswerte Düne südöstlich von Darmstadt-Eberstadt. – Hessische Floristische Briefe 35(1): 11-12, Darmstadt

TOUR 20: BERGSTRASSE
Botanische Vereinigung für Naturschutz in Hessen und Naturschutzzentrum Hessen (Hrg.) 1993: Lebensraum Magerrasen – Biotop des Jahres 1991 – 104 S., Wetzlar

Bildquellen

J. Busse S. 26, 31, 33, 56, 58, 62, 66, 67, 73, 77, 108, 112, 116, 152
B. Nowak S. 82, 122
B. Schulz S. 86
S. Wagner S. 28, 170
ZEFA (Rossenbach) Umschlagfoto (Rhönlandschaft)
Alle übrigen Fotos stammen von den Autoren.